THOMAS HÄRRY

# DIE KUNST DES REIFEN HANDELNS

THOMAS HÄRRY

# Die KUNST des reifen Handelns

Edition

AufAtmen

Herausgeber: Ulrich Eggers

5. Auflage 2025


Max-Eyth-Straße 41 · 71088 Holzgerlingen
brockhaus-verlag.de



Umschlaggestaltung: Kathrin Spiegelberg, Weil im Schönbuch
Titelbild: freepik.com
Satz: Christoph Möller, Hattingen
Druck und Verarbeitung: Finidr s.r.o.
Gedruckt in Tschechien
ISBN 978-3-417-26834-8
Bestell-Nr. 226.834

# INHALT

EINLEITUNG

# Entscheidend ist die Persönlichkeit!

Weshalb faszinieren uns Persönlichkeiten wie Gandhi, Nelson Mandela, Mutter Teresa oder Papst Franziskus? Es ist nicht ihr Aussehen, nicht ihre Bildung oder der Stil ihrer Kleider. Es ist nicht ihr Bankkonto oder ihre Wohnungseinrichtung. Was ist es dann?

Es ist ihre Persönlichkeit. Wer sie sind. Wofür sie stehen. Wie sie sich den Herausforderungen des Lebens stellen. Wie sie mit Menschen umgehen. Wie sie sich mutig einbringen und ihre Meinung kundtun.

Nun ist es relativ einfach, weltbekannte Helden aus einer historischen oder auch geografischen Distanz heraus zu verehren. Ich frage deshalb persönlicher: Welche Menschen in *Ihrem* Umfeld (Familie, Arbeitsplatz, Kirche etc.) bewundern Sie? Welche ihrer Eigenschaften schätzen Sie besonders? Was macht diese Personen für Sie attraktiv, vertrauenswürdig? Weshalb sind Sie gern mit ihnen zusammen?

Ich kenne Ihre Antworten nicht, aber ich vermute, dass die Qualitäten, die Sie an diesen Menschen erkennen, kaum mit Äußerlichkeiten zu tun haben. Wahrscheinlich mögen Sie ihre inneren Werte. Ihre innere Stärke, ihre Ehrlichkeit, ihre Weisheit, ihren Sachverstand und die Art, wie sie anderen begegnen. Kurz gesagt: Sie bewundern diese Menschen, weil sie Persönlichkeiten sind.

## Wie werden wir eine Persönlichkeit?

Persönlichkeit – darum geht es in diesem Buch. In Familien, in Arbeitsteams, in Leitungsgremien, in der Politik, in Kirchen und Vereinen brauchen wir nichts so sehr wie Persönlichkeiten. Auch mit möglichst guten fachlichen Kompetenzen, klar. Aber wir hätten gerne Vorgesetzte, Politiker, Lehrpersonen, Partnerinnen und Pastoren, die mehr als exzellent ausgebildet sind. Wir wünschen uns, dass sie verständnisvoll, aber nicht nachgiebig sind. Zielorientiert, aber nicht verbohrt. Empathisch, aber nicht manipulierbar. Kurz: dass sie reif handeln.

Persönlichkeiten. Ich wünsche mir solche Menschen nicht nur in meiner Nähe und in den Teams, mit denen ich arbeite. Ich möchte selber eine Persönlichkeit sein. Ich glaube, dass ich dann ein guter Vater, Ehemann, Freund und Vorgesetzter bin, wenn an mir Eigenschaften wie diejenigen sichtbar werden, die der Apostel Paulus in der Bibel als Frucht des Heiligen Geistes bezeichnet: Liebe, Freude, Frieden, Geduld, Güte, Rechtschaffenheit, Treue, Sanftmut, Selbstbeherrschung (siehe Galater 5,22-23). Diese Stichworte beschreiben nichts anderes als wünschenswerte Charakterzüge einer Persönlichkeit.

Es gibt Tage, an denen ich mich zu sehr damit beschäftige, was andere über mich denken.

Es gibt viele Momente im Alltag, in denen es bei mir anders aussieht. Zeiten, in denen ich grummelig und ungeduldig bin – auch mit Menschen, die mir lieb sind wie mein eigenes Leben. Es gibt Momente, in denen ich in Diskussionen das letzte Wort haben muss. In denen ich meine, andere müssten die Dinge so sehen wie ich.

Dann wieder geschieht das Gegenteil: Um des »lieben Friedens« willen gebe ich nach und passe mich den Vorstellungen anderer an. Übernehme ihre Meinungen – zumindest nach außen. Es gibt Tage, an denen ich mich zu sehr damit beschäftige, was andere über mich denken. In denen mich Kritik stärker bewegt, als sie sollte. Es passiert, dass ich ignoriere, worauf mich Menschen hinweisen möchten. Dass ich mein eigenes Ding im Kopf habe, weder nach links noch nach rechts schaue und mein Ziel möglichst rasch erreicht haben will.

## Persönlichkeit als Nährboden für reifes Handeln

Aus diesem Grund möchte ich den Weg weitergehen und eine reife Persönlichkeit entwickeln. Damit Sie mich nicht falsch verstehen: Ich bin kein Vollkommenheitsfanatiker. Ich halte nichts vom Versuch, sich andauernd selbst zu bespiegeln, zu bewerten und krampfhaft verändern zu wollen. Ich glaube aber an den Zusammenhang zwischen Persönlichkeit und reifem Handeln. Ich glaube, dass sich unser Sein unmittelbar auf unser Tun auswirkt. Ich sehe den Beweis dafür immer wieder: bei mir selbst, bei den Menschen, die ich ausbilde, leite und begleite. Reifes Handeln im Beruf, in der Partnerschaft und in der Familie, aber auch in öffentlichen Funktionen ist die Frucht einer reifen Persönlichkeit. Deshalb interessiert mich die Frage, wie wir solche Persönlichkeiten werden können. Nicht um unserer selbst willen, sondern um der Menschen willen, die mit uns zusammenleben, mit uns zusammenarbeiten. Die wir führen. Die uns führen.

Die Frage nach dem Zusammenhang von Persönlichkeit und reifem Handeln ist ein weites Feld. Dieses Buch kann nicht alles ausführen, was man dazu sagen könnte und müsste. Dennoch möchte ich ein paar Denkanstöße geben. Einige Perspektiven zeigen, die mir und Ihnen helfen, als Mensch und Christin oder Christ in der Kunst des reifen Handelns zu wachsen. Ich werde dabei an dem Ort beginnen, wo sich alles entscheidet: bei der Persönlichkeit. Bei der Frage, was sie formt und was sie reifen lässt. Von hier aus können wir das Zweite wagen: zeigen, wie reifes Handeln aussieht und wie man es erlernen kann.

Doch aufgepasst: Eine Persönlichkeit sein heißt nicht, keine Macken zu haben, keine Grenzen, Unvollkommenheiten oder Einseitigkeiten. Persönlichkeiten sind keine glatt polierten Wesen, sondern ganz normale Menschen mit ganz normalen Stärken und Schwächen. Was sie ausmacht, ist nicht, dass sie perfekt sind und alles im Griff haben. An einer Stelle aber schauen sie gut hin und stellen sich dem Ruf zur Veränderung: dort, wo sich problematische Wesenszüge und Verhaltensweisen zeigen. Lange Schatten. Muster, mit denen sie anderen, sich selbst und ihren Aufgaben schaden.

## Unreife als Gefährdung

Jeder hat bestimmte Bereiche, in denen er sich unreif verhält. Doch es gibt eine besonders markante Form der Unreife, die sogenannte Dysfunktionalität. Sie ist eine echte Persönlichkeitsbremse. Die Tatsache, dass Familien, Kirchen, Organisationen und Vereine unter dem Verhalten dysfunktionaler Menschen leiden, beschäftigt mich seit vielen Jahren. Manche dieser Menschen haben wichtige Funktionen inne, tragen Führungsverantwortung. Um sie herum zerbrechen Familien. Teams, Gruppen, Kirchen und Organisationen kommen ins Schlittern, geraten in einen Strudel von Konflikten, Fehlentscheidungen und Misswirtschaft.

Dysfunktionale Menschen erkennt man an der Wirkung, die sie auf ihr Umfeld haben: Um sie herum entsteht ein Klima der Verunsicherung, des Misstrauens, der Gerüchte, der Entfremdung. Eine auffallende Häufung von Missverständnissen. Eine Spirale negativer Gedanken, Gefühle und Worte. Offene und versteckte Machtspiele. Probleme, die aufgebauscht oder verdrängt werden. Dringend nötige Veränderungen, die blockiert und sabotiert werden. Ein Grundton der Aggressivität und zugleich der Resignation, der sich breitmacht. Wer immer kann, verlässt das sinkende Schiff, während sich andere umso ergebener um diejenigen scharen, von denen die Probleme ausgehen.

Reif handelnde Persönlichkeiten können mithelfen, ein verseuchtes Klima zu entgiften.

Damit dysfunktionale Menschen nicht das letzte Worte behalten, braucht es Persönlichkeiten, die wissen, wie man auf sie reagiert. Wie man ihnen gegenüber Grenzen setzt. Wie man sich und andere vor ihrem problematischen Einfluss schützt. Auch deshalb ist dieses Thema so wichtig: Reif handelnde Persönlichkeiten können mithelfen, ein verseuchtes Klima zu entgiften.

## Weshalb Persönlichkeit an erster Stelle steht

Gutes, wirksames Handeln als Eltern, Freunde, Arbeitskollegen und Führungskräfte ist von verschiedenen Faktoren abhängig. Zu den drei wesentlichen gehören erstens die gegebenen Umstände, zweitens die Kompetenzen der Person im jeweiligen Bereich und drittens ihre Persönlichkeit. Manchmal sind auf allen drei Ebenen beste Voraussetzungen gegeben. Das ist der glückliche Idealfall, der uns in unseren Tätigkeiten und Beziehungen aufblühen lässt. Doch das ist, ehrlich gesagt, selten. Manchmal sind die Umstände alles andere als optimal. Solange aber die anderen beiden Faktoren (Kompetenz und Persönlichkeit) positiv sind, ist dennoch Großartiges möglich. Manchmal steht zu Beginn sogar nur das eine klar erkennbar im Raum: die Persönlichkeit.

Ein gutes Beispiel dafür ist Abraham Lincoln (1809-1865). Seine Präsidentschaft in den USA dauerte ganze vier Jahre und wurde durch seine Ermordung beendet. Dennoch gehört sie zu den prägendsten in der Geschichte der USA. Lincoln beendete den in seiner Amtszeit entbrannten Bürgerkrieg und führte die Wiedervereinigung der Süd- und Nordstaaten herbei. Er setzte die Abschaffung der Sklaverei durch und schuf die Grundlage dafür, dass die USA im 20. Jahrhundert zur wichtigsten Industriemacht der Welt werden konnten. Die Voraussetzung zu diesen geschichtlich weitreichenden Errungenschaften waren alles andere als ideal. Lincoln stammte aus einer armen Familie und besaß nur eine dürftige Schulbildung. Viel mehr als die einfachen Grundlagen von Lesen, Schreiben und Rechnen wurde ihm in seiner Schulzeit (die vermutlich höchstens vier bis fünf Jahre gedauert hatte) nicht mitgegeben. Den Rest hat er sich selbst beigebracht, vor allem durch Lesen.

Was machte Lincoln zum vielleicht beliebtesten Präsident der USA? Seine Persönlichkeit. Seine Gabe, in einem erbitterten Bürgerkrieg unablässig für Versöhnung und Einheit zu werben. Seine Fähigkeit, zwischen einem Ende des Krieges und dem Ende der Sklaverei in den Südstaaten differenziert abzuwägen, agil zu denken und zu handeln. Sein Mut, sich in der Regierungsarbeit mit Menschen zu umgeben, die einmal seine Gegner gewesen waren und vieles anders beurteilten als er selbst. Seine Lernbereitschaft im Blick auf ihm fehlende Kompetenzen, im Bürgerkrieg etwa in militärischen Fragen. Seine Sorgfalt im Vorbereiten seiner Reden, die voller kluger Argumente und Überzeugungskraft waren – alles andere als schnell dahingesagte Oberflächlichkeiten mit kurzer Gültigkeitsdauer. Sein Glaube. Seine Integrität. Es war die Persönlichkeit dieses Mannes, es waren nicht die Umstände, die ihn umgaben, und auch keine von Anfang an vorhandene Kompetenz.[1]

Ein zweites Beispiel beeindruckt mich in diesem Zusammenhang. Es ist das von Alice, einer entfernten Verwandten. Ihr Mann Peter führte eine erfolgreiche Schreinerei, die er selber aufgebaut hatte, mit einem Dutzend Mitarbeitern. Gemeinsam hatten sie zwei kleine Kinder. Mitte dreißig kam Peter bei einem Flugzeugabsturz ums Leben. Nach diesem tragischen Ereignis stand Alice vor der schwierigsten Entscheidung ihres Lebens: Sollte sie die Schreinerei auflösen und die Angestellten entlassen oder den Betrieb weiterführen, auch wenn sie weder von der Geschäftsführung noch vom Schreinern viel verstand? Sie entschied sich fürs Weitermachen, auch wegen Marcel, ihrem Ältesten, der schon als Kind Interesse am Betrieb des Vaters zeigte.

Alice führte die Firma also weiter. Die Voraussetzungen waren alles andere als ideal. Alice, vom Schicksal schwer getroffen, alleine mit einem Unternehmen und zwei kleinen Kindern. Dann ihre begrenzten Kenntnisse, was die Führung einer Schreinerei betraf. Doch sie wagte es, getragen und motiviert von ihrem christlichen Glauben. Das Geschäft blieb erfolgreich und expandierte in den Folgejahren. Weshalb? Unter anderem deshalb, weil Alice eine starke Frau war. Eine Persönlichkeit. Sie bat ihre Angestellten um Mithilfe. Ohne deren Know-how ging es nicht. Sie übertrug ihrem Vorarbeiter ein ungewohnt hohes Maß an Entscheidungskompetenz, um die fachliche Qualität des Betriebs zu sichern. Sie bildete sich im betriebswirtschaftlichen Bereich weiter. Obwohl gegenüber ihren Angestellten viel Loslassen und Vertrauen gefordert war, weil diese das Handwerk verstanden, behielt sie die Kernaufgaben der Führung fest in den Händen. Es funktionierte. Als zehn Jahre später ihr Sohn, der das Geschäft übernehmen sollte, schwer erkrankte und ein Jahr später starb, wurde Alices Welt noch einmal brutal erschüttert. Und wieder entschied sie sich, das Geschäft weiterzuführen. Es blieb bis zu ihrer Pensionierung ein vitaler Betrieb, der in der Region für Qualitätsarbeit bekannt war.

Alice ist für mich ein beeindruckendes Beispiel dafür, dass am Ende die Persönlichkeit eines Menschen mehr zählt als ideale Umstände. Mehr sogar als die eigene Kompetenz.

Umgekehrt sieht es anders aus: Wenn eine Person ideale Umstände vorfindet und in fachlicher Hinsicht top vorbereitet und kompetent ist, es aber an einer gewissen Persönlichkeitsreife vermissen lässt, ist die Krise sehr viel wahrscheinlicher.

Ich denke an einen Schulleiter, der neu zu einer gut aufgestellten Schule kam. Die Lehrteams arbeiteten optimal zusammen, viele waren schon seit Jahrzehnten dort. Er selbst konnte ausgezeichnete Zeugnisse vorweisen. Auffallend war nur, dass er nie länger als zwei Jahre an einer Stelle gearbeitete hatte. Aber davon abgesehen sah alles bestens aus. Ein Jahr später herrschte Krisenstimmung. Der neue Schulleiter säte durch sein Verhalten Misstrauen unter den Lehrpersonen. Er fühlte sich rasch angegriffen, schrieb beleidigte und beleidigende E-Mails. Traf willkürliche Entscheidungen. Nach vergeblichen Interventionsversuchen traten vier von sechs Personen aus der örtlichen Schulbehörde zurück. Schließlich verloren einige Lehrkräfte die Geduld und kündigten ebenfalls. Erst als Eltern aktiv wurden, entließ der Kreisschulrat den Schulleiter, und es kehrte langsam Ruhe ein.

Beste Umstände, ausreichende Fachkompetenz, aber eine unreife, zur Dysfunktionalität neigende Persönlichkeit – weshalb kann das nicht funktionieren? Weil es ohne Persönlichkeit kein reifes Handeln gibt. Ich will nicht sagen, dass so jemand nichts zustande bringt und es wie in diesem Beispiel früh eskalieren muss. Aber es wird neben durchaus guten Ergebnissen ein insgesamt hohes Maß an problematischen Nebengeräuschen geben. Sobald sie das Gute übertönen, ist am Ende mehr verloren als gewonnen.

## Zu diesem Buch

In diesem Buch geht es also darum, den Zusammenhang zwischen Persönlichkeit und reifem Handeln darzustellen. Der Nährboden eines reifen Handelns in unseren Familien, am Arbeitsplatz oder in Kirchen heißt Persönlichkeit. Sie ist essenziell.

Im ersten Teil dieses Buches zeige ich, was eine Persönlichkeit ausmacht. Was sie fördert und festigt. Über welche Merkmale sie verfügt. Meine Ausführungen dazu sind vom christlichen Glauben geprägt. In meiner eigenen Persönlichkeitsentwicklung spielt er eine entscheidende Rolle. Das kommt auch in diesem Buch zum Ausdruck. Den Weg der Persönlichkeitsreifung, der sich aus den Quellen des Glaubens speist, nenne ich »via spiritualis«. Frei übersetzt heißt das: Wir gehen den Weg zur Reife an der Hand Gottes. Wir gestalten ihn aus den Ressourcen des Glaubens.

Im zweiten Teil beschreibe ich einige Praxisfelder reifen Handelns. Es gibt keine Trickkiste dafür – keine für alle Situationen und Umstände geltende fixe Bedienungsanleitung, dank der wir automatisch alles richtig machen. Reifes Handeln ist abwägendes Handeln. Es bewegt sich oft zwischen Polen, die sich auf den ersten Blick zu widersprechen scheinen, und sucht für die aktuelle Situation den richtigen Akzent. Manchmal kann es bedeuten, die Erwartungen eines Mitmenschen bewusst zu enttäuschen. Dann wieder ist es richtig, Erwartungen zu entsprechen. In einem Fall kann es heißen, dass ich unbeirrbar an gewissen Werten und Überzeugungen festhalte. Einen Tag später kann in einer anderen Situation das Gegenteil von mir gefordert sein – dass ich mich beeinflussen lasse und meinen eigenen Standpunkt freigebe. An einer Stelle muss ich einen Konflikt so entschlossen angehen wie der Feuerwehrmann einen Hausbrand. An anderer muss ich einen Konflikt bewusst zulassen, weil erst dann gewisse unter der Oberfläche schwelende Schwierigkeiten zutage treten.

Reifes Handeln bewegt sich oft zwischen Polen, die sich auf den ersten Blick zu widersprechen scheinen.

Ein theologisches Schlusskapitel rundet das Buch ab. Es bietet eine kurze Skizze zum Menschenbild der Bibel und versucht die Frage zu beantworten, inwiefern es dem Menschen aus theologischer Sicht überhaupt möglich ist, etwas zur Entwicklung seiner Persönlichkeit beizutragen. Diese Reflexion ist wichtig, um zwei Extreme zu vermeiden: erstens die Einbildung, wer immer es wolle, könne sich beliebig verändern und verbessern – als sei alles nur eine Frage des Wollens und der Disziplin. Das andere Extrem behauptet das Gegenteil, nämlich dass ein erwachsener

Mensch nicht mehr aus seiner Haut könne. Was der Mensch mit 25 ist, das bleibe er mehr oder weniger für den Rest seines Lebens. Wenn es Christen sind, die auf dieser Seite stehen, lautet das Argument etwas anders, nämlich: »Menschliches Bemühen um Reife ist Selbstüberschätzung und deshalb vergeblich. Nur Gott kann sie bewirken, ohne Zutun des Menschen.« Dieses Schlusskapitel zeigt, dass aus biblisch-theologischer Sicht sowohl dem ersten wie auch dem zweiten Extrem widersprochen werden muss. Nicht für alle Leserinnen und Leser ist diese Auseinandersetzung im gleichen Maß relevant, deshalb erfolgt sie am Ende des Buches. Wer immer aber den Ausgleich sucht zwischen Passivität und Selbstoptimierungswahn, der findet hier Orientierung.

Sie sehen: Reifes Handeln ist komplex. Es erfordert Weisheit, Besonnenheit, kluge Einschätzung. Persönlichkeit eben.

Auch hier erweist sich der christliche Glaube als großartige Ressource. Gott ist nicht nur ein Spezialist darin, aus Menschen wie Ihnen und mir Persönlichkeiten zu machen. Er ist auch die beste Adresse, wenn wir in einem bestimmten Praxisfeld abwägen müssen, wie reifes Handeln *in diesem konkreten Fall* aussehen könnte. Ob wir gegenüber unserem Teenager nachgeben oder konsequent bleiben sollen. Ob wir an einem Jahresziel beharrlich festhalten oder flexibel auf bestimmte Umstände reagieren und neue Prioritäten setzen sollen. Ob es gut ist, für eine nach Hilfe rufende Mitarbeiterin sofort alles stehen und liegen zu lassen, oder ob es weiser ist, uns abzugrenzen, weil es darum geht, dass sie Wichtiges lernt.

## Es geht nicht um Perfektion

Bevor es losgeht, will ich noch einmal betonen: Reifes Handeln bedeutet nicht, alles in den Griff zu bekommen. Keine Fehler mehr zu machen. Keine Schwächen zu haben, keine Einseitigkeiten und keinem Fehlurteil zu unterliegen. Sich solchen Ansprüchen verpflichtet zu fühlen, muss unglaublich anstrengend sein. Und freudlos. Einem solchen Leben wird fortlaufend alle Leichtigkeit, alles Experimentelle, alle Freiheit und alle Gnade entzogen. Ich *muss* es ja richtig machen! *Richtig* richtig! Ich bekomme Schweißperlen auf der Stirn, wenn ich mir vorstelle, so leben zu müssen …

Mir geht es um einen Weg des Lernens. Einer, der eingebettet ist in meine Beziehung mit Gott. Auch dort gilt ja, dass wir nicht eines Tages alles im Griff haben und mit einem Heiligenschein herumlaufen. Dennoch gehen wir unseren Weg an seiner Hand, lernen, wachsen und bleiben nicht stehen. Jeden Tag neu. Leben mit Gott, aus Gott, für Gott. Für die Menschen. Für die Welt.

Wer immer diesen Wunsch teilt, den lade ich herzlich ein, mit mir die Wachstumspfade zum reifen Handeln zu entdecken und sich anzueignen.

Thomas Härry, im Spätsommer 2017

# TEIL 1

## AUF DEM WEG ZUR PERSÖNLICHKEIT

Der Charakter ruht auf der Persönlichkeit, nicht auf den Talenten. Talente können sich zum Charakter gesellen, er gesellt sich nicht zu ihnen, denn ihm ist alles entbehrlich außer die Persönlichkeit.

Johann Wolfgang von Goethe

Wir müssen lernen – und das ist das große Gebot der Zeit –, lernen, wieder Persönlichkeit zu werden. Das lernt man im Verkehr mit der Welt, aber noch besser im Verkehr mit sich selbst.

Peter Rosegger

Im ersten Teil dieses Buches steht unser Reifen zur Persönlichkeit im Zentrum. Es geht mir dabei um die Frage, was diesen Prozess ausmacht, was ihn fördert oder hindert. Darum, wie Reife aussieht und woran man sie erkennt. Wie es sich auf der anderen Seite auswirkt, wenn wir in unreifen Verhaltensmustern verharren. Ich bette meine Überlegungen in den christlichen Glauben ein und zeige, welche Rolle er bei der Entwicklung unserer Persönlichkeit spielen kann.

Den ihm von Gott zugewiesenen Beitrag leisten kann auch ein behinderter, ein kranker, ein alter Mensch.

Bevor wir beginnen, ist eine grundsätzliche Klärung nötig: Was genau meine ich überhaupt, wenn ich von »Persönlichkeit« spreche? Der Begriff wird nämlich sehr unterschiedlich gefüllt und verstanden.[2] Hier also meine Definition:

> Eine »Persönlichkeit« ist ein innerlich gefestigter, gesund entwickelter und reifer Mensch, der sich verantwortungsvoll dem Leben und seinen Aufgaben stellt. Er ist fähig, die Beziehung zu Gott, zur Welt, zu sich selbst und anderen Menschen auf förderliche Weise zu gestalten. Er leistet seinen Beitrag in Familie, Beruf, Gesellschaft und dem Reich Gottes.

Der Psychoanalytiker Erik Erikson sprach von der »gesunden Persönlichkeit«. Sie meistert aktiv ihre Umwelt, zeigt eine gewisse Einheitlichkeit und ist fähig, sich selbst und die Welt richtig zu erkennen.[3] Damit ist nicht gesagt, dass nur solche Menschen Persönlichkeiten sein können, die im Sinne unserer Leistungsgesellschaft voll einsatzfähig sind. Den ihm von Gott zugewiesenen Beitrag leisten kann auch ein behinderter, ein kranker, ein alter Mensch.

Es geht in diesem Buch also nicht um unterschiedliche Persönlichkeitstypen, wie sie anhand von zahlreich existierenden Tests ermittelt werden können. Solche Persönlichkeitstypologien sind ein Versuch, Personen mit ähnlichen Verhaltensweisen und Eigenschaften einem bestimmten Typ zuzuordnen. Es geht dabei um bestimmte Kennzeichen im Blick auf das menschliche Verhalten in Beziehungen, um die Art und Weise, wie jemand seine Aufgaben anpackt und bewältigt, wie er denkt, fühlt usw.

Im vorliegenden Buch verwende ich den Begriff »Persönlichkeit« anders. Es geht mir nicht um die Eigenschaften bestimmter Persönlichkeitstypen, sondern um Merkmale und Verhaltensweisen eines gereiften Menschen, egal welchen Typs. Natürlich kann man die Typenfrage nicht ganz davon lösen. Für mich stehen allerdings diejenigen Qualitäten einer Persönlichkeit im Zentrum, die typenunabhängig sind. Reifemerkmale, die uns allen gleichermaßen gelten.

Der Begriff »Persönlichkeit« bezieht sich in diesem Buch auch weniger auf den Einfluss, den ein bestimmter Kulturkreis auf die Entwicklung eines Menschen hat. Das wären Prägungen, die einen in Ostafrika geborenen und nach dortigen Werten erzogenen Menschen von einem Westeuropäer oder Chinesen unterscheiden. Sie spielen für unser Werden eine große Rolle und sind prägender, als es uns oft bewusst ist. Die Reifemerkmale, um die es mir geht, sind unserer jeweiligen kulturellen Prägung jedoch übergeordnet. Es geht mir um die Frage, was einen Menschen zu einem verantwortungsvollen Gegenüber macht, egal aus welchem Kulturkreis er stammt, wie gebildet er ist oder aus welcher sozialen Schicht er kommt.

Ein letzter Hinweis betrifft die Frage, welche Rolle Widerstände auf unsere Persönlichkeitsentwicklung haben. Manche sind überzeugt, dass Krisen den Menschen stärken. Dass Persönlichkeit ohne ein gesundes Maß an Druck und Herausforderung nicht denkbar ist. Ich stimme zu. Dennoch geht es mir in diesem Buch nicht im Speziellen um dieses Thema. Das hat auch damit zu tun, dass es an dieser Stelle keine Garantie, kein Naturgesetz gibt. Schwierigkeiten, Gegenwind und Herausforderungen *können* eine Persönlichkeit positiv prägen, sie widerstandsfähig und stark machen. Zwingend ist das allerdings nicht. Es sind nicht die Widerstände, die eine Persönlichkeit hervorbringen, den Charakter veredeln, reifen lassen, Resilienz[4] bewirken. Es ist vielmehr die Art und Weise, *wie ein Mensch darauf reagiert*, die ihn reifen lässt oder die ein Ausdruck schon vorhandener Reife ist. Manch einer wird durch erfahrene Widerwärtigkeiten kein bes-

> Es sind nicht die Widerstände, die eine Persönlichkeit hervorbringen. Es ist vielmehr die Art und Weise, wie ein Mensch darauf reagiert, die ihn reifen lässt oder die ein Ausdruck schon vorhandener Reife ist.

serer, sondern ein schlechterer Mensch. Er wird verbittert, vielleicht zynisch oder rücksichtslos. Andere versinken in Selbstmitleid und Hoffnungslosigkeit. Dort aber, wo ein Mensch lernt, dem Schwierigen in rechter Weise zu begegnen, können selbst leidvolle Erfahrungen dazu führen, dass er fester, mutiger – eben reifer wird.

Werfen wir einen Blick auf das, was Sie im ersten Teil dieses Buches erwartet:

Im ersten Kapitel geht es um die Frage, was Menschen zu Persönlichkeiten macht und welche zwei zentralen Eigenschaften sie besitzen. Im zweiten Kapitel fragen wir, wie der christliche Glauben unsere Persönlichkeitsentwicklung fördern und unterstützen kann. Im dritten Kapitel setzen wir uns mit der Tatsache auseinander, dass es im Leben jedes Menschen unreife Verhaltensmuster gibt, die ihn hindern, als Persönlichkeit zu handeln. Wir sind eingeladen, diese abzulegen und nachzureifen. Im vierten Kapitel werden einige charakteristische Kennzeichen einer gereiften Persönlichkeit vorgestellt. Das fünfte Kapitel vertieft das bisher Gesagte und zeigt anhand eines biblischen Beispiels, wie wir den Weg der Reife Schritt für Schritt weitergehen können. Im sechsten Kapitel stelle ich Ihnen einige praktische Orientierungshilfen vor, die Ihnen im Alltag helfen sollen, sich an reifen Verhaltensweisen zu orientieren. Je öfter wir das tun, umso deutlicher erweisen wir uns als gereifte Persönlichkeiten.

KAPITEL 1

# Wie entsteht Persönlichkeit?

Vor einigen Jahren besichtigten meine Frau und ich zusammen mit Freunden die Überbleibsel der »Comthurey«, eines ehemaligen Gutshofs aus der Zeit des Nationalsozialismus nahe dem mecklenburgischen Fürstenberg. Hier betrieben einige Gefolgsmänner Heinrich Himmlers ein »Versuchsgut zu Ernährung und Verpflegung«, u.a. mit Heilpflanzen zur Herstellung von Medizinprodukten für die Soldaten der Wehrmacht. Gerade hatten wir die unglaubliche Geschichte einer Frau gelesen, die auf diesem Gut aufgewachsen war.[5]

Während wir nach Spuren der Vergangenheit suchend über das Gelände streiften, fiel mein Blick auf eine Reihe auffallend üppiger Tomatenpflanzen. Sie wuchsen in Töpfen an der Sonnenseite eines Hauses, das hier nach dem Krieg auf den Ruinen wiederaufgebaut worden war. Die Pflanzen waren dicht behangen mit großen, herrlichen Früchten. Da ich selber seit Jahren Tomaten in Töpfen ziehe, konnte ich nicht anders, als mir die Sache genauer anzusehen. Die Verbrechen der Nazizeit traten für einen Moment in den Hintergrund, als ich mit staunenden Augen diese Prachtexemplare von Tomatenstauden bewunderte. Im Garten erspähte ich eine vor sich hin werkelnde, ältere Frau. Ich sprach sie auf ihre tollen Früchte an und fragte: »Wie machen Sie das bloß, dass Ihre Pflanzen in diesen Töpfen so ausgezeichnet gedeihen?«

Mein Kompliment tat die erwünschte Wirkung: Langsam kam sie zum Gartenzaun. Sie musterte mich für einen Moment, als müsste sie überlegen, ob sie mir ihr Gartengeheimnis tatsächlich anvertrauen wollte.

»Wissen Sie«, fuhr ich fort, »ich bin Schweizer und gerade in dieser Gegend im Urlaub. Aber ich habe noch nie solch schöne Topftomaten gesehen! Meine eigenen zu Hause sehen nie so aus wie Ihre.«

Sichtlich geschmeichelt trat die Frau nahe an mich heran, schaute mich vielsagend an und flüsterte dann leise, als sollte es sonst keiner hören: »Wissen Sie, es gibt da einen Trick.« Sie machte eine längere Pause, als wollte sie mich zappeln lassen. Schließlich: »Mein Mann holt mir jeden Frühling aus dem nahen See Fische. Ich lege in jeden Topf einen von ihnen hinein. Dann pflanze ich darüber den Setzling. So habe ich das mal im Radio gehört. Seither mache ich das – und es funktioniert!«

Ich blieb skeptisch: »Und Sie geben keinen Dünger dazu?«

»Kein Dünger! Der Fisch ist der Dünger!«

Fisch im Tomatentopf? Ich traute meinen Ohren nicht. Dennoch bedankte ich mich höflich und verabschiedete mich mit einem letzten Lob für ihren schönen Garten.

Kriegsgeschichten hin oder her: Die Tomatenfische ließen mich nicht mehr los. Im Jahr darauf versuchte ich mit allen Mitteln, an Fische heranzukommen. Einige Wochen später hatte ich zwei Säcke in meiner Kühltruhe und wartete ungeduldig auf die Pflanzzeit. Es fühlte sich an wie ein geheimes Ritual, als ich die Fische unten in den Topf legte, Erde darüberschüttete und die kleinen Tomatensetzlinge einpflanzte. Ich war noch immer skeptisch. Tomaten auf Fisch? Passte das zusammen oder war es nicht doch eher eine Sache, die eine besondere Form des Glaubens erforderte? Meine Familie witzelte liebevoll über meine neue Tomatentechnik und debattierte am Tisch ernsthaft die Frage, ob auf Fischen gezogene Tomaten als vegetarisch bezeichnet werden dürfen …

Meine Familie debattierte am Tisch ernsthaft die Frage, ob auf Fischen gezogene Tomaten als vegetarisch bezeichnet werden dürfen.

In den ersten Wochen bemerkte ich keinen Unterschied. Dann auf einmal, wie auf Kommando, wuchsen die Pflanzen auffallend gut und bildeten starke Triebe. Bildete ich es mir nur ein oder hatten die Wurzeln gerade den Fisch erreicht und sogen sich mit der neuen Nahrung voll? Es vergingen wieder ein paar Wochen und schließlich war ich überzeugt: Tomaten lieben Fisch! Sie hätten sie sehen sollen, meine stolzen, üppigen, kräftigen Tomaten! Es war ein Fest, sie zu ernten. Gerne hätte ich sie der alten Frau von der Comthurey gezeigt; ihr für den Gartentipp des Jahres gedankt. Meine Familie roch manchmal an den Früchten und meinte augenzwinkernd, ein Hauch von Fischgeruch ließe sich nicht verleugnen …

Neben dieser neuen Erkenntnis zur Kunst der Tomatenzucht lehrt mich diese Geschichte auch noch etwas anderes: Der richtige Nährboden ist entscheidend, wenn Gutes wachsen soll! Die Qualität der Früchte ist ganz anders, wenn der Nährboden stimmt. Das gilt nicht nur für Tomaten, sondern auch für unser Leben.

Was der Fisch für meine Tomaten ist, das ist unsere Persönlichkeit im Blick auf unser Handeln. Reifes Handeln gedeiht auf dem Nährboden der Persönlichkeit. Damit meine ich nicht nur unsere angeborenen Charakterzüge, unseren Typ, unser Temperament. Im Unterschied zu diesen individuellen Eigenschaften weist das Wort »Persönlichkeit« auf die innere Qualität meines Seins. Diese ist unabhängig vom jeweiligen Persönlichkeitstyp. Sie prägt mich von innen her und macht mich aus. Die mit ihr einhergehenden Eigenschaften weisen mich als reifen Menschen aus. Sie durchdringen mein Denken, Fühlen und Handeln und lenken es in die richtige Richtung.

## Die Rolle unserer Entwicklung als Kinder und Jugendliche

Was macht uns zu einer Persönlichkeit? Einige wichtige Perspektiven verdanken wir der Entwicklungspsychologie. Sie bemüht sich in besonderer Weise darum, den menschlichen Entwicklungsprozess vom Kleinkind bis zum mündigen, reifen Menschen zu beschreiben. Dabei fanden einige Modelle besonders breite Zustimmung, etwa diejenigen von Jean Piaget (1896-1980), Erik H. Erikson (1902-1994) und Lawrence Kohlberg (1927-1987). In den Stufenmodellen werden verschiedene aufeinander aufbauende Phasen definiert. Viele neuere Forschungen auf dem Gebiet der Persönlichkeitsentwicklung bauen auf diesen Erkenntnissen auf. Ganz allgemein gesagt stimmen alle ernsthaften Untersuchungen darin überein, dass die Ausformung einer reifen Erwachsenenpersönlichkeit nicht von der Kindheit loszulösen ist. Wer wir heute sind, hat wesentlich mit der Frage zu tun, wie unsere Kindheit ausgesehen hat. Wie fördernd und richtunggebend zum Beispiel die Umstände und Bezugspersonen waren, mit denen wir die ersten Jahre unseres Lebens verbrachten. Einfach ausgedrückt: Das Sein und Handeln eines Menschen ist immer auch der verlängerte Arm seiner Kinderstube, der in seine gegenwärtige Wirklichkeit hineinreicht.

## Das Verhältnis von Glaubens- und Lebensreife

Andere Forscher interessierten sich zusätzlich für die Glaubensentwicklung des Menschen. Sie beschäftigten sich mit der Frage, wie sich die allgemeine psychisch-physische Entwicklung zur religiösen Entwicklung eines Menschen verhält. Wichtige Beiträge dazu lieferten u.a. Fritz Oser (geboren 1937), Romano Guardini (1885-1968) und James W. Fowler (1940-2015). Auch sie legten Stufenmodelle vor, die viel Anklang fanden und zum Ausgangspunkt weiterer Untersuchungen wurden. Wenn man die Modelle vergleicht, welche die Rolle des Glaubens in den Blick nehmen, wird klar: Die Entwicklung eines gesunden, tragfähigen Glaubens lässt sich nicht von der allgemeinen physischen und vor allem psychischen Entwicklung abkoppeln. Ein gesundes Glaubenswachstum ist ohne eine gute Gesamtentwicklung der menschlichen Seele nicht zu haben. Beide Seiten bedingen einander, wobei die Lebensreife vorgeordnet ist. Das heißt: Es gibt ungläubige Menschen, die sehr reif handeln können. Glaubensreife ohne Lebensreife aber scheint ausgeschlossen. Das bedeutet nicht, dass der Glaube nicht fördernd auf die Lebensreife einwirkt, im Gegenteil. Die Glaubensreife kann sich aber nicht losgelöst davon entwickeln. Das hat auch damit zu tun, dass der christliche Glaube keine vom normalen Leben abgekoppelte Sache ist. Er spielt sich nicht in weltfremden Sphären ab, die mit dieser Welt und unseren natürlichen Gegebenheiten nichts zu tun haben. Christlicher Glaube rechnet mit der Gegenwart und dem Wirken Gottes im Hier und Jetzt. Nicht darüber, nicht daneben, sondern mittendrin. In unserem Leben und unserem Alltag. Er steht deshalb in enger Verzahnung mit unserer normalen menschlichen Entwicklung. Wer also meint, der Besuch einer bestimmten Veranstaltung, mehr beten, kirchliches Engagement etc. führen ihn zur Reife oder sei ein Ausdruck davon, der irrt sich. Erst wenn Ausdrucksformen des Glaubens zu neuen, guten Lebensgewohnheiten führen, können wir von Reife sprechen. Dann also, wenn ich meine Frau weniger kränke, meinem Nachbarn freundlicher und hilfsbereiter begegne, meine Kritiksucht abnimmt, mir das Wohl meiner Mitarbeitenden wichtiger wird und ich aufhöre, Dinge aus der Firma mitgehen zu lassen – und dies alles aufgrund meines christlichen Glaubens –, dann erst geschieht, worauf mein Glaube zielt. Eine sogenannte »Glaubensreife« ohne solche Auswirkungen ist eigentlich keine.

Wenn ein Mensch sich für Gott öffnet und ihm zu vertrauen beginnt, dann ist das keine rein religiöse oder mystische Angelegenheit. Echter Glaube meint das ganze Leben. Wenn Gott einen Menschen an der Hand nimmt, dann führt er ihn zu einer ganzheitlichen Reife. Einer Reife, welche Denken, Handeln, Fühlen, Glauben und Leben umfasst. Oder anders gesagt: Wer nur fromm wird, aber in unreifen Mustern stecken bleibt, leidet an einer Missbildung seines Glaubens. Im Folgenden werde ich die allgemeinen Kennzeichen einer ganzheitlichen Reife stärker betonen als bestimmte, davon isolierte Merkmale einer glaubenden Person. Denn das Gesamtbild macht die Persönlichkeit aus, nicht alleine die Tatsache, dass ein Mensch bestimmte Glaubensüberzeugungen hat.

Wer nur fromm wird, aber in unreifen Mustern stecken bleibt, leidet an einer Missbildung seines Glaubens.

## Kennzeichen einer Persönlichkeit

Fragen wir konkreter: Woran erkennt man eine reife Persönlichkeit? Was zeichnet sie aus? Welche Eigenschaften besitzt sie, die wiederum einen guten Nährboden für reifes Handeln bilden? Was ist vergleichbar mit dem Fisch, der meine Tomaten auf so erstaunliche Art und Weise gedeihen ließ?

Beschäftigt man sich mit den oben genannten Untersuchungen zur allgemeinen menschlichen und zur Glaubensentwicklung, zeigen sich bestimmte Merkmale. Bei allen Unterschieden zwischen einzelnen Modellen gibt es eine Art Konsens. Ein Beispiel dafür gibt uns eine Studie des deutschen Bundesinstitutes für Berufsbildung (BIBB). Sie benennt (neben anderen Fähigkeiten) einige Reifemerkmale, die junge Erwachsene als Voraussetzung für eine erfolgreiche Ausbildungs- und Berufspraxis mitbringen sollten:

> *Zuverlässigkeit, die Bereitschaft zu lernen, die Bereitschaft, Leistung zu zeigen, Verantwortungsbewusstsein, Konzentrationsfähigkeit, Durchhaltevermögen, Beherrschung der Grundrechenarten, einfaches Kopfrechnen, Sorgfalt, Rücksichtnahme, Höflichkeit, Toleranz, die Fähigkeit zur Selbstkritik, Konfliktfähigkeit, Anpassungsfähigkeit und zu guter Letzt die Bereitschaft, sich in die betriebliche Hierarchie einzuordnen.* [6]

Was hier im Blick auf Jugendliche und junge Erwachsene an Reifemerkmalen definiert wird, lässt sich praktisch eins zu eins auf Erwachsene übertragen.

Der Vergleich mit biblischen Aussagen bestätigt das hier skizzierte Bild. Die in Galater 5,22-23 erwähnten Eigenschaften, von Paulus als »Frucht des Geistes« bezeichnet, habe ich bereits in der Einleitung dieses Buches erwähnt. Das Neue Testament wiederholt und ergänzt das dort Gesagte unermüdlich. Zwar verwendet die Bibel eigene Ausdrücke, in der Sache aber weist sie in dieselbe Richtung. Menschen, deren Glauben bis in die Tiefen ihres Seins wirkt, zeichnen sich auch durch Eigenschaften aus wie:

- Verlässlichkeit in Wort und Verhalten (Matthäus 5,37),
- Wahrhaftigkeit (Epheser 4,25),
- Versöhnungsbereitschaft (Epheser 4,32),
- Güte und Freundlichkeit im Umgang mit Mitmenschen (Philipper 4,5),
- Geduld und Ausdauer (Hebräer 10,36),
- Fähigkeit zur Selbstreflexion (Matthäus 7,3ff),
- Fähigkeit, Eigeninteressen dem Wohl der Gemeinschaft nachzuordnen (Philipper 2,3).

Das sind nur einige exemplarische Stichworte, viele weitere könnten genannt werden. Die Nähe zu den Beschreibungen im Katalog des Bundesinstituts für Fortbildung liegt auf der Hand. Natürlich gibt es Unterschiede. Grundrechenarten und Kopfrechnen sind in der Bibel keine Reifezeichen (wofür ich persönlich dankbar bin – Mathe war nie meine Stärke).

Gemäß der Bibel lassen sich die einzelnen Merkmale der Reife in einem einzigen Wort zusammenfassen: LIEBE. Reif ist, wer liebt. Alle obigen Merkmale sind nichts anderes als Nuancen der Liebe. Menschen, die lieben, sind Gott ähnlich. Sie ahmen ihn in seiner Liebe zu uns Menschen nach. In den Worten von Paulus: »Folgt nun dem Beispiel Gottes als geliebte Kinder, und führt euer Leben in der Liebe …« (Epheser 5,1-2).

Wenn Lebens- und Glaubensreife zusammenkommen, ist das Ergebnis ein beziehungsfähiger, liebender Mensch. Wir dürfen das Wort »Liebe« dabei nicht romantisch einengen. Es geht nicht um Gefühle der Zuneigung zu dem, der mir sympathisch ist, sondern um eine zutiefst bejahende Lebenshaltung nicht nur gegenüber Menschen, sondern allem, was zu meiner Existenz gehört:

- gegenüber meinen Aufgaben und Verantwortungen in der Familie, im Beruf, meiner Kirche, meiner Freizeit;
- gegenüber meinen Mitmenschen: Familienangehörigen, Nachbarn, Arbeitskollegen, Freunden, Fremden;
- gegenüber Gott (Vater, Sohn und Heiliger Geist) als meinem Schöpfer und Erhalter, meinem Herrn und Freund;
- gegenüber mir selbst in meiner grundlegenden Beschaffenheit, meiner Geschichte und meinen insgesamt gegebenen Lebensumständen.

## Zwei grundlegende Eigenschaften

Fassen wir das bisher Gesagte zusammen und fragen noch einmal: Welche Art von Persönlichkeit bildet die Grundlage, den Nährboden, für reifes Handeln im Alltag? Es ist eine Persönlichkeit, die auf dem Weg ihrer Entwicklung geliebt wurde und zu lieben gelernt hat. Daran beteiligt waren Menschen und für Christen in besonderer Weise auch Gott. Letzteres ist umso entscheidender dort, wo einem Menschen alles andere als eine ideale Entwicklung als Kind und Jugendlicher beschieden war. Es mag Personen geben, die genau das zum Anlass nehmen, um lebenslang in unreifen Mustern stecken zu bleiben, und, darauf angesprochen, entschuldigend auf ihre schwierige Kindheit verweisen. Echtes Erwachsenwerden und Reifen aber sieht anders aus: Ich übernehme die Verantwortung dafür, wie ich mit meinem Schicksal umgehe, es verarbeite und aufarbeite. Eine schlechte Kindheit ist deshalb keine Ausrede für mangelnde Reife. Wie der Weg des Nachreifens für solche Menschen (letztlich betrifft das in irgendeiner Form jeden von uns) möglich ist, dazu mehr in den folgenden Kapiteln.

Eine reife Persönlichkeit verfügt über zwei grundlegende Eigenschaften.

Erstens, sie ist beziehungsfähig

Das heißt: Sie kann auf Menschen zugehen, mit ihnen in Beziehung treten, zuhören, sich mitteilen. Sie findet im Umgang mit ihren Mitmenschen eine gute Balance von Nähe und Distanz.

Zweitens, sie ist eigenständig

Das heißt: Sie kann ihre Überzeugungen und Werte in Worte fassen und anderen gegenüber vertreten. Sie übernimmt Verantwortung für sich selbst und kann ihr alltägliches Leben bewältigen.

Sie finden keine reife Persönlichkeit ohne diese beiden grundlegenden Eigenschaften (mit denen wir uns in Kapitel 4 noch einmal ausführlicher beschäftigen werden). Natürlich besitzt sie niemand umfassend. Wir sind alle unterwegs, keiner ist am Ziel, niemand ist immer und überall beziehungsfähig und eigenständig. Dennoch gilt: Es gibt keine Reife, wo diese Eigenschaften fehlen.

Welche Rolle kann der christliche Glauben spielen, wenn wir uns auf den Weg des Nachreifens begeben? Davon handelt das nächste Kapitel.

## Zur Vertiefung

- Was macht Ihrer Meinung nach eine Persönlichkeit aus? Tragen Sie die wichtigsten Merkmale zusammen.
- Wie stehen Sie zur Aussage, dass es ohne Lebensreife keine Glaubensreife gibt?
- Wie beurteilen Sie Ihre eigene Entwicklung: Welche Umstände und Bezugspersonen haben Ihren Reifungsprozess gefördert? Welche haben ihn erschwert? Wie sind Sie bisher damit umgegangen? (Weitere Möglichkeiten und Perspektiven lernen Sie im Verlauf des Buches kennen.)
- Die ergänzende Sicht des Glaubens: Welche der hier erwähnten Eigenschaften brauchen Sie inmitten Ihrer momentanen Lebensumstände besonders? Was könnte Ihnen helfen, sie zu entwickeln?
- Welches Maß an Reife erachten Sie für die folgenden Lebensaufgaben als unverzichtbar? (Definieren Sie je fünf zentrale Eigenschaften.)
  - **Für Eltern** im Blick auf ihre Aufgabe, Kinder zu erziehen und fit fürs Leben zu machen?
  - Für **Pastoren und Pastorinnen** im Blick auf ihre Aufgaben, Menschen seelsorgerlich zu begleiten, zu verkündigen, Gemeinde zu bauen?
  - Für **Führungskräfte und Teamleiter** in Betrieben und Organisationen im Blick auf ihre Aufgabe, Menschen zu fördern, zu führen und gute Resultate zu erzielen?
  - Für **Lehrkräfte** im Blick auf ihre Aufgabe, Schülerinnen und Schüler im Lernen anzuleiten und zu begleiten sowie eine Klasse zu führen?
  - Für **Politikerinnen und Politiker** im Blick auf ihre Verantwortung, ein Dorf, eine Stadt, ein Land zu führen, zu repräsentieren?

KAPITEL 2

# »Via spiritualis«: aus dem Glauben gestaltete Persönlichkeitsentwicklung

Viele Merkmale einer reifen Persönlichkeit finden sich auch bei Menschen ohne religiösen Hintergrund. Gleichzeitig können Christen in Mustern der Unreife verharren. Können gar in dysfunktionalen Verhaltensweisen stecken bleiben. Ein Glaubensbekenntnis garantiert keine Reife, kein Hinwachsen zur Persönlichkeit. Zudem handelt es sich beim Glauben um ein reines Geschenk. Er ist keine Auszeichnung für besonders Tüchtige, Brave oder gut Entwickelte. Gott nimmt Menschen aus Gnade an. Paulus hat dies am eigenen Leib erfahren. Er verfolgte keine edlen Absichten, als Christus ihm begegnete und ihm den Auftrag gab, sein Bote zu werden. Diese unverdiente Annahme ging ihm so unter die Haut, dass er nicht müde wurde zu betonen, dass man keinerlei Voraussetzungen erfüllen muss, um Christ sein zu können: *»Denn durch die Gnade seid ihr gerettet aufgrund des Glaubens, und zwar nicht aus euch selbst, nein, Gottes Gabe ist es; nicht durch eigenes Tun, damit niemand sich rühmen kann«* (Epheser 2,8-9). Aus diesem Grund gilt nicht automatisch, dass ein glaubender Mensch auch eine reife Persönlichkeit sein muss.

Nichtsdestotrotz ist der christliche Glaube auf dem Weg zur Reife eine großartige Ressource. Er gibt gerade denjenigen Menschen Hoffnung, deren bisherige Lebensgeschichte nicht viel zu ihrer Lebensreife beigetragen hat. Gleichzeitig hilft er bereits Gereiften, im Blick auf ihre Persönlichkeit weiter an Tiefe und Festigkeit zu gewinnen. Die Frage ist nicht, wo genau auf dem Weg zur Persönlichkeit wir jetzt gerade stehen, sondern ob wir überhaupt noch unterwegs sind. Ob wir inmitten unserer aktuellen Lebensumstände bereit sind, dort nachzureifen, wo wir es besonders brauchen. Denn, wie schon gesagt: Keiner von uns hat den Prozess beendet. Das Leben erfordert da und dort in neuen Lebensumständen ein erneutes Lernen, Wachsen, Reifen.

Die heilsame Gestaltung dieses Weges bezeichne ich als »via spiritualis« – als geistlichen Weg. Dabei nutze ich die mir von Gott zur Verfügung gestellten Möglichkeiten des Glaubens als entscheidende Ressourcen auf dem Weg, eine Persönlichkeit zu werden. Ich verstehe Glauben also nicht als ein vom Rest meines Lebens abgetrenntes Spielfeld, in dem ich ein paar religiösen Bedürfnissen nachgehe. Vielmehr ist er die zentrale Lebenskraft, die mein ganzes Sein und Tun durchdringt. »Via spiritualis« meint einen Lebensvollzug, der von Gottes Geistwirken getragen und begleitet wird und zur Folge hat, dass ich zu einer ganzheitlich reifen Persönlichkeit heranwachse.

## An Gottes Hand zu Neuem aufbrechen

Von dieser »via spiritualis« wird in den folgenden Kapiteln immer wieder die Rede sein. Wie sich der damit verbundene Weg im Einzelfall gestaltet, hängt stark von der konkreten Situation ab, in der ich mich gerade befinde, und den damit verbundenen Lebensumständen. Jede größere Lebensaufgabe erfordert eigene Formen und Wege der »via spiritualis«. Gott erschließt darin spezifische Möglichkeiten, wie die Ressourcen des Glaubens in unser Hinwachsen zur Persönlichkeit einfließen können. Dem will ich in den folgenden Kapiteln dahin gehend Rechnung tragen, dass ich an verschiedenen Stellen beispielhaft Möglichkeiten einer auf das Thema bezogenen »via spiritualis« aufzeige. Nicht um Ihnen zu sagen: »So müssen Sie's machen!« Es sollen vielmehr Angebote sein, die Sie übernehmen können, wenn sie zu Ihrer Situation und zu Ihnen passen. Wo nicht, dienen sie als Anregung und Ansporn, sich eigene Formen der »via spiritualis« zu erschließen und einzuüben. Das Ziel bleibt immer dasselbe: Die Übungen sollen uns ein Nachreifen ermöglichen, das in den Möglichkeiten Gottes seinen Ursprung hat.

Es gibt unterschiedliche Wege der »via spiritualis«, sie alle folgen aber demselben Grundanliegen, das ich an dieser Stelle umreißen will. Es macht deutlich, was »via spiritualis« meint und was nicht.

Im Brief des Apostels Paulus an die Römer findet sich das Leitmotiv. Römer 8,4 handelt davon, dass wir als an Christus glaubende Menschen »unseren Weg nicht nach dem Fleisch gehen, sondern nach dem Geist«. Es ist das Bild eines Weges, auf dem man andere Ziele verfolgt als früher, als man Christus noch nicht kannte. Damals ging es um selbstbestimmte Anliegen wie Erfolg, Ansehen, Zuwendung von bestimmten Personen, Vermeidung von Kritik, Kontrolle von Situationen und Mitmenschen etc. Der Weg des Glaubens hat neue Ziele im Blick. Solche, die von alten Strategien des unbedingten Wollens oder Vermeidens wegführen. Neues wird wichtig. Zum Beispiel danach zu fragen, was Gott möchte. Wofür man sich einsetzen soll. Was Gott ehrt. Es geht um neue Ziele – für andere da zu sein, sich gegen Unrecht zu wehren, großzügig zu werden, nicht das letzte Wort haben zu müssen usw. Ein anderer hat das Sagen. Gottes Geist, nicht mehr das eigene Ego, die Angst, die Verletzungen, die Unersättlichkeit.

> Christen verlassen die alten Trampelpfade des Egos, der Vermeidung, der eng geführten Lebensperspektive und betreten neue Wege.

Das Bild eines Weges, auf dem uns Gott zu Neuem hinführt, finden wir noch ein zweites Mal in Römer 8, nämlich in Vers 14: »Denn die vom Geist Gottes getrieben werden, das sind Söhne und Töchter Gottes.« In der altgriechischen Sprache, in der Paulus schrieb, steht für das hier verwendete »getrieben« das Wort *»agontai«*. Das ist die passive Form von *»ago« – »einen Weg entlangführen«*. Söhne und Töchter Gottes sind also Menschen, die sich von Gottes Geist einen bestimmten Weg entlangführen lassen. Christen sind von Gottes Geist an die Hand Genommene. Sie verlassen die alten Trampelpfade des Egos, der Vermeidung, der eng geführten Lebensperspektive und betreten neue Wege. Gottes Wege. Wege zum Leben. Das also ist »via spiritualis«: von Gott an die Hand genommen und auf neue, gute Wege geführt werden.

Es ist nicht zufällig, dass die Bibel im Blick auf unsere Veränderung das Bild eines Weges wählt und nicht eines einmaligen oder punktuellen Ereignisses. Sie versteht Reifung als Prozess. Die neuere Gehirnforschung bestätigt diese Sicht und weist darauf hin, dass es das alles verändernde Aha-Erlebnis, nach dem bei uns alles im Lot ist, so nicht gibt. Der Neurobiologe Joachim Bauer schreibt: »Lebensgewohnheiten und Verhaltensmuster sind in Netzwerken unseres Gehirns festgeschrieben und lassen sich nur im Laufe eines längeren Lern- und Übungsprozesses verändern.«[7]

Leben unter Gottes Führung. Dabei geht es nicht nur um Neuausrichtung, Neuorientierung und Gottes Begleitung, es geht auch um Führung als »Leadership«. Darum, einen Weg zu gehen, bei dem nicht ich das letzte Wort habe, sondern Gottes Geist. Paulus scheibt in 1. Timotheus 1,2, dass er unter »Gottes Befehl« steht.[8] Die »via spiritualis« bedeutet auch dies: dass wir uns Gottes Herrschaft unterstellen und ihm im Blick auf die Frage, was aus uns werden und wie wir handeln sollen, das letzte Wort überlassen. Mir gefällt in diesem Zusammenhang die Formulierung, die Frank Laubach in einem Brief an seinen Vater verwendet: »Allow me to realize all the leadership of God I can!«[9] Frei übersetzt: »Erlaube mir, dass ich, so gut ich kann, Gott die ausschlaggebende Autorität sein lasse.«

## »via spiritualis« als Weg zur Persönlichkeit

Die »via spiritualis« ist zielführend. Es geht nicht um schöne religiöse Gefühle, berührende Stimmungen oder ein bisschen mehr innere Ruhe. Nichts gegen einen Glauben, der uns auch emotional berührt, aber das ist nicht das Ziel. Wenn der Geist Gottes uns an die Hand nimmt und führt, dann sollen in uns ein paar Eigenschaften und Verhaltensweisen heranreifen. Einige davon erwähnt Paulus in seinem Gebet für die Christen in der Gemeinde von Kolossä, denen er einen Brief schreibt. Dabei benennt er beispielhaft, was auf dem Weg der »via spiritualis« mit einem Menschen geschieht (Kolosser 1,9-12):

- Er kann zunehmend unterscheiden, was zum Willen Gottes gehört und was nicht (*… erfüllt werden von der Erkenntnis seines Willens …*).

- Er verfügt über Weisheit und über Einsicht, die Gottes Geist ihm schenkt *(… in aller Weisheit und geistgewirkten Einsicht …).*
- Er kann sein Leben fokussiert so gestalten, dass dabei Gott geehrt wird *(… ein Leben führen, das des Herrn würdig ist …).*
- Er packt engagiert die ihm gestellten Aufgaben an *(… Frucht bringen in jedem guten Werk …).*
- Er versteht zunehmend, wer und wie Gott ist *(… wachsen in der Erkenntnis Gottes …).*
- Er wird inmitten fordernder Lebensumstände mit neuer, zusätzlicher Kraft von Gott versorgt *(… versehen mit aller Kraft … getragen von der Macht seiner Herrlichkeit …).*
- Er entwickelt auch in Sturmzeiten Geduld und inneres Stehvermögen *(… in allen Dingen … Standhaftigkeit und Geduld finden …).*
- Er verfügt über Lebensfreude und Dankbarkeit *(… voll Freude sagt Dank dem Vater …).*

Dieses Bespiel zeigt, wohin die »via spiritualis« uns führt: Sie fördert lauter Qualitäten, die auch säkulare Entwicklungsmodelle als Eigenschaften reifer Persönlichkeiten beschreiben. Der Unterschied zu ihnen besteht darin, dass diese Eigenschaften aus einer bewusst gestalteten Beziehung mit Gott hervorgehen. Sie sind nicht allein davon abhängig, ob ich eine gute, von Geborgenheit und Unterstützung geprägte Kindheit hatte. Auch nicht davon, ob ich mir selber beibringen konnte, was eine weniger ideale Kindheit mir schuldig geblieben ist. Hier erbeten und empfangen wir von Gott, was uns weder unsere bisherige Entwicklung noch wir selbst zu geben vermochten. Das ist ein enormes Privileg und kann eine große Erleichterung sein!

Damit ist nicht gesagt, dass die »via spiritualis« professionelle Begleitung oder Beratung (etwa im Bereich dysfunktionaler Verhaltensweisen) überflüssig macht. Im Gegenteil – beides geht Hand in Hand. Für einen glaubenden Menschen ist auch eine gute Form der Begleitung Teil seiner »via spiritualis« – ein von Gott angebotener Weg der Unterstützung, realisiert durch eine andere Person mit besonderen Kompetenzen in diesem Bereich.

Was genau tun wir auf dem Weg der »via spiritualis«?

Die erste Antwort lautet: Es geht nicht in erster Linie darum, etwas zu tun, sondern darum, zu empfangen. Wir empfangen Gottes Leitung und Prägung. Das heißt allerdings nicht, dass uns Wesentliches im Schlaf verabreicht oder unter Narkose eingeimpft wird. Deshalb lautet die zweite Antwort: Wir empfangen Gottes Wirken im bewussten Gestalten unserer Freundschaft mit Gott. »Via spiritualis« ist vor allem eine Beziehung. Sie zeigt sich in den großen Übungswegen der christlichen Spiritualität, wie sie in den Kirchen über die Jahrtausende hinweg gepflegt wurden: im Gebet, im Lesen und meditierenden Aneignen der Bibel, im Gottesdienst, in der Gemeinschaft, im Engagement für Gottes Reich, im Fasten, indem wir uns begleiten lassen; in Momenten, in denen wir für uns selbst vor Gott still werden und auf ihn hören.[10]

Ich habe an anderer Stelle betont, dass die rein formale Ausübung christlicher Spiritualität aus uns noch keine besseren Menschen macht, keine Persönlichkeit hervorbringt. Spiritualität entfaltet dort ihre Kraft, wo sich jemand in Freiheit und Entschlossenheit für Gott öffnet. Wo er Gottes Wirken und Reden erwartet und willkommen heißt. Die »via spiritualis« verändert uns dort, wo wir solche Vertiefung und Erneuerung auch wirklich wollen. Das schließt nicht aus, dass uns Gottes Reden und Wirken selbst dort zu erreichen vermag, wo wir es weder gesucht noch gewollt haben. Dennoch gilt, dass Gott in der Regel darauf wartet, bis wir ihm unsere Türen öffnen. Er will willkommen geheißen werden – er ist kein ungebetener Eindringling. Gott will in Freiheit geliebt sein.

In meinem eigenen Leben gibt es unterschiedliche Formen der »via spiritualis«. Bei einigen von ihnen kann ich deren verändernde Wirkung besonders deutlich erkennen (was nicht bedeutet, dass sie bei anderen geringer ist, es geschieht dort nur unbewusster). Ein paar von ihnen habe ich bereits in meinen Büchern *»Echt und stark«* und *»Von der Kunst, sich selbst zu führen«* beschrieben. Besonders ermutigende Erfahrungen mache ich mit meinen sogenannten »Jahresgebeten«: Jedes Jahr definiere ich ein Gebet um Veränderung, das sich auf einen ganz bestimmten Bereich meines Lebens bezieht. Bei meinem ersten Jahresgebet vor vielen Jahren ging es um Großzügigkeit. Ich schrieb folgendes Gebet auf eine kleine Karte, die ich fortan bei mir trug: »Mache aus mir einen großzügigen, freigiebigen Menschen!« Unzählige Male betete ich in den folgenden zwölf Monaten dieses kleine Gebet. Anlass dazu war die wenig rühmliche Einsicht, dass ich zur Knausrigkeit neigte, besonders gegenüber meiner eigenen Familie. Während ich mir ohne Bedenken die eine oder andere Anschaffung gönnte, die mir notwendig erschien (vor allem Bücher!), rechnete ich bei den angemeldeten Bedürfnissen von Karin und meinen drei Töchtern hin und her, warnte vor Budgetüberschreitungen und predigte Sparsamkeit. Eines Tages, auch nach den entsprechenden Rückmeldungen meiner vier Frauen, gestand ich mir ein: Du bist geizig – aber nur anderen gegenüber!

Wie verändert man sich selbst an einem solchen Punkt? Ich misstraute meinen eigenen Möglichkeiten und formulierte mein erstes Jahresgebet. Mir war bewusst, dass Vorsätze nicht ausreichten. Ich brauchte eine Herzensveränderung, die ich mir selbst nicht geben konnte. Also betete ich ein Jahr lang um ein großzügiges Herz. Nach diesem Jahr fragte ich Karin, ob sich ihrer Meinung nach etwas verändert hatte. Sie lächelte mich an und meinte nur: »Bete noch ein Jahr!« Das tat ich. Nach zwei Jahren »via spiritualis« im Blick auf mein Nachreifen in der Großzügigkeit wurde die Veränderung sichtbarer – auch für meine Familie. Ohne besondere Anstrengung (obwohl es eine solche manchmal auch braucht) konnte ich freigiebiger mit Geld umgehen, gerade innerhalb der eigenen Familie, aber auch darüber hinaus. Seit dieser Erfahrung sind Jahresgebete ein fester Bestandteil meiner Spiritualität. Sie bescheren mir jedes Jahr ein neues Abenteuer im Blick auf die kleineren und größeren Wunder, ohne die sich mein Leben nicht zum Guten entwickeln würde. Sie lassen mich staunen über diesen Gott, der mich an die Hand nimmt und mich zu neuen Denk- und Verhaltensweisen hinführt, die aus mir selbst nicht denkbar wären.

Eines Tages gestand ich mir ein: Du bist geizig – aber nur anderen gegenüber!

Fassen wir zusammen: Glaube fördert Persönlichkeit, wenn er als »via spiritualis« gestaltet wird. Als mit Gott gestalteter Weg, als Beziehung, in der Gott uns seine Ressourcen zur Verfügung stellt und uns dort nachreifen hilft, wo wir es besonders nötig haben.

Weshalb und an welcher Stelle sich die Aufgabe des Nachreifens stellt, damit beschäftigen wir uns im nächsten Kapitel.

## Zur Vertiefung

- Wachsen als »via spiritualis« heißt: von Gott an die Hand genommen werden, nach seinen Zielvorgaben und unter seiner Leiterschaft unseren Weg gehen. Wo erleben Sie etwas davon in Ihrem Alltag? Welche Formen, Rituale und Übungswege des Glaubens helfen Ihnen dabei?
- In welchen Situationen und Lebensbereichen möchten Sie mehr davon erfahren und Fortschritte machen?
- Lesen Sie Kolosser 1,9-12 und die in diesem Kapitel genannten Eigenschaften einer Persönlichkeit, die sich aus diesem Text ableiten lassen. Welche davon beschreiben besonders treffend, was Sie von Gott erbitten und empfangen möchten, um als Persönlichkeit weiterzuwachsen?
- Formulieren Sie ausgehend davon ein schriftliches Gebet – Ihr persönliches Standardgebet, auf das Sie immer wieder zurückgreifen können, wenn Sie Gott bitten möchten, aus Ihnen eine reife Persönlichkeit zu formen.

KAPITEL 3

# Von der Aufgabe des Nachreifens

Ein Gespräch an unserem Familientisch: Unsere Tochter, im letzten Jahr ihrer kaufmännischen Ausbildung, nimmt gerade an einer Intensivwoche der Berufsschule teil. Die Lehrlinge sollen in Gruppen betriebswirtschaftliche Konzepte erstellen und anschließend präsentieren. Die Arbeiten gehören zu den Abschlussprüfungen und spielen deshalb eine wichtige Rolle für die Gesamtnotengebung. Das scheint Timo, einem der Auszubildenden, ziemlich egal zu sein. Statt sich für ein gutes Gruppenergebnis zu engagieren, spielt er an seinem Handy. Es gelingt der Lehrerin nicht, ihn davon abzubringen. Kaugummikauend lümmelt er sich in seinem Stuhl und verweigert die Mitarbeit. Nach einer halben Stunde steht er auf, sagt: »Ich geh mal eine rauchen«, und verlässt den Raum.

## Reifedefizite und wie sie sich auswirken

Immer wieder begegne ich Lehrkräften, die mir ähnliche Geschichten erzählen. Ihr Problem sind nicht lernschwache Jugendliche, sondern junge Menschen, denen es an einem grundlegenden Verantwortungsbewusstsein für sich selbst und andere fehlt. Die emotional und im Blick auf ihre Lebenstüchtigkeit auf der Stufe eines Kleinkindes stehen geblieben sind. Wie kommt es, dass ein Jugendlicher wie Timo inmitten einer Phase, die für seine berufliche Entwicklung entscheidend ist, grundlegende Eigenschaften vermissen lässt? Wie kommt es, dass Verantwortungsbewusstsein und Zusammenarbeit für ihn Fremdwörter zu sein scheinen? Timo ist 18 Jahre alt, dennoch fehlen ihm die auf Seite 28 erwähnten Reifemerkmale eines Menschen, der gerade jetzt lernen sollte, sein Leben auf eigene Füße zu stellen.

Der Jugendpsychiater Michael Winterhoff spricht in diesem Zusammenhang von einem zunehmend auftretenden Phänomen: der fehlenden Lebens- und Ausbildungsreife junger Menschen. Er zitiert Holger Schwannecke, den Generalsekretär des Zentralverbandes des Deutschen Handwerks:

> *Wir stellen seit Jahren fest, dass immer mehr Schulabgänger nicht die nötigen Grundkenntnisse mitbringen … Manchen fällt es schon schwer, morgens pünktlich zur Arbeit zu kommen. Einige wollen offensichtlich gar keine Ausbildung machen. Ihnen fehlt die Motivation.*[11]

Für Winterhoff ist klar: Solche Menschen habe Reifedefizite. Er spricht von »großen Problemen«, die viele Heranwachsende beim Eintritt ins Berufsleben haben. Probleme, »die bei einer gesunden psychischen Reifentwicklung nicht auftreten würden«[12].

Was geschieht, wenn solche Menschen nicht nachlernen, was ihnen fehlt? Sie nehmen ihre Reifedefizite mit ins Erwachsenenleben, wo sie sich oft noch verstärken. Diese schlagen sich nicht nur im Beruf, sondern in allen wichtigen Lebensbereichen und zwischenmenschlichen Beziehungen nieder. Letztlich führen sie zu Bindungsunfähigkeit oder zumindest Beziehungsstörungen gegenüber Lebenspartnern, Freunden, Familienmitgliedern. Sie wirken in die Erziehung der eigenen Kinder hinein. Wie soll ein Mensch mit dem Hang zur Verantwortungslosigkeit seine Kinder aufs Leben vorbereiten? Seine Reifedefizite erschweren oder behindern auch das Finden einer aktiv gestaltenden Rolle in der Gesellschaft, die von jedem ein bestimmtes Maß an Rücksichtnahme und Kooperationswillen erfordert.

In einem anderen Zusammenhang kommt Winterhoff zum Schluss, »dass ein großer Teil unserer Gesellschaft aus unerwachsenen Volljährigen besteht«[13].

*Es kann nicht sein, dass innerhalb von nur zwei Generationen die Psyche des Menschen nicht mehr lernen will und muss, sich abzugrenzen und Frustrationen auszuhalten; sprich: erwachsen zu werden. Und trotzdem reifen Menschen zwar körperlich, nicht aber mental und emotional heran. Sie werden zu Menschen, die zwar über 18 sind, aber …*

*… sich von Oberflächlichkeiten leiten lassen, sodass ihnen der Schein mehr gilt als das Sein,*

*… mangelnde Entscheidungsfreude aufweisen,*

*… keine eigene Haltung haben und sich deshalb im Mainstream am wohlsten fühlen,*

*… es nicht aushalten, von anderen nicht geliebt zu werden,*

*… über geringe Ressourcen verfügen, auch mal eine Durststrecke zu überstehen,*

*… erwarten, dass andere ihnen Orientierung geben,*

*… die kurzfristige Erfüllung ihrer Wünsche erwarten,*

*… keine Verantwortung übernehmen wollen und können.*

*Ich will es beim Namen nennen: Dies alles sind Verhaltensweisen, die typisch sind für das Verhalten von Kindern, aber nicht für das von Erwachsenen.*[14]

## Zeit zum Nachreifen

Reifedefizite haben viele Gesichter. Manche treten deutlicher zutage, sind offensichtlicher. Bei den einen treten sie regelmäßig auf, bei anderen zeigen sie sich seltener. Manche sind eher harmlos, andere zeigen ernsthafte Gefährdungen. Es gibt alle nur denkbaren Abstufungen zwischen marginalen und alarmierenden Formen der Unreife. Jeder Mensch hat irgendwo Reifedefizite. Nicht alle müssen mit der gleichen Dringlichkeit bearbeitet oder behandelt werden. Manche aber schon.

Die Frage, welche unserer Schwächen, Einseitigkeiten und Verhaltensmuster als Reifedefizite gelten, ist nicht einfach zu beantworten – ebenso wenig die Frage, wie sehr sie ein Nachreifen erfordern. Die konkreten Lebensumstände spielen dabei eine Rolle. Ein Single, der chaotisch lebt, stört damit innerhalb seiner eigenen vier Wände kaum einen anderen. Selbst in seinem Beruf kann es sein, dass andere Fähigkeiten diesen Schwachpunkt wettmachen. Ein chaotisch arbeitender Arzt gefährdet damit aber möglicherweise Menschenleben. Ein in sich gekehrter, grummeliger Lastwagenfahrer gefährdet den Geschäftserfolg seiner Firma vermutlich weniger als die ebenso grummelige Verkäuferin in einem Schmuckladen. Überlegen Sie selbst: Welche Reifedefizite Ihres Partners, Ihres Vorgesetzten, der Lehrkraft Ihrer Kinder können Sie besser akzeptieren? Welche weniger? Weshalb? Sie merken, man kann unterscheiden, die Kriterien dafür aber sind umständebedingt und auch eine Frage unserer eigenen Werte und Erwartungen.

Auch der Wechsel in eine neue Lebensphase oder Aufgabe kann ein Nachreifen erfordern. Ich erinnere mich an die Zeit, als meine Töchter zur Welt kamen. Damals gab es bei mir ein paar Verhaltensweisen, von denen ich mich nun verabschieden musste, das war mir klar. Schnelles Autofahren, riskante Klettermanöver und von der Hand in den Mund leben gehörten dazu. Später, als Leiter, war es unter anderem mein Umgang mit Konflikten und Kritik, der ein Nachreifen erforderte.

Der Übergang von einem Reifedefizit zu ernsthaft dysfunktionalen Tendenzen mit weiter reichenden Folgen kann fließend sein. Was harmlos beginnt, kann sich zu Verhaltensweisen auswachsen, mit denen wir uns selbst und anderen schaden.

Er hat keinen Blick dafür, dass die Hauptursache der Probleme, unter denen er leidet, in ihm selbst liegt. Er sieht haufenweise Reifedefizite, aber nur bei anderen, nicht bei sich selbst.

Vor mir sitzt Markus, ein erfahrener Pastor. Seit drei Jahren gehört Bernd zu seinem Leitungsteam, er ist als Pastor für Kinder- und Jugendarbeit angestellt. Nach einem erfreulichen Einstieg in diese Aufgabe zeigen sich in Bernds Verhalten vermehrt problematische Tendenzen. Als Erstes fällt Markus auf, dass sich Bernd vor bestimmten Aufgaben drückt, die eigentlich zu seinem Arbeitsgebiet gehören. Einige Teilbereiche scheinen ihn nicht zu interessieren, daher lässt er sie links liegen und führt keine Mitarbeitergespräche mit den Verantwortlichen. Bei den Leitungssitzungen des Pastorenteams beschwert er sich immer wieder über einengende Strukturen. Weil es hier tatsächlich Luft nach oben gibt, sorgt Markus für Nachbesserung. Bernd ist weiterhin unzufrieden. Seine Körperhaltung spricht für sich: Er sitzt mit verschränkten Armen auf seinem vom Tisch weggeschobenen Stuhl, als wolle er sagen: »Mir passt nicht, was hier läuft; ich gehöre nicht dazu!« Er meldet sich selten zu Wort. Wenn doch, dann meist mit negativen Äußerungen. Bei Gemeindegliedern beschwert er sich über die Inkompetenz des Gemeindevorstands und von Markus. Beim Vorstand wiederum klagt er über die Unverbindlichkeit der von ihm geleiteten Teammitarbeitenden in der Kinderarbeit. Seine zunehmend negativen Aussagen irritieren auf allen Ebenen. Ehrenamtlich Mitarbeitende ziehen sich zurück und verlassen von ihm geleitete Teams. Bernd spürt den Druck und verschärft den Ton. Schreibt lange Briefe, die viele Vorwürfe, aber kaum Lösungsvorschläge enthalten. Versuche der Gemeindeleitung, die Situation für alle Beteiligten zu verbessern, bringen nur kurzfristig Entspannung. Mittlerweile sieht Bernd die ganze Gemeinde im Argen liegen. An manchen Tagen taucht er nur kurz oder gar nicht im Büro auf. Keiner weiß, wo er ist. Markus ist ratlos und fragt sich, ob die Leitung den falschen Jugendpastor angestellt hat.

Was ist Bernds Problem? Was ist aber auch das Problem der Gemeinde und von Markus, die es so weit haben kommen lassen? Ich bin zurückhaltend mit Ferndiagnosen, die auf den Aussagen einer Einzelperson aus einem Konfliktfeld gründen. Dennoch erlaube ich mir zwei Vermutungen: Erstens muss nicht nur Bernd, sondern auch Markus nachreifen, damit es zu einer Lösung kommen kann (ich denke etwa, dass er in stiller Hoffnung auf Besserung zu lange gewartet hat). Zweitens scheint Bernd ein Mensch zu sein, der sein wirkliches Problem weder kennt noch benennen kann. Er reibt sich an seinen Umständen und Mitmenschen, kritisiert sie, hat aber wohl keinen Zugang zu dem, was ihn auf einer tieferen Ebene persönlich beschäftigt und betrifft. Er hat keinen Blick dafür, dass die Hauptursache der Probleme, unter denen er leidet, *in ihm selbst* liegt. Er sieht haufenweise Reifedefizite, aber nur bei anderen, nicht bei sich selbst.

Was würden Sie Markus raten, wenn er Sie um Rat fragen würde? Wie geht man mit Menschen um, die (wie jeder von uns) Nachreifungsbedarf haben, sich aber davor verschließen? Was heißt dies für diejenigen, die eine solche Person führen? Wo müssen möglicherweise sie selbst Neues lernen, um jemanden wie Bernd leiten zu können?

## Wenn Erwachsene stehen bleiben

Wir haben festgestellt: Alle von uns haben an irgendeiner Stelle Reifedefizite. Das Problem ist nicht, dass es sie gibt. Ein Problem entsteht dort, wo wir blind dafür sind. Dann leiden Organisationen, Teams, Kollegen, Partner und Familien.

Das Phänomen ist kein neues. Schon in biblischer Zeit hielt der Apostel und Gemeindebauer Paulus es für notwendig, Menschen aus der Unmündigkeit herauszurufen. Wenn er in seinen Briefen von diesem Thema spricht, dann versteht er darunter keinen Zustand, der sich allein auf Glaubensfragen bezieht. Paulus ist sich wohl bewusst, wie sehr Glaubens- und Persönlichkeitsreife zusammengehören. In seinem ersten Brief an die Korinther schreibt er:

> *Als ich ein Kind war, redete ich wie ein Kind, dachte wie ein Kind,*
> *überlegte wie ein Kind. Als ich aber erwachsen war,*
> *hatte ich das Wesen eines Kindes abgelegt (1. Korinther 13,11).*

Es ist interessant zu sehen, in welchem Zusammenhang er diese Sätze schreibt. Er beschäftigt sich in diesem Kapitel mit der wertvollsten und wichtigsten Eigenschaft eines glaubenden Menschen: der Liebe. Der selbstlosen, zur Hingabe bereiten Liebe, wie man sie bei reifen Menschen findet. Auch hier zeigt sich (wie wir in Kapitel 1 gesehen haben): Für Paulus heißt Mündigkeit, liebesfähig zu sein. Beziehungsfähig. Eigenständig. Erwachsen. Kurz: eine Persönlichkeit.

Gerade die Christen in Korinth bereiten ihm diesbezüglich einige Schwierigkeiten. Dass ihnen exklusive religiöse Erfahrungen mit dem Heiligen Geist wichtig sind, ist an sich kein Problem. Einige von ihnen sind aber in unreifen Lebens- und Beziehungsmustern stecken geblieben. Sie verhalten sich in mancher Hinsicht schlicht kindisch. Einige von ihnen begegnen sich Sonntag für Sonntag im Gottesdienst. Im Alltag treffen sie sich vor einem örtlichen Richter wieder, wo sie in gegenseitige Rechtsstreitigkeiten verwickelt sind. Jeder will unbedingt zu *seinem* Recht kommen. Für andere ist es das Normalste der Welt, sich nach dem Gottesdienst auf direktem Weg ins nächstgelegene Bordell zu begeben und dort ihr sexuelles Bedürfnis zu befriedigen. Vor allem aber liebt es die Mehrheit der Christen in Korinth, bestimmte Leitungspersonen wie Helden zu verehren. Alle anderen Leiter werten sie ab und weigern sich, sich von ihnen etwas sagen zu lassen. Dies alles zeigt Paulus: Diese Menschen müssen nachreifen!

> *Ich konnte zu euch nicht sprechen wie zu Menschen, die aus dem Geist leben, sondern musste zu euch sprechen wie zu solchen, die auf Irdisches beschränkt sind, mit in Christus noch unmündigen Kindern (1. Korinther 3,1).*

Auch gegenüber einer anderen Gemeinde, der Kirche in Ephesus, betont er die Wichtigkeit des Reifens, »denn wir sollen nicht mehr unmündige Kinder sein« (Epheser 4,13).

## Gesichter der Unreife

Wir wollen einige Gesichter der Unreife, wie sie uns im Alltag begegnen, genauer ansehen. Zuvor aber lassen Sie mich noch einmal sagen: Ich vertrete bei diesem Thema keinen Vollkommenheitsfanatismus. Das zu betonen, scheint mir wichtig, weil an dieser Stelle die Gefahr für ein Missverständnis liegt. Ich glaube nicht, dass wir jede unserer Einseitigkeiten, Schwächen und Unvollkommenheiten ausräumen müssen. Ich halte nichts von einem übersteigerten (und unrealistischen) Heiligkeitsfimmel. Mir geht es lediglich darum, dass wir dort mutig hinschauen, wo wir des Nachreifens bedürfen. Das ist immer dort der Fall, wo sich Reifedefizite blockierend auf unsere Tätigkeiten und auf unsere Beziehungen auswirken. Wo wir in Aufgaben und in der Zusammenarbeit mit Mitmenschen scheitern, nicht weil uns bestimmte Kompetenzen fehlen oder Intelligenz, sondern die dafür notwendige Reife. Weil wir uns auf dem Weg zur Persönlichkeit selbst im Weg stehen. Sich dort der Aufgabe des Nachreifens stellen heißt mit Gottes Hilfe neue Wege einschlagen. Um unserer selbst willen. Um unserer Mitmenschen willen, unserer Arbeitskollegen und Familien. Weil wir Personen sein wollen, die sich den Veränderungen nicht verweigern, zu denen Gott sie ruft.

Unreife erkennt man in der Regel daran, dass sich unser Ich an irgendeiner Stelle ein Verhalten angeeignet hat, von dem es sich einen bestimmten Gewinn verspricht. Eine Art Krücke, mit der es einen gefühlten oder tatsächlichen Mangel kompensiert. Um diesen Mangel auszufüllen, verfolgen wir (unbewusst!) Ziele, die einer eigenen Logik folgen – der Logik unreifer Denkmuster. Manche unserer damit verbundenen Strategien sind eher offensiv: Wir werden aktiv, tun und sagen bestimmte Dinge, um etwas zu erreichen, von dem wir denken, dass wir es unbedingt brauchen und sichern müssen: Bewunderung, Zuwendung, ungeteilte Aufmerksamkeit, Macht etc. Daneben gibt es eher defensive Strategien. Das Ziel dort: unbedingt vermeiden, was wir fürchten – unbeliebt sein, missachtet werden, Fehler machen, kritisiert werden, alleine gelassen werden usw. Die beiden Strategien, die eher offensiv und die eher defensiv angelegte, fließen allerdings oft ineinander und bedingen sich gegenseitig, sodass ich sie in der nachfolgenden Liste nicht voneinander trenne. Schauen wir uns einige besonders verbreitete Spielarten des unreifen Ichs[15] an.

### Das misstrauische Ich

Es beherrscht die Kunst negativer Unterstellungen und übt Kontrolle aus. Es fällt ihm schwer, zu vertrauen und zu glauben, dass sein Gegenüber gute Absichten hat.

### Das furchtsame Ich

Es fürchtet Gefahr, Strafe, Nachteil und andere schwere Konsequenzen und igelt sich in seinen vermeintlichen Sicherheiten ein.

### Das vermeidende Ich

Es lebt im konstanten Modus von Vermeidung, Abwehr und Selbstschutz, geht Nähe, Auseinandersetzung und Risiko aus dem Weg.

### Das besitzergreifende Ich

Es beansprucht andere Menschen für sich, engt sie mit lauten und stillen Erwartungen ein, verfügt über sie und fordert Beweise ihrer Zuneigung und Loyalität.

### Das manipulierende Ich

Es versteht, Umstände und Mitmenschen so zu beeinflussen, dass diese den eigenen Wünschen und Strategien dienen. Als Mittel dienen ihm Versprechen und Einschüchterung, Zuckerbrot und Peitsche.

### Das destruktive Ich

Es verweigert sich guten Lösungen, reagiert auf Widerstände mit Gewalt, Liebesentzug oder anderen Vergeltungsmaßnahmen. Es setzt unter Druck und verletzt andere.

### Das selbstherrliche Ich

Es verweigert sich kritischen Rückfragen oder Korrekturen. Es fühlt sich im Recht, denkt nur an sich und ist nicht bereit, auf anderes Rücksicht zu nehmen.

### Das maßlose Ich

Es ist beständig auf der Suche nach mehr: Konsum, Anerkennung, Materiellem, Erlebnissen, Sex, Erfolg. Es ist nicht zufrieden mit dem, was es hat.

### Das ablehnende Ich

Es lehnt Menschen ab, die eine andere Meinung, eine andere Herkunft haben oder anders geprägt sind. Es entzieht sich allem, was nicht ins eigene Weltbild passt.

### Das sich anpassende Ich

Es orientiert sich in seinem Denken und Verhalten an anderen Menschen und übernimmt deren Standpunkte. Es wagt nicht, eine eigene Meinung zu haben und sie zu äußern.

### Das sich entziehende Ich

Es reagiert mit Rückzug und Beziehungsabbruch auf andere Meinungen und Sichtweisen. Es sucht Distanz, verweigert das Gespräch und die Zusammenarbeit.

### Das rechthaberische Ich

Es setzt die eigene Sicht- und Vorgehensweise absolut. Wer sie nicht mitträgt, muss umgestimmt oder ausgeschlossen werden. Es setzt sich ohne Rücksicht auf Verluste durch und ist unfähig, Fehler zuzugeben.

### Das anklagende Ich

Es bewertet und beurteilt Umstände und Mitmenschen kritisch. Es hält anderen ihre Schuld vor, kennt keine Gnade und fordert umfassende Genugtuung, Rache und Ersatz.

### Das sich bemitleidende Ich

Es sieht sich als Opfer schlechter Umstände und Mitmenschen, denen es ausgeliefert ist. Es bedauert sich selbst, gibt sich ohnmächtig und hilflos. Es erwartet, dass andere es schützen, verteidigen und ihm zum Recht verhelfen.

### Das aufgebrachte Ich

Es reagiert aufgewühlt und mit heftigen Emotionen auf Umstände und Personen, die seine Vorstellungen erschüttern oder seine Erwartungen enttäuschen. Es verfällt in den Panikmodus und sucht verzweifelt nach einem Befreiungsschlag.

### Das unverantwortliche Ich

Es verweigert Verantwortung und Eigeninitiative und erwartet stattdessen von anderen, dass sie seine Probleme lösen und seine Situation verbessern. Es kümmert sich nicht um die Konsequenzen seines Tuns.

### Das polarisierende Ich

Es bewertet Unterschiede stärker als Gemeinsamkeiten und stellt Probleme ins Zentrum. Es kennt nur die eine Wahrheit, die eine Vorgehensweise und sieht in Vielfalt eine Bedrohung.

Das abhängige Ich

Es fixiert sich auf bestimmte Personen, Tätigkeiten und Institutionen. Es macht seine Bestimmung, sein Lebensglück und Schicksal von ihnen abhängig. Es stellt ihnen Hab und Gut, Zeit und Kraft uneingeschränkt zur Verfügung und lässt sich ausnutzen.

Das vereinnahmende Ich

Es verwickelt andere Menschen in eigene Pläne oder Schwierigkeiten und drängt ihnen seine Sicht der Dinge auf. In Konflikten sucht es Verbündete, die mit ihm gemeinsame Sache gegen andere machen.

Das gefallsüchtige Ich

Es beschäftigt sich unablässig damit, was andere von ihm denken. Es sucht Bewunderung, Anerkennung, Beifall und Zustimmung und unterlässt nichts, um es zu bekommen. Wo sie ausbleiben, reagiert es depressiv oder aggressiv.

Das schwammig bleibende Ich

Es hält sich bedeckt, hat keine klare Meinung und bleibt in seinen Äußerungen unkonkret. Es bezieht keine Stellung, hält sich alle Optionen offen und will niemanden verärgern.

## Bei uns selbst beginnen

Diese Aufzählung ist nicht abschließend. Manche der erwähnten Merkmale überschneiden sich. Ein Mensch trägt in der Regel mehrere unreife Ichs in unterschiedlicher Ausprägung in sich. Je nach Situation und Person zeigen sich Nuancen und Grautöne davon. Vielleicht entdecken Sie an sich selbst Spuren von einer oder mehreren der hier genannten Verhaltensweisen. Oder andere, hier nicht genannte Merkmale eines unreifen Ichs, von denen Sie ahnen, dass sie nicht Teil einer gefestigten Persönlichkeit sind. Ich stelle an mir selbst immer wieder einige dieser Merkmale fest, besonders in schwierigen Umständen, Konflikten oder Krisen. Manchmal kann ich sie überspielen, mich rechtfertigen und mit dem Finger auf andere zeigen – was mein unreifes Verhalten natürlich nicht reifer macht.

Interessanterweise durchschauen wir Unreife bei anderen viel schneller als bei uns selbst. In unseren Beziehungen, besonders in der eigenen Familie, aber auch im öffentlichen Leben neigen wir dazu, uns gegenseitig unser unreifes Ich zu spiegeln und vorzuwerfen. Oder vor Dritten darüber zu lästern. Das fällt uns viel leichter, als unsere eigenen Reifedefizite in den Blick zu nehmen.

Interessanterweise durchschauen wir Unreife bei anderen viel schneller als bei uns selbst.

Natürlich, es kann richtig und wichtig sein, dass wir einander auf kritische Dinge hinweisen. Finden wir aber nicht das richtige Maß und zerren die Mängel des anderen erbarmungslos ans Licht, dann dringen wir in das ein, was Dietrich Bonhoeffer als das »Geheimnis unseres Mitmenschen« bezeichnet: die tiefere Ebene des Nächsten, auf der wir in der Regel nichts zu suchen haben. Im Gegenteil, wir sollten es als sein Personengeheimnis respektieren und deshalb von jeder Form von unzulässigem Eindringen absehen.

> *Wer darf in den Nächsten eindringen? Wer hat Anspruch darauf, ihn zu stellen, zu treffen, ihn auf das Letzte hin anzureden? Es wäre kein Zeichen großer christlicher Einsicht, wollte man hier einfach sagen, jeder habe diesen Anspruch, ja diese Verpflichtung – der andere hat sein eigenes Geheimnis, das nicht angetastet werden darf ohne großen Schaden.*[16]

> *Wahrhaftigkeit heißt eben doch nicht, dass alles, was ist, aufgedeckt wird. Gott selbst hat den Menschen Kleider gemacht, d.h., es sollen viele Dinge im Menschen verhüllt bleiben und das Böse, wenn man es schon nicht ausrotten kann, soll jedenfalls verhüllt werden; Bloßstellung ist zynisch; und wenn der Zyniker sich auch besonders ehrlich vorkommt oder als Wahrheitsfanantiker auftritt, so geht er doch an der entscheidenden Wahrheit, nämlich, dass es seit dem Sündenfall auch Verhüllung und Geheimnis geben muss, vorbei.*[17]

Das heißt nicht, dass wir manche dieser Dinge nicht ansprechen sollen. Auch das betont Bonhoeffer. Wo immer wir Verantwortung für Menschen tragen, als Führungskräfte, als Eltern und Erzieher, sind wir gefragt, wenn die Reifedefizite eines Menschen ihn daran hindern, seinen Verantwortungen gerecht zu werden. Aber es ist ein Unterschied, ob wir jemanden auf diese Dinge hinweisen und als Vorgesetzte notwendige Korrekturen fordern oder ob wir einfach so auf seinen Defiziten herumreiten, während wir unsere eigenen ausblenden. Das sagt deutlich mehr über unsere eigene Unreife aus als über diejenige der Person, über die wir uns beklagen.

Gehen wir deshalb einen anderen Weg: Beschäftigen wir uns mehr mit unseren eigenen Reifedefiziten als mit denen anderer. Stellen wir sie ins Licht. Nicht ins Licht der Selbstbespiegelung, sondern ins Licht Gottes. Sein Licht ist nicht nur unbestechlich, klar, frei von allem Beschönigen und Verharmlosen. Es ist vor allem einladend, gnädig und bietet uns Hilfe an. Es entlarvt unser unreifes Ich nicht einfach, sondern ermutigt uns, darin Gottes veränderndes Wirken zu erfahren. Es stärkt und festigt unser gutes Ich. In ihm gedeiht Persönlichkeit. Das gereifte Ich verkörpert Schönheit und Klarheit. Es ist lebendig und durchdringt unser ganzes Sein – Denken, Fühlen und Handeln. Jesus beschreibt es in Lukas 11,34-35 so: »Das Licht des Leibes ist dein Auge. Wenn dein Auge lauter ist, ist auch dein ganzer Leib von Licht erfüllt. Wenn es aber böse ist, ist auch dein Leib finster. Gib also acht, dass Licht in dir nicht Finsternis ist.«

Das von Gott erfüllte Wesen sollen wir nicht verstecken, nicht unter den Scheffel stellen, sondern es in unseren alltäglichen Beziehungen und unseren Aufgaben einbringen: »Niemand zündet ein Licht an und stellt es in ein Versteck und auch nicht unter den Scheffel, sondern auf den Leuchter, damit die Eintretenden das Licht sehen« (Lukas 11,33).

## Unreife ablegen als »via spiritualis«

Sich der eigenen Reifedefizite bewusst zu werden und sie abzulegen, ist ein erster Schritt auf dem Weg des Nachreifens zur Persönlichkeit. Auch in der Sprache der Bibel spielt die Formulierung »etwas ablegen« eine wichtige Rolle: »Legt den alten Menschen ab, der in Verblendung und Begierde zugrunde geht, ändert euer früheres Leben«, schreibt Paulus der Kirche in Ephesus (Epheser 4,22; EIN). Das hier verwendete Wort »ablegen« meinte ursprünglich das Ausziehen von Kleidern. Paulus versteht alte Verhaltensmuster und Reifedefizite also als Kleider, die nicht mehr passen, kaputt oder dreckig geworden sind. Dann bleibt nur eines: ausziehen und weg damit! Keiner soll in alten Klamotten stecken bleiben. So, wie wir uns von unpassend gewordenen Kleidern trennen, können wir problematische Verhaltensweisen ablegen. Zugegeben, sie sitzen meist weniger locker, sodass man sie nicht ganz so einfach über die Ohren streifen kann. Manche von ihnen sind so in unser Sein eingewachsen, dass sie stärker an uns haften. Dennoch: Keiner muss im Alten verharren. Mit Gottes Hilfe können wir ablegen, was uns hindert, neue Wege einzuschlagen.

Vor dem Blick auf unsere eigene Wirklichkeit steht deshalb der Blick auf Gottes Gnade, Geduld und Treue.

Wie gestalten wir dieses Ablegen als »via spiritualis«; als einen Weg, bei dem Gott selbst uns an die Hand nimmt und uns hilft, die dabei nötigen Schritte zu gehen? Drei Übungen können uns dabei helfen: das Gebet um die heilsame Erkenntnis, das bewusste Ausstrecken nach dem Neuen und eine gute Begleitung.

### Der erste Schritt: *Das Gebet um heilsame Erkenntnis*

Weil wir Menschen gerne die Augen vor unbequemen Realitäten verschließen, brauchen wir beim Wahrnehmen unseres unreifen Ichs eine besondere Art der Erkenntnis. Gott muss uns unsere Reifedefizite zeigen. Wir werden uns ihnen aber erst dann stellen können, wenn der Selbsterkenntnis die Erkenntnis Gottes vorausgeht: Bevor wir unserem unreifen Ich ins Gesicht sehen können, brauchen wir die Vergewisserung, dass wir mit unseren Unvollkommenheiten gut bei Gott aufgehoben sind. Müssen dem sicheren und uns schützenden Raum trauen, den er uns gewährt, sodass wir den Blick in den Spiegel wagen können. Fehlt uns diese Perspektive, weichen wir der Realität aus. Vor dem Blick auf unsere eigene Wirklichkeit steht deshalb der Blick auf Gottes Gnade, Geduld und Treue. Vor der richtigen Selbsterkenntnis steht die richtige Gotteserkenntnis.

Wenn Sie sich also den Gesichtern Ihres unreifen Ichs stellen wollen, dann bitten Sie zuerst um eine neue Erkenntnis der Liebe Gottes. So hat es auch Paulus im Blick auf die Epheser gemacht. Er betete,

> *… dass Christus durch den Glauben in euren Herzen Wohnung nimmt und ihr in der Liebe tief verwurzelt und fest gegründet seid. So werdet ihr befähigt, mit allen Heiligen zusammen die Breite und Länge und Höhe und Tiefe zu ermessen und die Liebe Christi zu erkennen, die alle Erkenntnis übersteigt … (Epheser 3,17-19).*

Erst im Erkennen der Liebe Christi, im Zuspruch, dass wir selbst mit unseren Unmöglichkeiten bei Gott gut aufgehoben sind, können wir einen ungeschönten Blick auf uns selbst werfen. Deshalb: Beten Sie regelmäßig das Epheser-3-Gebet. Danach können Sie auch für das andere beten: »Gott, nun, da ich weiß, wie abgrundtief und unwiderruflich deine Liebe mir gegenüber ist, zeige mir die Muster meiner Unreife, die ich mit deiner Hilfe ablegen soll.« Oder in den Worten von Psalm 139:

> *Durchforsche mich, Gott, sieh mir ins Herz, prüfe meine Wünsche und Gedanken! Und wenn ich in Gefahr bin, mich von dir zu entfernen, dann bring mich zurück auf den Weg zu dir! (Psalm 139,23-24).*

### Der zweite Schritt: *Das Neue in den Blick nehmen*

Zu jedem Gesicht der Unreife gibt es ein heilsames Gegenbild. Beim misstrauischen Ich ist es das wohlwollende Ich. Beim furchtsamen Ich ist es das vertrauensvolle, zuversichtliche Ich. Beim vermeidenden Ich ist es das sich öffnende, risikobereite Ich.

Überlegen Sie, wie das Gegenmodell zu Ihrem unreifen Ich aussieht. Beschreiben Sie es. Definieren Sie dazu einen Leitsatz, eine Vision. Das kann zunächst allgemein gehalten sein, angewandt auf das obige Beispiel vielleicht: „Ich möchte meinen Mitmenschen Gutes unterstellen und ihnen Vertrauen entgegenbringen." Dann ist es aber auch wichtig, konkreter zu werden, etwa:

> *Anstatt Stefan zu misstrauen und mich ihm gegenüber zu verschließen, will ich frei auf ihn zugehen und ihn in seiner Aufgabe unterstützen.*

*Ich will vor anderen gut über ihn reden und verzichte auf negative Äußerungen hinter seinem Rücken.*

Vielleicht hilft es Ihnen, wenn Sie sich Vorbilder vor Augen halten, welche das entsprechende gute Verhalten für Sie repräsentieren. Finden Sie Passagen in der Bibel, in denen Jesus Christus oder eine andere Person diese Art von Reife in ihrem Sein und Handeln verkörpert. Meditieren Sie das Gegenmodell, das sich Ihnen dabei präsentiert, betend und erwartungsvoll. Vielleicht gibt es auch Menschen in Ihrem Umfeld, die in dieser Hinsicht für Sie vorbildlich sind. Beobachten Sie sie und sprechen Sie sie vielleicht sogar direkt an, wie sie so oder so reagieren können. Überlegen Sie sich kleine Schritte, die Sie auf den Weg in die neue Richtung führen. Denn: Ein Nachreifen findet erst dort statt, wo wir gewisse Dinge nicht nur anders betrachten, sondern anders handeln.

Es geht mir an dieser Stelle nicht um ein paar simple Selbsthilfe-Tricks. Aus diesem Grund liste ich hier keine fünf Schritte auf, die garantiert funktionieren. Wenn das Ablegen von Unreife eine »via spiritualis« sein soll, dann gibt es dafür keinen für jedermann gültigen Fünf-Punkte-Erfolgsplan. Es ist ein Weg mit Gott, auf dem Sie auf ihn hören, ihn betend um Rat fragen. Herauszufinden, welches die nächsten Schritte in Ihrer Situation sein sollen, ist ein Teil des Abenteuers, zu dem uns der Glaube einlädt.

### Der dritte Schritt: *Sich begleiten lassen*

Eine gesunde »via spiritualis« ist kein Alleingang. Eine reife Persönlichkeit ist immer ein Gemeinschaftsprojekt. So wie ein Heranwachsender ohne fördernde Fürsorge und Begleitung Erwachsener nicht reifen kann, so können wir in späteren Lebensphasen nicht ohne die Hilfe anderer Menschen nachreifen. Wer alleine bleibt, es selbst versucht, niemanden nötig hat, wird scheitern. Auf sich selbst gestellt werden Sie mit hoher Wahrscheinlichkeit irgendwann frustriert aufgeben oder sich in selbstquälerischen Anstrengungen verlieren. Gute Freunde, geistliche Begleiter, Beraterinnen, Seelsorger oder eine Kleingruppe spielen auf der »via spiritualis« des Nachreifens eine zentrale Rolle. Sie umgeben sich mit Menschen, die Sie auf Ihrem Weg ermutigen, Ihnen Rat und Korrektur geben,

Sie unterstützen, Ihnen Entlastung und Gnade zusprechen. Und vor allem: für Sie beten!

Eine Persönlichkeit werden heißt, sich seinen Reifedefiziten stellen, sie proaktiv angehen, ihnen nicht hilflos ausgeliefert bleiben. Darin Gottes Hilfe und Veränderung erfahren. Immer mehr zu Hause sein in den beiden wichtigsten Kompetenzen einer gereiften Persönlichkeit: Eigenständigkeit und Beziehungsfähigkeit. Was dazu gehört und wie man diese beiden Kompetenzen trainieren kann, darum geht es im nächsten Kapitel.

## Zur Vertiefung

- Welchen Reifedefiziten können wir mit größerer Gelassenheit begegnen, weil ihre »Nebenwirkungen« eher harmlos sind? Welche (auch: welche Grade der Ausprägung) erfordern eine ernsthafte Auseinandersetzung und die Bereitschaft, darin nachzureifen, weil wir damit uns selbst, unseren Aufgaben und Mitmenschen schaden?
- Welche »Gesichter der Unreife« nehmen Sie an sich selbst wahr? Zu welchen bekommen Sie von Ihren Mitmenschen Rückmeldungen?
- Bei welchen zwei davon wollen Sie sich ernsthaft der Aufgabe des Nachreifens stellen? Welches ist dabei der nächste Schritt? Wer begleitet Sie darin?
- Wie können Sie darauf achten, dass Ihr Verständnis für die Gnade und Annahme Gottes Sie stärker prägt als die Realität Ihrer Unzulänglichkeiten (ohne dass Sie aufgrund des Ersten das Zweite ausblenden oder verharmlosen)?

## KAPITEL 4

# Die reife Persönlichkeit

Vorstandssitzung bei »Pinocchio«. Dieser Verein wurde vor sieben Jahren von einer Kirchengemeinde ins Leben gerufen. Er kümmert sich um soziale Anliegen in mehreren Vierteln einer mittelgroßen Schweizer Stadt. Es gibt ein öffentliches Café mit Beratungsangeboten für Eltern, Migranten, Arbeitslose und Menschen mit Suchtproblemen. Seit zwei Jahren betreibt der Verein außerdem eine Kita. In den Ferien gibt es Freizeitangebote für Kinder. Nachdem Pinocchio in den ersten Jahren dem Kirchengemeindevorstand unterstellt war, ist er aufgrund seines starken Wachstums mittlerweile unabhängig, arbeitet aber weiterhin eng mit der Kirchengemeinde zusammen.

Das Hauptthema der Sitzung: die fehlenden Finanzen im Blick auf eine nötige Stellenprozenterhöhung zur Betreuung der vielen Ehrenamtlichen im Beratungs- und Freizeitbereich. Der Vereinsvorstand tut sich schwer mit einer Einigung; zu unterschiedlich sind die Vorstellungen der Einzelnen. Doch das ist nur eine Seite des Problems. Was unter der Oberfläche unterschiedlicher Argumente mitspielt, sind persönliche Haltungen, Absichten und Befürchtungen Einzelner. Da ist zum Beispiel Werner. Er ist nicht damit einverstanden, die Kirchengemeinde um ein stärkeres finanzielles Engagement zu bitten. Der Grund: Sein Freund Beni findet, der Verein beanspruche zu viel Finanzen der Kirchengemeinde. Und sowieso werde zu viel über Geld geredet; ein Spendenaufruf folge dem nächsten. Vor drei Jahren, als es um die Finanzierung einer Kita-Stelle ging, schrieb Beni mit einer Gruppe Gleichgesinnter einen emotionalen Brief an die Vorstände von Pinocchio und der Kirchengemeinde und warf ihnen vor, sie würden auf die Geldgeber Druck ausüben, um ihr ehrgeiziges Projekt voranzubringen. Dasselbe tat er in der Mitgliederversammlung des Vereins kund und löste damit eine Diskussion aus, die zu vielen, teils emotionalen Wortmeldungen führte. Schließlich gelang es dennoch, die Kita-Stelle zu finanzieren, und die Lage beruhigte sich, zumindest an der Oberfläche. Werner stellte bald fest, dass Beni noch immer Mühe hat mit dem stetig wachsenden Vereinsbudget und den damit verbundenen Erwartungen an die Spender, die sich daneben ja auch an den Ausgaben der Kirchengemeinde beteiligen sollen.

Während Werner in der Pinocchio-Vorstandssitzung die Argumente der Befürworter einer erneuten Stellenerhöhung hört, ist in seinem Hinterkopf sofort Beni präsent. Doch nicht nur er, mit ihm auch alle, die seine kritische Haltung teilen und vermutlich erneut kritische, hitzige Briefe schreiben werden. Werner fürchtet nichts so sehr wie einen erneuten Konflikt. Und er hat Sorge, dass er selbst in Benis Schussfeld geraten könnte, wenn er als Vorstandsmitglied einer Stellenerhöhung zustimmt. Die laufende Diskussion wühlt ihn deshalb auf. Er ist hin- und hergerissen und ärgert sich gleichzeitig darüber. Das lässt ihn nach außen ungeduldig und aggressiv auf die Argumente der Befürworter reagieren. Ohne über seine Befürchtungen bezüglich Beni und dessen Gesinnungsgenossen zu sprechen (das wäre ihm peinlich), bringt er laufend neue Gegenargumente zur Stellenerhöhung auf den Tisch.

Sein Standardsatz lautet deshalb:»Wenn dieser dringend nötige Schritt blockiert wird, verlasse ich den Vorstand.«

Zum Vereinsvorstand gehört auch David, der ganz anders als Werner tickt. Er bezeichnet sich selbst gern als einen, der die Dinge nach vorne bringen will. Werners Zögern und Bremsen nervt ihn. Er sieht die Fakten, und diese sprechen in seinen Augen deutlich für die geplante Stellen- und damit auch Budgeterhöhung. Natürlich weiß er, dass es Widerstand geben wird. Sein Standardsatz lautet deshalb: »Wenn dieser dringend nötige Schritt blockiert wird, verlasse ich den Vorstand. Ich mag nicht von Kritikern und Nörglern umgeben arbeiten. Ich will, dass die Dinge vorankommen. Wenn das nicht möglich ist, sollen andere sich darum kümmern.« Wie ernst es David meint, zeigt sich daran, dass er schon mehr als einmal so gehandelt hat. Vor sieben Jahren gehörte er dem Vorstand eines ähnlichen Projekts einer anderen Kirchengemeinde an. Als sein Vorschlag zur Eröffnung einer Notschlafstelle für Obdachlose abgelehnt wurde, stieg David aus und suchte sich etwas Neues. Bei »Pinocchio« wurde er fündig und war mit Elan dabei.

Dann ist da noch Luzia, die Präsidentin des Pinocchio-Vorstands. Sie hat den Konflikt um Beni und seine Leute damals hautnah mitbekommen. Sie suchte das Gespräch mit ihm und hörte sich seine Argumente an. Anschließend begründete sie sorgfältig den Standpunkt des Vorstandes und warb um Vertrauen. Sie zeigte Verständnis, wo sie Benis Sorgen nachvollziehen konnte, widersprach ihm aber deutlich und sachlich, wo sie seine Befürchtungen nicht teilte. Schließlich meinte sie: »Lassen wir die Fakten sprechen. Kommen die finanziellen Mittel zusammen, gehen wir vorwärts. Wenn nicht, müssen wir andere Wege finden.« Beni machte weiter Druck, doch Luzia blieb ruhig. Natürlich machten ihr Benis Vorwürfe zu schaffen und sie sagte ihm das auch. Dennoch blieb sie unbeirrt und warb dafür, der Idee eine Chance zu geben. Als das Geld zusammenkam, war dies eine große Ermutigung. Sie verspürte aber kein Bedürfnis, Beni deswegen unter die Nase zu reiben, dass seine Bedenken offensichtlich unbegründet gewesen waren. Sie ging ihm deswegen auch nicht aus dem Weg, sondern begegnet ihm bis heute mit derselben Offenheit und Freundlichkeit wie vor der ganzen Geschichte. Nicht, dass ihr das immer leichtgefallen ist, aber sie hat sich dazu entschieden und sich bewusst darum bemüht.

Jetzt, wo es erneut um Geld und eine neue Stelle geht, ahnt Luzia, dass Beni möglicherweise wieder in die Opposition gehen und vielleicht auch Briefe schreiben wird. Für diesen Fall hat sie sich vorgenommen, erneut das Gespräch mit ihm zu suchen. Dennoch wirbt sie auch dieses Mal im Vorstand dafür, den Versuch zu wagen und mit der Kirchengemeinde und neuen potenziellen Sponsoren zu sprechen. Sie stellt sich den Argumenten Werners. Seinen Bedenken gibt sie Raum und sorgt gleichzeitig dafür, dass sie nicht dominieren. Sie weist immer wieder auf die aktuellen Bedürfnisse und die nicht betreuten Mitarbeitenden hin. Bittet Werner um alternative Lösungsvorschläge. Auch gegenüber David ist sie gefordert. In einem persönlichen Gespräch bittet sie ihn, nicht davonzulaufen, wenn es Widerstand gibt, und auch nicht damit zu drohen. Sie erinnert ihn an das Anliegen der Arbeit und meint: »David, wir brauchen engagierte Umsetzer wie dich! Gleichzeitig muss dein Ja zur Vision so groß sein, dass du dein Engagement dafür nicht von einzelnen Rückschlägen abhängig machst. Damit wärst du uns keine Hilfe.«

Werner, David und Luzia – drei Personen eines Vorstandes, die unterschiedlich mit den Herausforderungen ihres Engagements umgehen. Wer von ihnen erweist sich in der beschriebenen Situation als eine echte Persönlichkeit? Es ist Luzia. Sie stellt sich der Herausforderung mit Beni, ohne dabei das Ziel aus den Augen zu verlieren – die Vision, dass in ihrer Stadt Menschen mit Schwierigkeiten geholfen wird. Dass Lösungen gefunden werden, die konkreten Menschen konkrete Lebenshilfe bringen, und dadurch deutlich wird, dass sich Christen um konkrete gesellschaftliche Nöte kümmern. Werner und David hingegen lassen sich in ihrem Verhalten von möglichen unerwünschten Szenarien bestimmen – der Angst, wie andere reagieren werden, bzw. dem Ärger, wenn die eigene Meinung nicht »gewinnt«.

Es geht mir an dieser Stelle nicht um die Frage, wie sinnvoll die erwähnten Vereinsstrukturen oder die geplante Stellenprozenterhöhung ist. Es geht mir darum, wie sich Menschen angesichts einer umstrittenen Frage inmitten eines komplexen Beziehungsgeflechts verhalten. Gerade in unseren Beziehungen – wie wir aufeinander reagieren und miteinander umgehen – schlägt sich Reife oder Unreife nieder. Was heißt es, darin als gereifte Person zu agieren, als Persönlichkeit? Was beobachten wir diesbezüglich bei Werner, David und Luzia und was können wir daraus für uns selbst lernen?

## Zwei Säulen der Persönlichkeit

In diesem Kapitel versuche ich das Verhalten einer gereiften Persönlichkeit im Kontext ihrer Aufgaben und Beziehungen zu beschreiben. Ich konzentriere mich dabei auf die zwei in meinen Augen wichtigsten Merkmale, von denen bereits im ersten Kapitel die Rede war. Sie zeigen sich im Verhalten von Luzia: Eigenständigkeit und Beziehungsfähigkeit. Das sind die Säulen einer Persönlichkeit. Diesen beiden Kategorien können viele andere Reifemerkmale zugeordnet werden. Um das Bild zu schärfen, beschreibe ich im Vergleich damit die zwei verbreitetsten Verhaltenskategorien von Menschen mit Reifedefiziten: die **innere Fixierung und Abhängigkeit** von anderen Menschen auf der einen Seite (das Beispiel von Werner im Blick auf Beni) und die **Distanzierung und Opposition** auf der anderen (das Beispiel von David). Nicht alle, aber viele Gesichter der Unreife (siehe Kapitel 3) lassen sich einer dieser beiden Kategorien zuordnen.

Doch der Reihe nach! Was macht Luzia richtig? Was konkret zeichnet sie als Persönlichkeit aus? Aus der Vogelperspektive sind es diese beiden Eigenschaften: Eine Persönlichkeit erkennt man erstens daran, dass sie **eigenständig denkt, spricht und handelt**. Und zweitens daran, dass sie **hilfreich und konstruktiv mit den Menschen in ihrem Umfeld umgehen** kann. Dass sie beziehungsfähig ist. Mit anderen zurechtkommt. Nicht nur mit Gleichgesinnten, sondern auch mit Kritikern und Andersdenkenden. Die Erziehung eines Kindes und eines Jugendlichen hat Entscheidendes erreicht, wenn ein junger Mensch diese beiden grundlegenden Kompetenzen erworben hat.

## *Eigenständig und beziehungsfähig: Fünf Auswirkungen*

Egal, ob es um unsere Aufgaben am Arbeitsplatz, in einem Verein, in der Familie, in einer Kirche oder in einem öffentlichen Amt geht, diese beiden Säulen der Persönlichkeit manifestieren sich in fünffacher Weise[18]:

### *1. Eine Persönlichkeit bezieht Stellung*

Ihr Selbstverständnis stützt sich auf Werte, für die sie sich bewusst entschieden hat und nach denen sie lebt. Das können Werte sein wie Ehrlichkeit (»Ich erlaube mir nicht, auf unrechtmäßige Weise zu Geld zu kommen«), Aufrichtigkeit (»Ich sage in Diskussionen offen meine Meinung«), Großzügigkeit (»Ich teile ungefragt meine Erfahrung, mein Wissen, mein Können und andere Ressourcen«) usw.

Eine Persönlichkeit weiß, was sie glaubt (auch, aber nicht nur in religiöser Hinsicht), und bezieht diesen Überzeugungen gemäß Stellung.

2. *Eine Persönlichkeit führt sich selbst*
Sie versteht, auf welche Weise sie sich in einer bestimmten Situation am besten einbringen kann. Sie verfügt über eine gute Selbstwahrnehmung und ist bereit, in erster Linie auf ihr eigenes Verhalten zu achten und es zu ändern. Sie ist fähig, sich selbst von außen in den Blick zu nehmen und ihr eigenes Verhalten gegenüber ihren Mitmenschen kritisch zu reflektieren.

3. *Eine Persönlichkeit bleibt mit anderen wohlwollend in Kontakt*
Sie gestaltet ihre Beziehungen, indem sie anderen zuhört, mit ihnen gemeinsam Ideen und Vorschläge erwägt, auf Lösungen hinarbeitet. Sie kann gut mit anderen kooperieren und ist uneigennützig. Sie betrachtet Andersdenkende nicht als Bedrohung, sondern als willkommene Ergänzung.

4. *Eine Persönlichkeit verfolgt klare Ziele*
Sie weiß, in welcher Richtung sie aktuell unterwegs ist. Sie lässt sich weder von Umständen noch Mitmenschen von ihren Zielen abbringen und kann auf Kurs bleiben.

5. *Eine Persönlichkeit heißt Herausforderungen willkommen*
Sie weicht Herausforderungen nicht aus, sondern begrüßt sie als Möglichkeiten zur eigenen Weiterentwicklung und zum Wachstum.

Luzia aus dem Pinocchio-Vorstand verkörpert all diese Eigenschaften:

Sie *bezieht Stellung*, indem sie sich klar für die geplante Stellenerhöhung ausspricht. Sie bezog damals auch gegenüber Beni Stellung, als sie ihm ihre Meinung zur Stelle für die Kita darlegte.

Sie *führt sich selbst*. Sie nimmt wahr, dass das Verhalten Benis sie herausfordert. Seine Kritik und die Briefe seiner Interessengruppe lassen sie nicht kalt und sie steht dazu, dass sie das herausfordert. Dennoch lässt sie sich davon weder lähmen noch bestimmen.

Sie *bleibt mit allen Personen in gutem Kontakt* und gestaltet ihren Umgang mit ihnen. Als es um die Kita-Stelle ging, suchte sie Beni auf, der Widerstand zeigte. Sie hörte sich an, was er zu sagen hatte. Sie wird auch dieses Mal das Gespräch mit ihm suchen. Im Umgang mit Werner, David und den anderen Mitarbeitenden wirbt Luzia ebenfalls um eine konstruktive Zusammenarbeit und lässt sich von irritierenden Signalen ihrer Gegenüber nicht lähmen.

Sie *verfolgt klare Ziele*. Sie hat die Vision der Pinocchio-Arbeit vor Augen und orientiert sich daran. Sie hält daran fest, dass es am Ende nicht um Geld oder Anstellungen geht, sondern um die Hilfe für Menschen in schwierigen Lebenslagen. Um ein glaubwürdiges Engagement von Christen in der Gesellschaft, in der sie leben. Das ist der Leitstern, an dem sie sich orientiert und der ihr Verhalten bestimmt.

Schließlich *bejaht* sie *die Realität von Schwierigkeiten und Widerständen*. Sie hat sich früherer Kritik gestellt und ist auch jetzt willig, es zu tun. Sie versteht Herausforderungen als Klärungshilfen auf dem Weg zur bestmöglichen Lösung.

Luzia ist eigenständig in der Sache und in ihrer Stellung zu den Themen, die es im Vorstand zu bearbeiten gibt. Gleichzeitig erweist sie sich im Umgang mit anderen Menschen als beziehungsstark. Auch dort, wo sie anderer Meinung sind. Persönlichkeiten wie Luzia verfügen über eine innere Standfestigkeit. Sie handeln bewusst aufgrund ihrer Ziele und Werte. Ihr Verhalten ist verantwortungsvoll und durchdacht.

### *Das Gegenbild: Fünf Auswirkungen der Unreife*

Wie wirkt es sich aus, wenn es einer Person im Umgang mit herausfordernden Fragestellungen und Mitmenschen nicht gelingt, eigenständig und beziehungsfähig zu bleiben?

1. ***Sie passt sich an, will anderen gefallen und fühlt sich für den Schmerz anderer verantwortlich***

   Sie versucht Beziehungen dadurch zu sichern, indem sie rasch nach- und aufgibt. Sie fürchtet den Verlust der Anerkennung und der Zuneigung anderer Menschen und hält deshalb die eigene Meinung und eigene Wünsche zurück. Sie passt sich an. Geht es Menschen in ihrem Umfeld schlecht, fühlt sie sich dafür verantwortlich, dass es ihnen wieder gut geht.

2. ***Ihr Fokus liegt außerhalb von ihr selbst***
   Um anderen nahe bleiben zu können, beschäftigt sie sich mehr mit dem Verhalten und den Gefühlen anderer statt mit ihren eigenen. Wie eine andere Person reagiert, ist für sie wichtiger als die Frage, welchen Standpunkt sie selbst einnehmen soll. Diese Fokussierung auf andere zeigt sich sowohl dort, wo sie sich anderen anpasst, wie auch dort, wo sie sich von anderen zurückzieht. In beiden Fällen macht sie ihr eigenes Verhalten von anderen abhängig.

3. ***Sie verbindet sich emotional mit anderen***
   Um eine Beziehung aufrechtzuhalten, reagiert sie auf alles, was die Beziehung gefährden oder beenden könnte, und versucht es zu verhindern.

4. ***Ihre Ziele sind vage und unklar***
   Die Ziele, die sie verfolgt, ergeben sich aus der Situation und aus dem Moment heraus, statt sich auf verinnerlichte Überzeugungen und Werte zu gründen. Ihre Meinung und ihr Vorgehen ändern sich je nach Ereignis und der damit verbundenen Stimmung.

5. ***Sie sucht nach Sicherheiten***
   Um sich sicher zu fühlen, agiert diese Person vorsichtig, um niemanden zu verlieren. Oder sie neigt zum Gegenteil: Sie sucht sich neue Sicherheiten, indem sie den Kontakt zu Menschen abbricht, die ihre Sicht nicht teilen. Beide Verhaltensweisen sind ein Ausdruck von Unsicherheit.

Bei Werner und David aus dem Pinocchio-Vorstand lassen sich diese fünf Verhaltensweisen mehr oder weniger deutlich beobachten.

Werner *passt sich an und fühlt sich für den Schmerz anderer verantwortlich.* Er orientiert sich an Beni. Dessen Haltung und Empfindung im Blick auf die geplante Stellenerhöhung verunsichert ihn. Er erlaubt sich nicht, die Dinge anders zu sehen als Beni und seine Gesinnungsgenossen. Dessen Unzufriedenheit macht ihm zu schaffen und er meint, er sei dafür verantwortlich, dass Beni wieder ein Ja zur Arbeit des Vorstands findet.

Werners und Davids *Fokus liegt außerhalb ihrer selbst.* Während Werner innerlich vor allem auf das Verhalten seines Freundes Beni achtet und sich davon beeinflussen lässt, tut David letztlich dasselbe. Werner will es Beni recht machen. David will mit denen nichts mehr zu tun haben, die nicht seiner Meinung sind. Beide machen ihr eigenes Verhalten von anderen abhängig.

Beide *verbinden sich emotional mit anderen.* Eine Person, die sich anderen anpasst, richtet sich ebenso nach ihnen wie jemand, der sich anderen entzieht. Beide sind sie emotional mit anderen so sehr verknüpft, dass sie ihre Entscheidungen den Reaktionen anderer anpassen.

Werner und David *verfolgen unklare Ziele.* Beide engagieren sich zwar im Pinocchio-Vorstand. Ihre Ziele sind aber nicht entscheidend von der dortigen Arbeit für Menschen in Not geprägt, sondern von ihren eigenen Stimmungen, Befürchtungen und Wünschen. Werner möchte seinen Freund nicht verlieren. David möchte sich in seinem Erfolgsdrang mit keinen Hindernissen auseinandersetzen müssen. Seine Ausstiegs-Drohung zeigt, dass ihm die Pinocchio-Arbeit keinen Rückschlag wert ist.

Werner und David *suchen nach Sicherheiten.* Sie kommen beide schlecht mit Widerstand und angespannten Beziehungen zurecht. Sie entziehen sich den damit verbundenen Herausforderungen. Werner, indem er sich seinem Freund Beni anpasst. David, indem er sich dort zurückzieht und Brücken abbricht, wo Menschen nicht mit ihm übereinstimmen.

Beiden, Werner und David, fehlt diese Balance von Eigenständigkeit und Beziehungsfähigkeit, die eine gereifte Persönlichkeit auszeichnen. Werner neigt zur Anpassung, David zu Distanz und Beziehungsabbruch.

Die folgende Grafik stellt diese drei Kategorien zusammenfassend in einer Übersicht dar:

| **Fehlende Beziehungsfähigkeit** | **Eigenständigkeit und Beziehungsfähigkeit in Balance** | **Fehlende Eigenständigkeit** |
|---|---|---|
| Sucht Distanz oder bricht Beziehung bei Meinungsverschiedenheiten ab | Vertritt eigenen Standpunkt, behält gleichzeitig guten Kontakt zu anderen | Macht sich abhängig von der Meinung anderer, passt sich an |
| Setzt eigene Werte, Ziele und Überzeugungen gegen andere durch | Kennt und vertritt seine Werte, Ziele und Überzeugungen | Geht Zielkonflikten aus dem Weg, um Beziehungen zu bewahren |
| Wiedersteht dem Fühlen, Reden und Verhalten anderer | Konzentriert sich auf das eigene Fühlen, Reden und Verhalten | Passt sich an das Fühlen, Reden und Verhalten anderer an |
| Setzt eigene Bedürfnisse rücksichtslos durch | Formuliert eigene Bedürfnisse und nimmt zugleich die Bedürfnisse anderer ernst | Sucht Nähe, Verständnis, Übereinstimmung auf Kosten eigener Bedürfnisse |
| Will sich gegenüber anderen durchsetzen und sie besiegen | Setzt sich für gemeinsame Lösungen ein, die der Sache dienen | Sucht Harmonie und gibt deshalb nach |
| Handelt reaktiv und emotional | Handelt überlegt, besonnen und fragt nach Weisheit | Handelt reaktiv und emotional |
| Betrachtet Konflikte als Kämpfe, die man gewinnen muss | Betrachtet Konflikte als Chancen und Lernfelder | Betrachtet Konflikte als Bedrohung für Beziehungen |
| Ist rasch aufgebracht, verliert Gelassenheit und Humor | Bleibt vertrauensvoll und behält Humor | Ist rasch verunsichert, angespannt und besorgt |
| Befürchtet und wittert Konkurrenz | Lässt eigenes Verhalten nicht von Befürchtungen bestimmen | Befürchtet Beziehungsverlust |
| Sucht Streit statt Dialog | Ist dialogbereit und lässt verschiedene Meinungen zu | Hat Angst vor Gesprächen mit Andersdenkenden |
| Sucht Sicherheit in Überlegenheit | Stellt Wachstum und Engagement über das Bedürfnis nach Sicherheit | Sucht Sicherheit in Harmonie |

## Auf dem Weg, nicht am Ziel

Wenn ich mich selbstkritisch mit der obigen Tabelle auseinandersetze, wird mir bewusst, wie sehr ich in gewissen Situationen vom in der Mitte dargestellten Ideal abweiche. In einer bestimmten Situation fehlt es mir an Beziehungsfähigkeit, in anderen Umständen an Eigenständigkeit. Ich bin keine voll ausgereifte Person, die immer in Balance ist. Falls es Ihnen auch so geht, kann ich Sie beruhigen: Kein Mensch verkörpert immer und in idealer Weise die Balance der mittleren Spalte. Sie beschreibt ein Ideal, eine Vision, ein Ziel. Als solches dient es der richtigen Ausrichtung, der Korrektur und Ermutigung. Ihm jederzeit und voll zu entsprechen, ist unrealistisch. Deshalb: Schütteln Sie allen Perfektionismus ab. Ausschlaggebend ist nicht, dass wir möglichst anhaltend dem Ideal entsprechen, sondern dass wir das Gesamtbild kennen und verstehen. Dass wir das Ziel sehen und die Irrwege. Dass wir Orientierung haben und von den Wachstumsschritten wissen, die uns aufgetragen sind. Wichtiger, als es immer richtig zu machen, ist, dass wir uns auf den richtigen Weg begeben, dranbleiben, dazulernen. Eine Persönlichkeit ist im Werden, nicht im Gewordensein. Das gilt für alle unsere Reifungsprozesse im Leben und im Glauben.

Zwei Aussagen sind mir an dieser Stelle wichtig, eine von Paulus und eine von Martin Luther. Es geht jeweils um die Frage, wie nahe sie dem Ziel sind, auf das sie sich als Glaubende zubewegen:

> *Nicht, dass ich es schon erlangt hätte oder schon vollkommen wäre! Ich jage ihm aber nach und vielleicht ergreife ich es, da ich auch von Christus Jesus ergriffen worden bin. Liebe Brüder und Schwestern, ich bilde mir nicht ein, dass ich selbst es ergriffen hätte, eins aber tue ich: Was zurückliegt, vergesse ich und strecke mich aus nach dem, was vor mir liegt. Ich richte meinen Lauf auf das Ziel aus … (Philipper 3,12-14a).*

> *Das christliche Leben ist nicht Frommsein, sondern ein Frommwerden, nicht Gesundsein, sondern ein Gesundwerden, nicht Sein, sondern ein Werden, nicht Ruhe, sondern eine Übung. Wir sind's noch nicht, wir werden's aber. Es ist noch nicht getan und geschehen, es ist aber im Gang und im Schwang. Es ist nicht das Ende, es ist aber der Weg.*[19]

Diese Perspektive scheint mir wichtig: Wir sind auf dem Weg. Jeder Tag ist ein Tag des Übens. Jedes Versagen, jeder Fehler kein Anlass zur Verzweiflung oder Selbstzerknirschung, sondern zum Aufstehen, den Staub abschütteln und es wieder probieren. Erwartungsvoll betend, dass Gott uns im großen Übungsplatz des Lebens wachsen und reifen hilft.

## Zur Vertiefung

- Halten Sie sich eine herausfordernde Situation aus Ihrem privaten oder beruflichen Leben vor Augen: In welcher Hinsicht ist es Ihnen bisher gelungen, eigenständig und gleichzeitig beziehungsfähig zu bleiben? Welche der fünf beschriebenen Auswirkungen treffen dabei auf Sie zu?
- In welchen Momenten neigen Sie zu einer oder mehreren Verhaltensweisen, die unter »Fünf Auswirkungen der Unreife« aufgeführt sind?
- Orientieren Sie sich in dieser Situation an der Tabelle auf Seite 68 und achten Sie dabei besonders auf die mittlere Spalte. Worauf wollen Sie in Zukunft achten? Wie kommunizieren Sie mit anderen? Welches Verhalten wollen Sie vermeiden?
- Welche Hilfen bieten Ihnen dabei die Ressourcen Ihres Glaubens (Gebet, Fürbitte von Freunden, Empfangen von Gottes Weisheit und Kraft etc.)?
- Was hilft Ihnen angesichts von Fehlern, die Ihnen dabei unterlaufen, mit sich selbst gnädig und geduldig zu sein und gleichzeitig auf das rechte Ziel fokussiert zu bleiben?

KAPITEL 5

# Den Weg der Reife weitergehen

Paulus hörte Agabus aufmerksam zu. Im ersten Moment erschreckten ihn seine Worte. Sie erinnerten ihn schmerzlich daran, dass ihm keine leichten Zeiten bevorstanden. Gerade hatte Agabus ihn vor der versammelten Gruppe von Freunden und Mitchristen in Cäsarea um seinen Gürtel gebeten. Etwas überrascht löste Paulus ihn von seinen Hüften und reichte ihn Agabus. Dieser hielt ihn einen Moment in seinen Händen, schaute in die Runde, dann auf Paulus und senkte schließlich den Blick. Paulus meinte, eine Träne in seinen Augen zu erkennen, als Agabus den Gürtel fest um die eigenen Unterarme und Hände zu binden begann. Dann setzte er sich auf den Boden und führte den Gürtel weiter um seine Füße. Das Bild war deutlich und es wirkte beklemmend: Agabus saß als gefangener Mann vor ihnen! Gebannt und erschrocken schaute die Gruppe zu. Agabus zögerte einen Moment, schluckte leer und begann zu sprechen: »Den Mann, dem dieser Gürtel gehört, werden die Juden in Jerusalem genauso fesseln. Dann werden sie ihn an die Heiden ausliefern!« (Apostelgeschichte 21,11; BB).

Paulus fuhr ein Stich durchs Herz. Schon länger war ihm bewusst, dass seine Reise nach Jerusalem mit großer Wahrscheinlichkeit so enden würde. Er hatte hier in Cäsarea noch mit niemandem darüber gesprochen, die Last still und einsam getragen. Nun diese Worte durch den Mund von Agabus, seinem Freund; bekannt dafür, dass Gott ihm durch den Heiligen Geist Dinge zeigte, die anderen verborgen blieben. Eine traurige Bestätigung.

Agabus hatte seinen Satz kaum beendet, als ein Raunen durch die Menge ging. Auf den Gesichtern machte sich ungläubiges Erschrecken breit. Einzelne begannen zu weinen, andere traten zu Paulus, redeten auf ihn ein: »Geh nicht nach Jerusalem!« Sie verstanden die Worte von Agabus als deutliche Warnung. Ein Hinweis an Paulus, seine Reisepläne zu ändern und in Cäsarea zu bleiben. Ihr Bitten wurde eindringlich, ja flehend: »Bleib hier, wir wollen nicht, dass dir etwas passiert. Man wird dich umbringen. Du weißt, wie aufgebracht manche Juden in Jerusalem sind, weil du Jesus Christus für den Messias hältst und die ganze Welt davon zu überzeugen suchst.«

Paulus hörte die Stimmen seiner Freunde nur undeutlich, aus weiter Ferne. Seine Gedanken gingen zurück zu den Erlebnissen der letzten Woche. Auf unerklärliche Weise war ihm immer stärker bewusst geworden, dass die Auseinandersetzungen mit den Juden, die ihn bekämpften, auf einen Höhepunkt zusteuerten. Nicht bloß die äußeren Umstände deuteten darauf hin. Es war eine wachsende innere Gewissheit in Paulus selbst. Es war ihm, als würde Gott ihn auf etwas vorbereiten. Vor Kurzem hatte er in Milet, beim Abschiedstreffen mit den Gemeindeleitern von Ephesus, das erste Mal darüber gesprochen: »Seht, ich gehe jetzt nach Jerusalem – gefesselt vom Heiligen Geist und als sein Gefangener. Ich weiß nicht, wie es mir dort ergehen wird; aber das weiß ich: In jeder Stadt, in die ich komme, kündigt der Heilige Geist mir an, dass in Jerusalem Verfolgung und Fesselung auf mich warten« (Apostelgeschichte 20,22-23; GNB).

»Bitte, Paulus, du *musst* hierbleiben!« Unvermittelt fand sich Paulus in die Gegenwart zurückversetzt, als einer seiner cäsareanischen Freunde sein Gesicht dicht vor das seine hielt und mit tränenerstickter Stimme zu ihm sprach. Sein Herz wurde ihm zentnerschwer. Die Zuneigung und die Angst dieser Menschen bewegten ihn, waren ihm aber auch eine Last. Sie brachten ihn aus dem Gleichwicht, säten Zweifel in sein Herz. Weckten die alte Versuchung: Wäre es nicht für alle leichter und besser, wenn er nachgeben, auf sie hören und dem Leiden ausweichen würde? Wie viele Menschen könnte er dann noch erreichen! Wie vieles käme hingegen zum Erliegen, wenn er jetzt gefangen genommen würde!

Schließlich gab sich Paulus einen Ruck, erhob sich und trat zu Agabus, der noch immer gefesselt am Boden saß. Er bat seine Freunde um Ruhe, schaute in die Runde und sprach: »Warum weint ihr und macht mir das

Herz schwer? Ich bin nicht nur bereit, mich in Jerusalem für den Herrn Jesus fesseln zu lassen. Ich bin auch bereit, für ihn zu sterben« (Apostelgeschichte 21,13b; BB).

Im Hintergrund schrie eine Frau auf und weinte verzweifelt. Andere schauten erschrocken zu Boden und schwiegen. Einige unternahmen einen letzten Versuch, Paulus zu überreden. Doch er ließ sich nicht umstimmen. Noch einmal erklärte Paulus seine Situation. Dass er bereit war. Berichtete, wie Gott in den letzten Wochen immer deutlicher zu ihm gesprochen hatte.

Inzwischen war Agabus aufgestanden. Leise reichte er Paulus seinen Gürtel, legte ihm seine rechte Hand auf die Schulter und sagte, dass es alle hörten: »Kein anderer als du selbst kann und soll über die Bedeutung dessen entscheiden, was mir der Heilige Geist aufgezeigt hat. Du hast uns immer wieder gelehrt, dass wir das Reden des Geistes prüfen sollen. Dass wir nicht vorschnelle Schlüsse ziehen sollen. Heute nun, wo dieses Reden dich persönlich betrifft, musst auch du selbst entscheiden, was es konkret zu bedeuten hat. Niemand kann und darf das für dich tun. Es fällt uns schwer, aber wir akzeptieren deine Entscheidung.«

Paulus zeigt uns ein Modell für reifes Agieren inmitten verunsichernder Umstände.

Agabus setzte sich. Jemand begann zu beten. Einige wischten ihre Tränen ab, setzten sich ebenfalls, beteten mit. An die Stelle der gerade noch so präsenten Angst und Sorge trat ein geheimnisvoller Friede. Die Aufregung legte sich, Vertrauen keimte auf. Mitten in die Stille hinein sprach ein junger Mann: »Der Wille des Herrn soll geschehen!« Spontan antwortete die Gruppe und wiederholte den Satz: »Der Wille des Herrn soll geschehen!« (Apostelgeschichte 21,14; BB). Einige der Freunde traten zu Paulus und segneten ihn für seine Weiterreise.

Diese Szene, die sich an einem in Apostelgeschichte 21 erzählten Bericht orientiert, von mir allerdings etwas ausgestaltet wurde, fasst für mich gut zusammen, was wir in den letzten Kapiteln zu den Kennzeichen einer Persönlichkeit zusammengetragen haben. Paulus zeigt uns ein Modell für reifes Agieren inmitten verunsichernder Umstände. Es lohnt sich, sein Verhalten und dessen Wirkung auf seine Umgebung näher anzuschauen, damit sich unser Verständnis davon, was eine Persönlichkeit ausmacht, festigen und erweitern kann.

In verunsichernden Umständen, in Meinungsverschiedenheiten und Konflikten treten Reife und Unreife besonders deutlich zutage. Aus diesem Grund lege ich in diesem Kapitel den Schwerpunkt besonders auf die folgenden Fragen:

- Was heißt es, als Persönlichkeit inmitten konflikthafter Beziehungen und Umstände zu agieren?
- Worauf konzentrieren wir uns, wenn wir lernen möchten, uns in den Spannungsfeldern unseres Alltags in Familie, Beruf und Freizeit als gereifte Persönlichkeiten zu verhalten?
- Welche Muster der Unreife wollen wir dabei zurücklassen und verlernen?
- Welchen Richtlinien folgen wir ?

## Inmitten von Verunsicherung

Egal ob in der Familie, unter Freunden, in Kirchen, am Arbeitsplatz oder in der Gesellschaft: Die wichtigsten Faktoren gesunder Systeme und Organisationen sind nicht Strukturen oder Strategien, es sind die darin agierenden Menschen. Es gibt kein gesundes System ohne gesunde Menschen, ohne Persönlichkeiten. Anders gesagt: Mein wichtigster und bester Beitrag, den ich zum Gedeihen und Funktionieren einer Gruppe leisten kann, ist der, dass ich mich als eigenständige und beziehungsfähige Persönlichkeit verhalte. Meine eigene Reife ist das Wichtigste und Wertvollste, was ich meiner Familie, meinem Arbeitsteam oder meiner Kirche zu geben habe. Natürlich ist auch mein praktischer Beitrag, sind meine Gaben wichtig. Wichtiger als mein Tun aber ist mein Sein: wer ich bin, wie ich bin und wie ich mich anderen gegenüber verhalte. Das gilt besonders in Zeiten der Verunsicherung und in Konflikten. Dann entscheidet sich alles an der Frage, ob es inmitten dieser Herausforderungen eine Persönlichkeit gibt, die ihr Verhalten nicht primär von anderen abhängig macht. Die nicht aus dem Affekt handelt und sich nicht von der Aufregung der anderen anstecken lässt. Die besonnen bleiben und abwägen kann, welcher nächste Schritt Gott ehrt; was zielführend und integer ist.

Die eingangs nacherzählte Szene aus der Apostelgeschichte zeigt uns Paulus als eine solche Persönlichkeit, deren Verhalten sich stabilisierend und beruhigend auf eine verunsicherte Gruppe auswirkt. Gleichzeitig lernen wir etwas über das Wesen eines sensiblen Systems und die automatischen Reaktionsmuster verunsicherter Menschen.

Kurz zum Hintergrund: Der Apostel Paulus befindet sich auf seiner dritten Missionsreise. Er will diese Reise in Jerusalem, dem Zentrum des Judentums, abschließen. Paulus, selber ein Jude, predigt seit einigen Jahren, Jesus Christus sei der im Alten Testament verheißene Messias. Viele aus seinem eigenen Volk leisten ihm deshalb erbitterten Widerstand. Sie sind der Meinung, dass Paulus wichtige jüdische Gebote falsch interpretiert und gegen sie verstößt. Nicht wenige trachten ihm nach dem Leben. In dieser aufgeheizten Situation plant er, nach Jerusalem zu reisen, wo sich die Mehrheit seiner Gegner befindet. Kurz davor, auf einem Zwischenstopp in Cäsarea, ereignet sich die eingangs nacherzählte Geschichte mit dem Propheten Agabus. Schauen wir der Reihe nach an, was sie uns über ein verunsichertes System lehrt und darüber, wie man sich als Persönlichkeit hilfreich darin verhalten kann.

## 1. Störungen führen zu Angstreaktionen

Egal ob in einer Familie, einer Gruppe oder Organisation: Sobald ein unerwartetes Ereignis ein bis dahin ungetrübtes Miteinander stört, kommen emotionale Prozesse in Gang. Zu Beginn sind es Einzelne, die sich vor dem Unbekannten fürchten. Ihre Angst springt wie ein Virus auf andere über, die sich davon anstecken lassen. So auch hier: Die Ankündigung von Agabus, dass man Paulus in Jerusalem festnehmen wird, versetzt innerhalb kürzester Zeit die ganze Gruppe in Aufregung und Angst. Bestimmt spielt dabei die Sorge um den Apostel eine wichtige Rolle. Oft aber schwingt in vergleichbaren Angstreaktionen unbewusst mehr mit: das Gefühl der Orientierungslosigkeit, wenn man einen geliebten Leiter verliert. Die Möglichkeit, selber bedroht zu werden. Angst vor einer ungeklärten Zukunft usw. Wo immer ein Beziehungssystem (zum Beispiel eine Gruppe) unerwartet mit etwas Unbekanntem konfrontiert wird, reagieren Menschen mit Anspannung und Furcht. Wer sich fürchtet, sucht sich andere, die seine Furcht teilen. Doch die geteilte Furcht halbiert sich nicht, sie verdoppelt sich. Die Verunsicherung zweier Menschen wiegt stärker als die eines Einzelnen. Die von zwei, drei, fünfzehn Personen noch viel mehr. Je mehr Menschen innerhalb einer Gruppe verunsichert sind, umso instabiler wird diese. Herdenpanik nennt man das. Es kann ganze Familie, Kirchen, Betriebe und sogar Gesellschaften erfassen.

## 2. Verunsicherte Menschen versuchen, andere zu beeinflussen

Menschen, denen ein Ereignis Angst macht, geben diese Angst nicht nur weiter, sie suchen auch nach Möglichkeiten, die sich anbahnende Bedrohung abzuwenden. Nur wenn das gelingt, verlieren sie ihre Furcht. In Apostelgeschichte 21 besteht dieser Versuch darin, Paulus umzustimmen. Wieder gilt, dass es der Gruppe in Cäsarea bestimmt auch um die Sicherheit des Paulus ging. Oft aber mischt sich in die Sorge um andere der Wunsch nach Entlastung für sich selbst. Man versucht eine Störung zu beseitigen, um die eigene Furcht und Verunsicherung loszuwerden. Weil man selbst keinen Weg findet, wie das geschehen könnte, wirkt man auf andere ein. Diese sollen etwas unternehmen, damit (für einen selbst) wieder Ruhe, Harmonie und Entspannung einkehren. Paulus soll nicht gehen – auch damit seine Freunde nicht weiter ihren quälenden Verlustgefühlen ausgesetzt sind.

In diesem Bemühen um Entlastung für sich selbst zeigen Menschen oft überdurchschnittliches Engagement. Sie setzen alles in Bewegung, um etwas zu verhindern oder zu sichern. Sie beziehen andere ein, machen sie zu Verbündeten, um die Ursache ihrer Verunsicherung so rasch wie möglich aus dem Weg zu räumen. Sie schreiben dringliche Briefe, berufen Sondertreffen ein, fordern rasche und radikale Maßnahmen. Kein Wunder, wer liebt es schon, verunsichert zu sein. Dennoch: Je unreifer ein Mensch, desto geringer seine Kapazität, unter Druck mit der eigenen Angst umzugehen. Desto weniger vermag er sich darin selbst zu führen, seine Furcht zu bändigen und Vertrauen zu fassen. Weil er das nicht vermag, müssen radikale Maßnahmen oder verbündete Helfer her, welche das Problem beseitigen. Erst dann können sie sich wieder beruhigen.

## 3. Persönlichkeiten lassen sich vom Virus der Verunsicherung nicht anstecken

Das Leiden, von dem Agabus in seiner Prophetie spricht, betrifft nur Paulus, niemanden sonst in dieser Gruppe. Dennoch bleibt ausgerechnet er selbst am ruhigsten. Die Sorge und Aufregung seiner Freunde macht ihn betroffen, aber er beugt sich der damit verbundenen Forderung an ihn nicht. Er verfügt über ein inneres Gegengewicht und wird deshalb vom Druck, den man auf ihn ausübt, nicht überwältigt. Seine innere Gewissheit und Ruhe sind stärker als das Klima der Verunsicherung, das ihn umgibt.

Hier begegnen wir wieder diesem entscheidenden Merkmal einer Persönlichkeit: der Eigenständigkeit. Sie basiert auf bewussten, im eigenen Inneren verankerten Überzeugungen und Werten. Sie ermöglicht es einem Menschen, eine eigene Meinung zu haben, sie zu artikulieren und zu ihr zu stehen. Das hilft ihm dabei, seinen Mitmenschen ein freies Gegenüber zu sein. Und es erlaubt ihm, sich den von außen kommenden Erwartungen und Forderungen nicht vorschnell anzupassen. Persönlichkeiten können dem (Beziehungs-)Druck auch von nahestehenden Menschen standhalten.

## 4. Das Verhalten von Persönlichkeiten basiert auf einem sorgfältig gewählten Standpunkt

Worin besteht dieses Eigengewicht, dieser innere Gegenpol zum von außen kommenden Druck? Er hat nicht mit Sturheit zu tun, wenn es auch da und dort von anderen so wahrgenommen wird. Sturheit ist Unbeweglichkeit gegen besseres Wissen. Ein gutes Eigengewicht ist etwas anderes:

Es ist eine nach reiflicher Überlegung gewonnene Überzeugung. Eine innere Haltung und Entschiedenheit, die auf Reflexion, solider Information und sorgfältig abwägender Überlegung basiert. Eine auf diese Weise gewonnene Überzeugung bildet das Fundament einer soliden Eigenständigkeit. Sie ist so in einer Person verankert, dass sie auch unter Druck daran festhält. Dass sie ihr treu bleibt, auch wenn ihr das Schwierigkeiten und Nachteile einbringt.

Wie ist Paulus zu einer solchen Überzeugung gelangt? Was veranlasst ihn, seinen Freunden zu widersprechen, ihrer Interpretation der prophetischen Worte von Agabus nicht zu folgen? Man könnte an dieser Stelle Paulus tatsächlich Sturheit oder Torheit vorwerfen. Seine andere Haltung entsteht jedoch nicht aus dem Moment heraus. Sie entspringt keinem spontanen Gefühl, wurzelt weder in trotzigem Eigensinn noch in Sturheit. Wenn man in der Bibel einige Seiten zurückblättert, dann erkennt man, wie Paulus bewusst wurde, dass es trotz einer drohenden Verhaftung richtig war, nach Jerusalem zu reisen. In einer Rede an einige Leiter spricht er davon, wie Gottes Geist ihm immer deutlicher klarmacht, dass er früher oder später für seine Überzeugung ins Gefängnis muss (Apostelgeschichte 20,22-24). Schon dort steht für ihn fest, dass er dieser Gefahr nicht ausweichen wird. Sein Auftrag als Missionar verbietet es ihm.

Eine reife Persönlichkeit ist eine verankerte Persönlichkeit. Der Anker ihrer Seele wird festgehalten von sorgfältig durchdachten Werten, Zielen und Überzeugungen.

Es gab also einen Punkt, an dem Paulus im Hören auf Gott und nach reiflicher Überlegung die Entscheidung traf, sich nicht von der Angst vor einer möglichen Verhaftung fremdbestimmen zu lassen. Kurz danach, bei einem Aufenthalt in Tyrus, warnten ihn einige Menschen zum ersten Mal vor der Reise nach Jerusalem (Apostelgeschichte 21,4). Nun wiederholt es sich hier in Cäsarea. Beide Male geht Paulus nicht so darauf ein, wie es seine Freunde erwarten. Weshalb? Weil Paulus eine Überzeugung gewonnen hat: Die Angst vor einer möglichen Gefangenschaft soll nicht das letzte Wort haben. Soll nicht dazu führen, dass er ausweicht, sich versteckt, einen einfachen Weg sucht. Das ist sein Standpunkt und er erklärt, weshalb Paulus das prophetische Wort von Agabus nicht wie alle anderen als Warnung versteht, sondern als Bestätigung dessen, womit er selbst rechnet.

Hier stoßen wir zum Kern der Reife vor. Eine reife Persönlichkeit ist eine verankerte Persönlichkeit. Der Anker ihrer Seele wird festgehalten von sorgfältig durchdachten Werten, Zielen und Überzeugungen. Sie sind so gut abgewogen, dass man sie nicht der Windrichtung anpasst. Die Verankerung ist eine innerliche. Je stärker sie ist, umso unabhängiger ist ein Mensch von den ihn umgebenden Umständen und Meinungen. Nicht, dass er auf niemanden hört, im Gegenteil. Weil Persönlichkeiten nicht nur eigenständig, sondern auch beziehungsfähig sind, hören sie sehr wohl auf andere und beziehen deren Rat ein. Die Meinung anderer wird ihnen aber niemals zum Ersatz für ihre Eigenverantwortung im Blick auf ihre Entscheidungen und ihr Vorangehen.

## 5. Das Verhalten einer Persönlichkeit beruhigt andere und stabilisiert ein System

Paulus' Festigkeit zeigt eine erstaunliche Wirkung: Seine verunsicherten Freunde beruhigen sich. Das Vorbild von Paulus inspiriert sie: Wenn er den Schwierigkeiten in dieser vertrauensvollen und gefestigten Haltung entgegentreten kann, dann können und wollen sie das auch. Die Formulierung im Text ist wichtig: »Da … wurden wir ruhig« (Apostelgeschichte 21,14). Nicht nur Angst, Aufregung und Verunsicherung wirken ansteckend – Klarheit, Ruhe, Vertrauen und Festigkeit tun es auch. Wenn es in einem verunsicherten System einer Familie, Arbeitsgruppe, Kirche oder Organisation eine Person gibt, die anders reagiert als die von Furcht dominierte Mehrheit, kann das Blatt sich wenden. Manchen reichen dazu schon Worte aus, die jemand in gelassener Ruhe, mit Klarheit und wohlwollender Autorität ausspricht. Neurobiologen weisen darauf hin, dass unser Gehirn Kommunikation in Biologie verwandeln kann. Deshalb »können Worte – dies lässt sich wissenschaftlich nachweisen – auf die gleichen biologischen Rezeptoren einwirken wie Medikamente«[20]. Gute Worte wirken wortwörtlich wie Medizin – auch das wussten die Menschen schon zu biblischer Zeit (siehe Sprüche 12,18 und 16,24).

Verstehen Sie, weshalb ich oben gesagt habe, dass der beste Beitrag eines Menschen in einer Gruppe darin besteht, eine gereifte Persönlichkeit zu sein? Ihre vertrauensvolle, in ihren Überzeugungen ruhende Präsenz färbt auf ihr Umfeld ab und hilft anderen, den Weg der Reife einzuschlagen. Aber es braucht diese eine Person, die den Anfang macht. Die angesichts offener Fragen und möglicher Bedrohungen einen klaren Kopf bewahrt und sich nicht von der um sich greifenden Angst und Hektik lähmen lässt. Wenn einer ruhig bleibt, können auch andere sich beruhigen. Wenn einer zeigt, dass man gelassen und getrost sein kann, auch wenn die Bedrohung noch real ist (das Leiden, das Paulus erwartet, ist nicht ausgeblendet, es ist bejaht), dann hilft das anderen, ihre Perspektive zu ändern und für sich selbst wieder Halt zu finden.

## 6. Das Verhalten einer Persönlichkeit verhilft anderen zu einer neuen, vertrauensvollen Perspektive

Es ist nicht nur so, dass sich die Freunde in Cäsarea beruhigen. Sie finden auch zu einer neuen Perspektive. Wäre das nicht der Fall, würde es nicht viel brauchen, ihnen diese Ruhe wieder zu rauben. Es genügt hier jemand, der wieder in seine Verunsicherung zurückfällt und erneut beginnt, seine Bedenken unter den andern zu streuen. Ruhig werden ist eines. Ruhig *bleiben* kann nur, wer seine Einstellung ändert. Wer seine bisherige Haltung korrigiert und zu einer neuen Überzeugung findet. Genau das geschieht in dieser Gruppe. „Des Herrn Wille geschehe“, sagen sie einstimmig in Vers 14.

Ruhig werden ist eines. Ruhig bleiben kann nur, wer seine Einstellung ändert.

Das ist der Durchbruch. Damit sind sie (vermutlich ohne es zu merken) zur selben Haltung vorgedrungen, die Paulus bereits seit Wochen in sich trägt. Es ist die Perspektive des Vertrauens in Gottes Kraft und Möglichkeiten. Ja, es gibt die Bedrohung durch Gegner, die vor nichts zurückschrecken. Es gibt die Möglichkeit von Verfolgung und Leiden. Es kann sein, dass Dinge sich anders als gewünscht entwickeln. Über all diesen Möglichkeiten und Gefahren aber steht Gott. Er kann beschützen und bewahren. Er kann Schlimmstes verhindern. Kommt es dennoch anders, behält er die Kontrolle und hat das letzte Wort. Auch im finsteren Tal ist er da und tröstet, wie es in Psalm 23 heißt. Mehr noch: »Du deckst mir den Tisch im Angesicht meiner Feinde. Du salbst mein Haupt mit Öl, übervoll ist mein Becher. Güte und Gnade werden mir folgen all meine Tage …« (Psalm 23,5). Diese Worte sind Paulus vertraut, sie sind ihm in all seinen Schwierigkeiten in Fleisch und Blut übergegangen, durchdringen seine Existenz. Nun hilft sein Vorbild auch anderen, sich diese Sicht anzueignen. Paulus impft sie den Cäsareaern nicht predigend ein; er beschwört sie nicht, endlich reif zu denken und Gott zu vertrauen. An dieser Stelle genügt sein Vorbild, damit sie zu einer neuen Sicht finden, die ihnen hilft, den Weg der Nachfolge mutig weiterzugehen. Mit Paulus, und wenn nötig auch ohne ihn.

Halten wir fest: Ihr bester Beitrag, den Sie Ihrer Familie, Firma, Kirche, Gesellschaft geben können, besteht darin, dass Sie sich als gereifte Persönlichkeit verhalten. Das ist besonders dort wichtig, wo die Umstände turbulent sind und Angst um sich greift. Sie helfen diesem System dadurch am meisten, wenn es Ihnen gelingt, wie Paulus klar, gelassen und konstruktiv Stellung zu beziehen. Wenn Sie sich selbst führen, Ihren eigenen Ängsten entgegentreten und ihnen nicht erlauben, Ihr Handeln zu bestimmen. Wenn Sie Ihre eigene Verunsicherung nicht einfach weitergeben, um selber entlastet zu werden. Es funktioniert nicht. Zur Ruhe kommen Sie, wenn *Sie selbst* Ihrer Angst entgegentreten, nicht wenn Sie sie weitertragen, sie um sich streuen. Wenn *Ihr Herz* eine Antwort darauf findet; wenn Sie sich selbst in Erinnerung rufen, dass es letztlich nur eines gibt, was Ihre Angst vertreibt: Gott, dem Sie vertrauen dürfen.

Nirgendwo hat Paulus seine Perspektive darauf besser auf den Punkt gebracht als in seinem Brief an Timotheus. Dort beschreibt er, was eine gefestigte Persönlichkeit im Innersten ausmacht: „Denn Gott hat uns nicht einen Geist der Verzagtheit gegeben, sondern den Geist der Kraft und der Liebe und der Besonnenheit“ (2. Timotheus 1,7).

Im nächsten Kapitel, dem letzten im ersten Teil dieses Buches, möchte ich Ihnen zur Anwendung dessen, was wir bisher erarbeitet haben, drei Hilfen an die Hand geben. Es sind Navigationshilfen für den Alltag, die mich selbst sehr weitergebracht haben. Wenn der Weg der Reife mich fordert, wenn ich dazu neige, das Gleichgewicht zu verlieren, wenn in Beziehungen Angst und Druck entstehen, dann unterstützen mich ein paar Wegmarken, die mir kurz und prägnant vor Augen führen, was es gerade jetzt heißt, als gereifte Persönlichkeit zu handeln.

## Zur Vertiefung

Dieses Kapitel unternimmt den Versuch, anhand eines biblischen Textes (Apostelgeschichte 21,8-14) eine Anwendung zu den wichtigsten Aussagen der letzten Kapitel zu geben. Sie können diesen Text und die damit verbundenen Erläuterungen als Leitfaden für Ihre persönliche »via spiritualis« verwenden; als Hilfe für Ihren mit Gott gestalteten Weg inmitten einer vergleichbaren Situation in Ihrem eigenen Leben. Zum Beispiel:

- Sie können diesen biblischen Text über mehrere Tage und Wochen bewusst wiederholt lesen: langsam, hörend, meditierend. Sie können ihn so verinnerlichen, dass das Modell des Paulus, das uns darin begegnet, Ihnen aus- und inwendig präsent wird. Sie können im Alltag, wo immer es nötig ist, dieses Modell vor Ihre inneren Augen nehmen und versuchen, auf ähnliche Weise zu handeln.
- Sie können die Überschriften der sechs in diesem Kapitel genannten Orientierungspunkte auf einen Zettel schreiben und in Ihrer Brieftasche, Ihrem Terminkalender, Ihrer Bibel o.Ä. mit sich tragen. Wo Sie sich inmitten eines verunsicherten Systems wiederfinden (Familie, Arbeitsteam, Verein, Kirche, Arbeitsplatz, Organisation, Nachbarschaft, Gesellschaft), können Sie Ihr eigenes Fühlen, Denken, Reden und Handeln diesen sechs Grundsätzen gemäß gestalten. Das gelingt Ihnen dort umso besser, wo Sie diese Grundsätze gut verstanden und verinnerlicht haben.
- Sie können diese Überschriften auch als eine Gedankenstütze für Ihr Gebet um weises Handeln inmitten einer verunsicherten Gruppe verwenden.

KAPITEL 6

# Vier Navigationshilfen im Alltag

Was hilft uns, im Alltag den Weg einer gereiften Persönlichkeit nicht aus den Augen zu verlieren? Manchmal, wenn es hoch hergeht, wenn Meinungsverschiedenheiten sich wie bedrohliche Wellen auftürmen, wenn ein unbedachtes Wort das andere gibt, erkennen wir erst im Nachhinein, dass wir unseren Mustern der Unreife gefolgt sind, statt als Persönlichkeiten zu handeln. Denn oft geht es schnell. Da sitzen wir gerade noch friedlich am Familientisch beisammen. Einen Augenblick später sagt jemand ein Reizwort, erhebt einen Vorwurf, macht eine spitze Bemerkung und schon schießen wir zurück. Es ist manchmal eine Sache von Sekunden, dass die Stimmung kippt. Wir geraten unter Druck, fühlen uns angegriffen, werden verunsichert. Und schon reagiert das Reiz-Reaktions-Zentrum unseres Gehirns und bringt seine Automatismen in Gang: Wir schlagen zurück oder wir ziehen uns zurück. Wir rechtfertigen uns, drehen den Spieß um. Wir klagen an. Wir knicken ein. Wir beugen uns kopflos dem Willen anderer oder gehen in den Kampfmodus über. Eine Stunde später blicken wir in den Spiegel, schauen uns selbst in die Augen und wissen genau: Das war daneben. Das war unreif. Alles andere als die von Klarheit, Besonnenheit, Mut und Empathie geprägte Reaktion einer Persönlichkeit.

Was nun? Es hilft nichts, wenn wir resigniert aufgeben und in Schuldgefühlen versumpfen. Besser ist es, wenn wir hinschauen, anerkennen, was geschehen ist, uns selbst (und anderen) vergeben, um Verzeihung bitten, die Vision erneut aufrichten und vertrauensvoll weitergehen.

Mir helfen auf dem Übungsweg zur Reife ein paar griffige Navigationshilfen, die mich dabei unterstützen, für die alltäglichen Reifetests besser gewappnet zu sein. Sie geben mir die Richtung vor, die ich anstrebe. Und sie warnen mich vor den Fallstricken der Unreife. Im Alltag halte ich mir die damit verbundenen Bilder und Leitgedanken immer wieder vor Augen – gerade dort, wo sich ein Sturmtief ankündigt. Drei solche Navigationshilfen möchte ich hier vorstellen – verbunden mit der Hoffnung, dass sie Ihnen genauso gute Dienste erweisen.

## 1. Das Reife-Kreisdiagramm und das Zwei-Zonen-Modell

An folgenden zwei Grafiken orientiere ich mich gerne im Alltag:

*Das Reife-Kreisdiagramm*

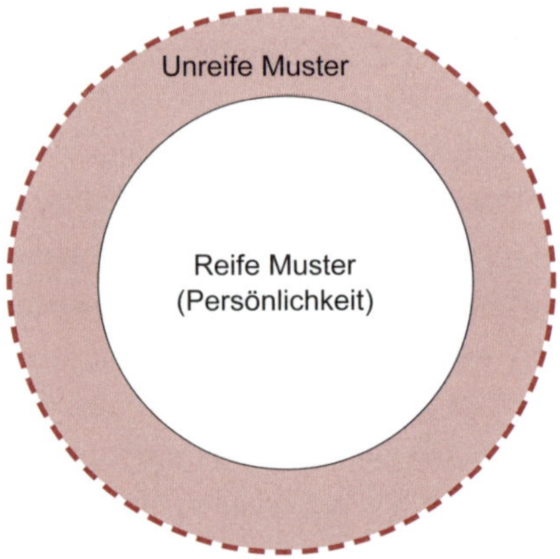


**Diagramm 1**: Person mit einem höheren Maß an Reife

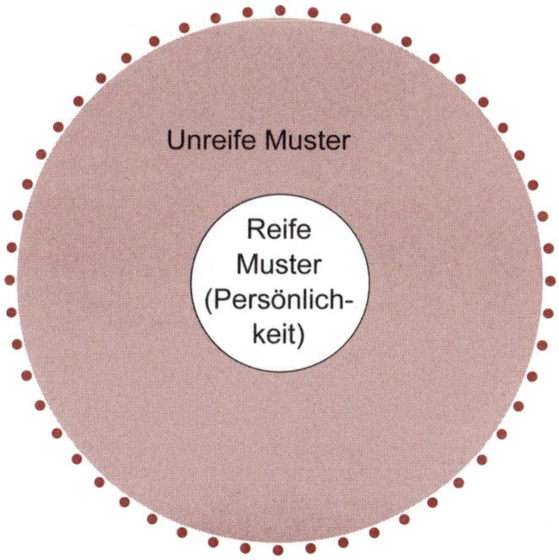


**Diagramm 2**: Person mit einem geringeren Maß an Reife

Diese erste, grundsätzliche Darstellung macht den Unterschied zwischen einer weniger und einer stärker gereiften Persönlichkeit sichtbar. Diagramm 1 zeigt eine gefestigte Persönlichkeit (vergessen Sie nicht, wir reden nicht von vollkommener Reife. Es geht um einen Wachstumsweg, eine gewisse Übung und Erfahrung). Derjenige verfügt über ein ausgeprägteres Maß an Reife. Sein Handeln ist (wie bei Paulus, von dem im letzten Kapitel die Rede war) eigenständiger. Gleichzeitig gestaltet er seine Beziehungen konstruktiver. Sein Anteil unreifer Verhaltensmuster ist kleiner.

Die Person in Diagramm 2 lässt sich stärker von Reifedefiziten bestimmen, wie wir sie in den letzten Kapiteln beschrieben haben. Im Umgang mit anderen Menschen handelt sie in einem größeren Maß aufgrund momentaner Stimmungen, drängender Emotionen und damit verbundener Verhaltensmuster.

Abgesehen davon, dass beide über ein unterschiedliches Maß an Reife verfügen, unterscheiden sie sich noch an anderer Stelle. Zur Unreife neigenden Menschen fehlt es an hilfreichen Grenzen (gepunktete Kreislinie außen). Sie sind nach außen durchlässig, also leichter beinflussbar durch andere. Die Verunsicherung und Angst der Menschen in ihrem Umfeld springt leichter auf sie über, sodass sie davon angesteckt werden. Je unreifer eine Person, desto stärker ist das der Fall (denken Sie an Werner und David im Beispiel von Kapitel 4).

Je reifer hingegen eine Person ist, umso weniger durchlässig sind ihre Grenzen (geschlossenere Kreislinie bei Diagramm 1). Die gereifte Persönlichkeit passt ihre Meinung nicht vorschnell anderen an. Sie lässt sich weniger manipulieren und versucht nicht auf Biegen und Brechen, anderen zu gefallen (denken Sie an Luzia in Kapitel 4 oder an Paulus in Kapitel 5). Sie ist anderen gegenüber freier und damit ein stabileres Gegenüber. Das hat damit zu tun, dass sie über einen eigenen Standpunkt verfügt, über sorgfältig durchdachte Grundsätze, Ziele und Werte, die sie sich angeeignet hat. Daran orientiert sie sich und ist deshalb weniger anfällig für die emotionalen Reaktionen und Verhaltensweisen anderer. Das heißt nicht, dass sie auf niemanden hört – das kann und tut sie sehr wohl. Sie kann ihre Meinung ändern und Rat annehmen. Sie tut dies aber nicht aufgrund eigener Verunsicherung oder um es jemandem recht zu machen, sondern aus eigener, frei gewonnener Überzeugung.

Das heißt: Je reifer ein Mensch ist, umso eigenständiger und integrer ist er. Integrität (lateinisch »integritas« = »unbeschädigt, unverdorben«) heißt von der Wortbedeutung her u.a. »Unbestechlichkeit«. Die innere Festigkeit erlaubt es der gereiften Persönlichkeit, in Stürmen und Drucksituationen aufrecht zu bleiben und nicht vorschnell nachzugeben.

*Das Zwei-Zonen-Modell*

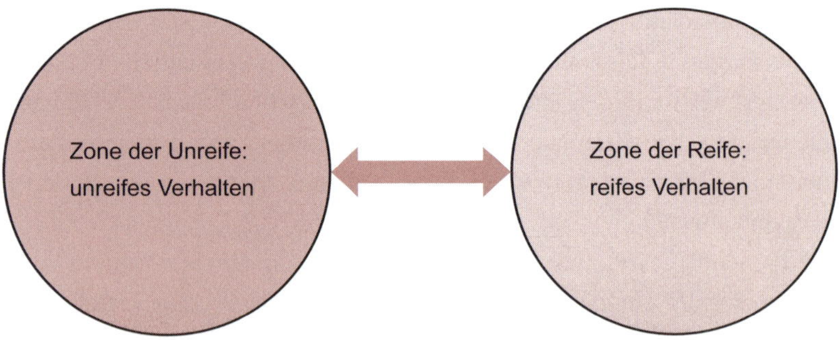


**Diagramm 3:** Die Entscheidung zwischen dem Weg der Unreife und der Reife im Alltag

Ich habe schon mehrmals darauf hingewiesen, dass jede und jeder von uns eine Mischung von Verhaltensweisen aus dem Bereich der Reife und aus dem der Unreife aufweist. Niemand handelt immer und ausschließlich als gereifte Persönlichkeit. Wir sind Mischwesen, die von Gott erst im Himmel vollendet werden. Dennoch hilft es, die beiden Zonen noch einmal gesondert zu betrachten und sie einander als zwei Pole gegenüberzustellen.

In Alltagssituationen (in unseren Alltagsrollen, in Begegnungen, in Konflikten, in herausfordernden Umständen) reagieren wir in der Regel primär aus einer der beiden Zonen heraus. Mal bewegen wir uns eher in der reifen Zone, ein anderes Mal eher im unreifen Bereich. Ich bezeichne sie oft als rote (unreife) und grüne (reife) Zone. Je länger wir den Weg des Nachreifens bereits gehen, umso größer ist die Wahrscheinlichkeit, dass wir uns insgesamt öfter und deutlicher in der reifen Zone bewegen. Eine gereifte Persönlichkeit strebt das der rechten Zone entsprechende Verhalten an und bewegt sich bewusst darin. Wenn sie zum Beispiel in einem Konflikt in die linke also die rote Zone zurückgeleitet wird und auf unreife Weise reagiert, dann kann sie das eher wahrnehmen als eine unreife Person und es korrigieren.

Das heißt: Die konkreten Umstände, in denen wir uns heute befinden, die konkreten Menschen, mit denen wir jetzt gerade zu tun haben, spielen eine wichtige Rolle in der Frage, ob wir auch heute als gereifte Persönlichkeit handeln oder wieder einmal einen (hoffentlich zeitlich begrenzten) Ausflug in die Unreife machen. Je länger und bewusster wir den Weg der Reife gehen, umso eher und bewusster verlassen wir die linke (rote) Zone und entscheiden uns für das Handeln gemäß der rechten (grünen) Zone. Mit den Worten des Apostels Paulus: Sobald wir in einer bestimmten Situation die unreife Zone verlassen, »legen wir das Wesen eines Kindes ab« und machen deutlich, dass wir »erwachsen« handeln wollen (siehe 1. Korinther 13,11). Wir »legen den alten Menschen ab« und »ziehen den neuen Menschen an, der nach dem Willen Gottes geschaffen ist« (siehe Epheser 4,22-24).

Der Weg der Reife ist ein Prozess, bei dem wir lernen, bewusster und eindeutiger als Persönlichkeiten zu handeln. Dabei kann es uns in einer konkreten Situation oder Begegnung helfen, einen Moment innezuhalten und uns zu fragen: In welcher Zone befinde ich mich gerade (Fühlen, Denken, Handeln) – in der roten oder grünen? Was hat bei mir gerade die Überhand? Bestimmen mich stärker meine Reifedefizite oder handle ich als Persönlichkeit?

Stellen wir nach dieser kurzen Standortbestimmung fest, dass wir »Luft nach oben« haben, dass es also bessere Handlungsoptionen gibt als diejenigen, die wir gerade gewählt haben, können wir eine Korrektur vornehmen. Dabei halten wir uns die Reaktionsweisen der reifen Zone vor Augen, korrigieren unseren Kurs und verzichten auf die Verhaltensweisen der unreifen Zone.

Als Christen können wir diese Korrektur als »via spiritualis« vollziehen, indem wir Gott als unsere wichtigste Ressource in diesen Weg einbeziehen. Wir atmen tief durch und halten uns vor Augen, was es heißt, als von Gottes Wesen geprägter Mensch auf die aktuelle Herausforderung zu reagieren. Wir fragen: Was könnte es jetzt gerade bedeuten, mich von Gottes Geist bestimmen zu lassen und seinen Weg einzuschlagen, statt meinem selbstsüchtigen, furchtsamen Ich zu folgen (siehe Römer 8,4.14)? Wir können Gott bitten: »Nimm mich bei meiner Reaktion auf diese Person oder diese Herausforderung an deiner Hand, damit ich dem Verhalten der reifen Zone folge und nicht dem der unreifen!«

An welchen Stichworten können wir uns dabei im Alltag orientieren? Was hilft, beide Zonen zu identifizieren, eine Standortbestimmung und nötigenfalls eine Korrektur hin zur reifen Zone vorzunehmen? Ich selbst profitiere davon, die Verhaltensweisen der beiden Zonen gut zu kennen (siehe Diagramm 4 und 5 auf Seite 90–91).

Jedes Mal, wenn es uns gelingt, die unreife Zone zu verlassen und aus der reifen Zone heraus zu agieren, findet ein interessanter neurologischer Prozess statt. Hirnforscher unterscheiden im menschlichen Gehirn zwei große Systeme. Das eine – man könnte es als Trieb- oder Basissystem bezeichnen – agiert von unten her, also »bottom-up«.[21] Darauf ist ein zweites System aufgebaut. Es befindet sich im sogenannten Stirnhirn und wird auch »präfrontaler Cortex« genannt. Dieses System wirkt von oben nach unten, also »top-down«. Wenn es gut entwickelt ist, kann es das Basissystem kontrollieren. Das ist deshalb wichtig, weil der präfrontale Cortex uns hilft, starke emotionale Impulse wie Ärger, Angst, Zorn, Wut, Verletzlichkeit (im Bottom-up-Basissystem) zu

> Im Vertrauensmodus, in Momenten der Stille und des Gebets erst sind wir fähig, nach den Grundsätzen der reifen Zone zu handeln.

steuern, sodass sie uns nicht überwältigen und unser Handeln bestimmen. Der präfrontale Cortex unterstützt uns, zur Besonnenheit zurückzufinden. Ermöglicht uns, in einem Konflikt nicht jedem unüberlegten Impuls nachzugeben, unser Gegenüber tätlich oder verbal anzugreifen, zu fliehen, zurückzuschlagen. Wenn wir uns in der reifen (grünen) Zone befinden, steuert der präfrontale Cortex unser Verhalten und hilft uns, Besonnenheit und Weisheit zu entwickeln und diese auf die Situation oder Person anzuwenden, die uns herausfordert.

In diesem Zusammenhang ist ein Zweites wichtig: Um uns in der reifen Zone bewegen zu können, müssen wir innerlich zur Ruhe kommen. Jede Art von Aufregung, Stress, Angst deaktiviert den präfrontalen Cortex – das Basissystem übernimmt, indem es zum (unüberlegten) Angriff oder zur Flucht bläst. Es ist wissenschaftlich belegt, dass der Teil unseres Gehirns, der für besonnenes, gut reflektiertes Denken und Handeln zuständig ist, nur dort optimal arbeitet, wo wir nicht unter Stress stehen. Wo wir innerlich zur Ruhe kommen, Abstand gewinnen, unsere Angst loslassen und Gott vertrauen. Im Vertrauensmodus, in Momenten der Stille und des Gebets erst sind wir fähig, nach den Grundsätzen der reifen Zone zu handeln. Ich nenne sie für mich deshalb auch die Psalm-23-Zone. Dieser Psalm beschreibt einen Menschen, der bei Gott Geborgenheit und Zuversicht findet, selbst angesichts beängstigender Situationen. In Vers 2 heißt es: »… er weidet mich auf grünen Auen.« Die reife Zone ist vergleichbar mit dem Planen, Denken, Entscheiden und Reagieren aus der Geborgenheit der grünen Aue heraus – dort sind wir von Gott versorgt.

Deshalb ist es so wichtig, in angespannten Zeiten, in Konflikten und unter Stress für Momente zu sorgen, wo wir durchatmen, zur Ruhe kommen, eine Nacht darüber schlafen. Manche E-Mail hätten wir wohl anders formuliert, wenn wir eine Nacht hätten verstreichen lassen, statt sofort verärgert oder verletzt zurückzuschießen. Manches Gespräch wäre vermutlich anders verlaufen, wenn wir vorher einen Spaziergang gemacht, zur Ruhe gekommen und um Gottes Hilfe gebeten hätten. Merken Sie sich deshalb: Um die unreife (rote) Zone verlassen zu können, muss Ihr Gehirn auf den präfrontalen Cortex umschalten. Das kann es nur, wenn Sie innerlich zur Ruhe kommen.[22]

- Ich orientiere mich an den Umständen und mache mich von ihnen abhängig.
- *Ich beschäftige mich unablässig mit dem Verhalten anderer Personen.*
- Ich versuche zu beeinflussen und lasse mich beeinflussen; ich drohe und lasse mich bedrohen.
- *Ich lasse mich zu Spontanhandlungen/unbedachten Worten verleiten.*
- Ich bin auf das Fehlverhalten anderer und auf die Erwartung fixiert, was diese als Nächstes tun sollten.
- *Mich prägt eine hohe Emotionalität (Zorn, Aufregung, Furcht …).*
- Ich mache unklare, unverbindliche und widersprüchliche Aussagen.
- *Ich kann eigene Bedürfnisse nicht wahrnehmen bzw. nicht kommunizieren.*
- Ich neige zu starken/lauten Reaktionen und Anschuldigungen.
- *Ich rechtfertige mich, passe mich an oder laufe davon.*
- *Ich plane/vollziehe einen Frontalangriff.*
- Ich favorisiere eine schnelle statt eine durchdachte, nachhaltige Lösung.
- *Mich prägen Befürchtungen, Unterstellungen, Sorgen und Verlustängste.*
- Ich bin stark angespannt und verliere den Humor.
- *Mich prägt ein Schwarz-Weiß-Denken (es gibt nur ein Entweder-oder).*
- Ich bin nicht fähig, eine Spannung/etwas Ungelöstes auszuhalten.

**Diagramm 4:** Verhaltensweisen in der unreifen (roten) Zone

▹ Ich orientiere mich an sorgfältig definierten Grundsätzen, Zielen, Werten.

▹ *Ich treffe keine Entscheidung ohne besonnenes Nachdenken. Ich beachte durchdachte Kriterien zur Entscheidungsfindung.*

▹ Mein Nachdenken und Handeln bleibt auf der Sachebene.

▹ *Ich konzentriere mich auf meine eigene Verantwortung und auf meine nächsten Schritte, nicht die von anderen.*

▹ Ich nehme meine Gefühle wahr und steuere sie.

▹ *Ich lege meine Überzeugungen und Bedürfnisse ruhig und verständlich dar.*

▹ Ich bleibe ruhig, rechtfertige mich nicht, ziehe mich nicht zurück.

▹ *Ich passe mich nicht vorschnell und aus falschen Gründen an.*

▹ Ich frage nach Weisheit, bleibe besonnen, mutig und gelassen.

▹ *Ich bleibe zugewandt und suche Zusammenarbeit.*

▹ Ich denke und handle um der Sache willen lösungsorientiert.

▹ *Ich bleibe zuversichtlich und vertrauensvoll.*

▹ Ich bewahre mir Leichtigkeit und Humor; nehme mich selbst nicht zu ernst.

▹ *Ich halte Spannungen und Ungelöstes aus, bis die beste Lösung da ist.*

**Diagramm 5:** Verhaltensweisen in der reifen (grünen) Zone

## 2. Krisen- und Reifemuster in Gruppenkonflikten

Die folgende Tabelle dehnt das Thema Unreife- bzw. Reifemuster auf Gruppen aus. Menschen sind wie Herdentiere: Sie lassen sich von den Befürchtungen, Drohungen und dem Verhalten anderer leicht beeinflussen. Daraus können in konfliktbeladenen Gruppen (Mitarbeiterteams, Vereinen, Kirchen, Parteien, Schulen bis hin zu ganzen Dorfgemeinschaften oder der Bevölkerung eines Landes) dafür typische Verhaltensmuster entstehen.[23] In Kapitel 5 haben wir am Beispiel des Apostels Paulus gesehen, wie sich das Verhalten einer Persönlichkeit positiv auf eine Gruppe auswirken kann. Wenn es einer oder zwei Personen in einem aufgebrachten System gelingt, den Weg der Reife zu gehen, hilft das anderen, dies ebenfalls zu tun. Nicht dass dies immer und automatisch passiert. Dennoch gilt: Ohne Vorbilder der Reife, die vorausgehen und durch ihr Verhalten modellieren, wie der Weg zu einer stabilen Lösung aussehen kann, findet eine Gruppe oder Organisation keinen Ausweg aus ihrer Krise. Vielleicht kann sie Symptome mildern, für Scheinfrieden sorgen oder vom tieferen Problem ablenken. Gelöst ist ihr Problem damit nicht. Es wird sich an anderer Stelle oder einige Zeit später wieder manifestieren und die Gruppe erneut erschüttern.

Die folgende Tabelle will Menschen, die Teil eines Gruppenkonflikts sind, helfen, ihr Verhalten reif zu gestalten. Einigen der genannten Stichworte sind Sie oben bereits begegnet, denn der Weg der Reife in Gruppen baut auf dem auf, was für Einzelne und ihren persönlichen Reifungsweg gilt. Gleichzeitig zeigen sich darüber hinaus einige kollektive Verhaltensmuster. Die damit verbundene Dynamik zu verstehen, ist wichtig, wenn man sich selbst gerade in einem solchen Gruppenkonflikt befindet. Noch wichtiger aber ist es, dass Sie verstehen, welche Formen reifen Konfliktverhaltens in Gruppen Sie sich persönlich aneignen können und welches gute Verhalten anderer Sie unterstützen und verstärken kann, um konstruktive Lösungen zu finden.

| Reaktivität: unreifes Konfliktverhalten in Gruppen | Klärungs- und Entspannungshilfen bei Gruppenkonflikten |
|---|---|
| Herdenverhalten.<br>Allianzen bilden, „glucken“,<br>sich auf „Stimmenfang“ begeben.<br>Geheimtreffen.<br>Daraus: Entstehung einer „Stampede“ (Herdenpanik), Kontrollverlust, Hysterie. | Soziale Impulskontrolle.<br>Dem Bedürfnis nach Geborgenheit/Zugehörigkeit/Anpassung widerstehen.<br>Verunsicherung aushalten.<br>Eigenständigkeit (Festhalten an eigenen Grundsätzen, Werten, Zielen) aufrechterhalten. |
| Verlust von Eigenständigkeit.<br>Preisgabe eigener Überzeugungen.<br>Anpassung an reaktive, selbstsichere oder fordernde Personen oder an eigene Abteilung/persönlich Nahestehende.<br>Einforderung von „Einheit“ und Zusammenhalt. | Unabhängige Selbstklärung.<br>Eigenständige Stellungnahme.<br>Klare Kommunikation.<br>Dem Bedürfnis nach Anpassung an/Zustimmung zur Mehrheit der „Aufgebrachten“ widerstehen. |
| Vorwürfe.<br>Widerstand und Angriff; Verbalattacken, Sammeln und Verbreiten von belastenden Indizien, anklagende Briefe/E-Mails. | Verstehen fördern.<br>Gespräch suchen.<br>Nachfragen. Um Verstehen bemühen. Aussagen spiegeln.<br>Raum zur Korrektur geben.<br>Einander Gutes unterstellen (bis das Gegenteil erwiesen ist). |
| Sündenbock-Syndrom.<br>Suche nach Schuldigen/Verantwortlichen.<br>Forderung nach Offenlegung der Schuldigen und drastischen Konsequenzen.<br>Bedürfnis nach sozialer „Reinigung“ und reinwaschender „Sühne“ („reinen Tisch machen“) durch Bestrafung des Sündenbocks. | Gnädige Lösungsorientierung.<br>Fehler nicht personalisieren.<br>Konzentration auf Lösungen statt auf Probleme und Verursacher.<br>Gebrochenheit akzeptieren und integrieren.<br>Fokus auf Vergebung und die Chance auf einen Neuanfang. |
| Entweder-oder-Lösungen.<br>Schwarz-Weiß-Denken (gesteigerter Dualismus).<br>Reduktion denkbarer Optionen.<br>Radikalisierung der verbleibenden Optionen.<br>Forderungen. | Kreativität.<br>Eine Vielzahl von Lösungsansätzen anstreben.<br>Raum für Kreativität in der Lösungssuche schaffen.<br>Sowohl-als-auch-Denken fördern. |
| Sofort-Lösungen.<br>Ruf nach schneller „Schadensbehebung“ (Quick-Fix-Mentalität) nach dem Forderungsmuster: „Jetzt muss sofort etwas geschehen …!“ | Prozess-Denken.<br>Schäden und Probleme (und damit verbundene Emotionen) aushalten.<br>Unfertiges akzeptieren.<br>Lösungen reifen lassen. |

| | |
|---|---|
| Dahinter: Bedürfnis nach Rückgewinnung von Harmonie und Beruhigung. | Zeitfenster für den Lösungsprozess definieren (und einhalten!). |
| Rückzug, Beziehungsabbruch.<br>„Bestrafung“ von Abweichlern durch Sanktionen, Rückzug und Abbruch.<br>Radikaler Schnitt in Beziehungen bei gleichzeitig verbleibender starker emotionaler Bindung an diese Menschen (innerlich mit ihnen Beschäftigtsein). | Neutrale Verbundenheit.<br>Beziehungspflege jenseits der Meinungs-Lager.<br>Neutrale Gesprächsebenen pflegen.<br>Möglichkeiten gelassener Nähe nutzen. |
| Außen-Fokussierung.<br>Energie, Gedanken, Lösungsbemühungen sind auf Umstände und v.a. auf andere Personen fokussiert.<br>Versuch, andere zu steuern, zu gewinnen, zu überzeugen, zu ändern … | Selbststeuerung.<br>Konzentration auf eigenes Denken und Verhalten.<br>Eigene Emotionalität und Reaktionsweise steuern.<br>Anderen erlauben, von der eigenen Haltung abzuweichen.<br>Austritt aus dem „Freundeskreis“ erlauben. |

Es gibt verschiedene Möglichkeiten, mit dieser Tabelle zu arbeiten. Eine Gruppe (Familie, Partnerschaft, Arbeitsteam, Kleingruppe, Kirche oder andere Organisation) kann damit in einem Konfliktfall allen Beteiligten helfen, sich bewusst zu werden, welche Verhaltensweisen als Einzelne und als Gruppe im Blick auf eine Lösung förderlich sind und welche das aktuelle Problem verschärfen. Man kann sich darauf einigen, der rechten Spalte zu folgen und die linke zu vermeiden. So entsteht ein Werte- und Verhaltenskonsens, ohne den man in vielen Fällen nicht zu einer konstruktiven und nachhaltigen Lösung kommt. Besonders wichtig aber ist diese Tabelle für den persönlichen Gebrauch. Wenn ich Teil eines Konflikts bin, hilft sie mir, mein eigenes Verhalten bewusst zu steuern. Die Orientierung an ihr unterstützt mich dabei, mein eigenes Verhalten im Konflikt zu spiegeln. Ähnlich wie bei der reifen und der unreifen Zone (wo es im Grundsatz um dasselbe Anliegen geht, nämlich den Weg der Reife zu wählen und aus Mustern der Unreife auszusteigen) kann ich mich dazu entschließen, unabhängig vom Verhalten anderer für mich selbst Verhaltensweisen zu wählen, die ein Ausdruck von Reife, von Eigenständigkeit und Verbundenheit sind (rechte Spalte).

## 3. Der 12-Punkte-Reife-Guide

Ergänzend zu den vorgestellten Diagrammen können uns ein paar Leitsätze helfen, an die wir uns im Alltag angesichts herausfordernder Umstände und Beziehungen halten. Auch sie dienen dem Ziel, dass wir uns den Weg der Reife vor Augen halten, sie verinnerlichen und in unsere »via spiritualis«, unseren Weg mit Gott, einbinden.

Manchmal schreibe ich mir einzelne davon auf einen Zettel, nehme ihn mit in eine besonders anspruchsvolle Begegnung oder zu einer Sitzung und werfe zwischendurch einen Blick darauf. Hörend, betend, mich danach ausrichtend.

1. Ich entscheide mich täglich neu dafür, mein Fühlen, Denken und Handeln von den Wahrheiten und Werten des christlichen Glaubens prägen zu lassen.
2. Ich halte an dem fest, was ich als Auftrag Gottes für mein Leben verstanden habe.
3. Ich kläre in Begegnungen und Entscheidungssituationen sorgfältig meinen persönlichen Standpunkt, bringe ihn verständlich ein und halte mich daran.
4. Ich ziehe mich nicht von Andersdenkenden zurück.
5. Ich steuere mein eigenes Fühlen, Denken, Verhalten und verzichte darauf, dasjenige anderer beeinflussen oder kontrollieren zu wollen.
6. Ich widerstehe „Hauruck-Lösungen" und jeder Form von unbedachten schnellen Rezepten.
7. Ich verzichte darauf, Schuldige zu suchen und anzuprangern, und frage mich stattdessen, was *ich selbst* besser machen kann.
8. Ich halte in meinen Beziehungen an Wahrheit, Liebe und Versöhnung fest.
9. Ich verzichte darauf, Menschen zu bekämpfen, die gegen mich vorgehen.
10. Ich halte offene Fragen und ungelöste Situationen so lange aus, bis sich eine verlässliche Lösung zeigt.

11. Ich rechne in allem mit Gottes Möglichkeiten und vertraue auf seine Hilfe.
12. Ich sorge für die nötigen Freiräume, um drängende Fragen in Ruhe durchdenken und um Weisheit beten zu können.

Bei diesem Kapitel verzichte ich bewusst auf Vertiefungsfragen. Ich bin überzeugt, dass sich Ihnen die Anwendungsmöglichkeiten inmitten herausfordernder Lebensumstände von selbst erschließen. Egal, ob es um Meinungsverschiedenheiten in Familie, Beruf, Kirche, Schule, Politik etc. geht – Sie können sich die in den einzelnen Navigationshilfen vorgestellten Verhaltensweisen vor Augen halten und sich entscheiden, den Weg der Reife zu gehen. Wichtig dabei ist eines: Es geht nicht darum, dass Ihnen dies jedes Mal auf optimale Weise gelingt. Wichtig ist nur, statt dass Sie betend und mit Gottes Hilfe rechnend Ihr Bestes geben, im Versagen nicht liegen bleiben, sich wo nötig entschuldigen und eine lernende Person bleiben. Nicht dass wir morgen schon am Ziel sind, ist entscheidend, sondern dass wir auf dem Weg bleiben und Richtung halten.

# TEIL 2

## REIF HANDELN IM ALLTAG

»Der Wahrheitsfanatiker zürnt dem Paradox; der Weise schließt es in die Arme.«

Emil Baschonga

»Der Urgrund alles Schönen besteht in einem gewissen Einklang der Gegensätze.«

Thomas von Aquin

Reif handeln ist eine Kunst – und sie ist lernbar. Die beste Voraussetzung dazu: eine gereifte Persönlichkeit. Die Reife etwa, angesichts mancher Herausforderungen, Schwierigkeiten oder Konflikte nicht in vereinfachende Schwarz-Weiß-Muster zu verfallen, sondern die Dinge differenzierter zu betrachten. Anzuerkennen, dass wir uns im Leben oft zwischen zwei Polen bewegen, die sich auf den ersten Blick widersprechen. »Alle Wahrheiten sind paradox«, schrieb der russische Schriftsteller Leo Tolstoi.

Auch die Menschen der Bibel wussten darum. Ein Klassiker sind die unterschiedlichen Betonungen der beiden neutestamentlichen Autoren Paulus und Jakobus zum Verhältnis von Glaube und Taten bzw. dem Befolgen des Gesetzes. Paulus schreibt: »Denn wir sind der Überzeugung, dass der Mensch allein aufgrund des Glaubens als gerecht gilt – unabhängig davon, ob er das Gesetz befolgt« (Römer 3,28; BB). Jakobus hingegen betont: »Der Mensch wird aufgrund seiner Taten von Gott für gerecht erklärt und nicht nur aufgrund seines Glaubens« (Jakobus 4,24; BB).

Reife angesichts mancher Herausforderungen, Schwierigkeiten oder Konflikte nicht in vereinfachende Schwarz-Weiß-Muster zu verfallen, sondern die Dinge differenzierter zu betrachten.

Wer hat nun recht? Beide im Kontext ihres jeweiligen Arguments. Paulus will zeigen, dass die Annahme bei Gott nicht durch Leistung verdient werden kann, sie ist immer unverdientes Geschenk. Jakobus macht deutlich, dass ein tatenloser Glaube kein wirklicher Glaube ist. Glaube wird konkret, wird tätig, bleibt nicht passiv. Beide haben also recht. Jeder von ihnen repräsentiert eine von zwei Wahrheiten, die sich zu widersprechen scheinen und doch zusammengehören.

Auch bei Jesus sehen wir solche Pole. In der Bergpredigt lehrt er, dass derjenige, der ins Gesicht geschlagen wird, seinem Gegner auch noch die andere Wange hinhalten soll (Matthäus 5,39). Später, als ihm ein jüdischer Hilfspolizist eine Ohrfeige verpasst, tut er genau das nicht, sondern wehrt sich und stellt ihn zur Rede: »Weshalb schlägst du mich?« (Johannes 18,22-23). War Jesus ein Lügner? Einer, der von anderen Dinge forderte, an die er sich selbst nicht hielt? Oder war er ein Mann, der es verstand, sich zwischen den Polen zu bewegen? Der wusste, dass eine scheinbar vergleichbare Situation in unterschiedlichen Umständen eine jeweils eigene Antwort und Reaktion erforderte?[24] Ich bin von Letzterem überzeugt.

Reif handeln heißt, weise zwischen Polaritäten zu navigieren. Darum geht es im zweiten Teil dieses Buches. Wie wir lernen zwischen zwei kontroversen Wahrheiten abzuwägen und zu entscheiden, was die konkrete Situation erfordert.

Reifes Handeln ist dynamisch und flexibel. Es erfordert Beweglichkeit. Gründliches Nachdenken. Weisheit, Sorgfalt. Manche Erziehungsmaßnahme, mancher Schritt in einer Partnerschaft, manche Führungsentscheidung in Kirchen, in der Politik, in Unternehmen führt deshalb von einer guten Lösung weg, weil die Verantwortlichen nicht besonnen zwischen den Polaritäten navigieren. Weil sie nicht fähig und willig sind, eine dieser besonderen Situation angemessene Reaktion und Maßnahme zu wählen. Stattdessen folgen sie unbedacht nicht zu hinterfragenden Dogmen, Erfahrungswerten aus anderen Kontexten oder schlicht und einfach dem inneren Druck, der entsteht, wenn sich die Seele eines Menschen in der unreifen (roten) Zone befindet und zum nächstbesten Befreiungsschlag ausholt.

Reifes Handeln erfordert *Besonnenheit*; ein Wort, das ich aufgrund seines Bedeutungsgehalts schätze, gerade im Zusammenhang mit diesem Thema. Die Bibel verwendet es im Neuen Testament häufig dort, wo reifes und unreifes Handeln einander gegenübergestellt werden.[25] Das dahinter stehende griechische Wort »*sophrosynä*« beschreibt eine Haltung, in der mehrere wichtige Ebenen unseres Themas zusammenfließen.

- Besonnen ist, wessen **Verstand** eine Situation richtig erfassen und einschätzen kann.
- Besonnen ist, wer den gegebenen Umständen mit **Klugheit** und **Weisheit** begegnet.
- Besonnen ist, wer **sich selbst beherrschen** kann und nicht unbedacht einem drängenden inneren Impuls folgt.
- Besonnen ist, wer **anständig mit anderen umgeht**.

Das zeigt: »*sophrosynä*« zeichnet sich durch die Fähigkeit zu sorgfältiger Reflexion aus. Eine Leistung, die unser Gehirn unter Anspannung und

Stress nicht zu leisten vermag. Der für sorgfältiges Abwägen und Entscheiden zuständige Teil unseres Gehirns, der präfrontale Cortex, von dem schon in Kapitel 6 die Rede war, arbeitet nur im entspannten Modus verlässlich. Reifes Handeln, Besonnenheit und ein gutes Maß an Ruhe und Gelassenheit gehen deshalb Hand in Hand. Hier liegt der Grund dafür, weshalb uns in manch aufgeheizter Situation ein stiller Moment, ein Spaziergang, ein Gebet, ein Tag Bedenkzeit oft die Klarheit geben, die wir brauchen. Ein Moment Abstand spielt eine entscheidende Rolle bei der Frage, ob in krisenhaften Umständen eine tragfähige Entscheidung zustande kommt oder nicht. Schnelles, unüberlegtes Handeln unter innerem Druck dagegen ist ein sicheres Rezept zur »Verschlimmbesserung«.

Weise Menschen sind Menschen, die still werden, warten, loslassen und sich neu ausrichten können.

Noch wichtiger aber als äußere Ruhe ist die innere Gelassenheit einer Persönlichkeit. Die Fähigkeit, ein gesundes Maß an mentalem Abstand zur aktuellen Krise, zum Konflikt zu finden. Auch darin zeigt sich eine Polarität, ein Paradox: Wie finden wir einen Mittelweg zwischen der Verantwortung, ein akutes Problem ernst zu nehmen, und der Notwendigkeit, einen angemessenen inneren Abstand dazu zu gewinnen, um nicht davon überwältigt zu werden? Oft brauchen wir beides: einen Moment äußerer Ruhe, um auch innerlich abzukühlen und besonnen reagieren zu können.

Auch darin erweist sich der christliche Glaube als wertvolle Ressource. Einen Moment lang alleine sein, still werden, den Blick auf Gott richten – das alles spielt gerade in den Psalmen, dem Gebetbuch der Bibel, eine wichtige Rolle.[26] Für viele Autoren ist dies die bewährte Erste-Hilfe-Maßnahme angesichts von Angst, Anfeindung und ausweglosen Situationen. Das ist ihre »via spiritualis«. Wir können sie zu unserer eigenen machen. Weise Menschen sind Menschen, die still werden, warten, loslassen und sich neu ausrichten können, um danach aus der so gewonnenen Klarheit entschlossen und zuversichtlich zu handeln.

In den folgenden Kapiteln geht es um unterschiedliche Lebensfelder und Situationen, in denen ein reifes Navigieren zwischen den Polen gefragt ist. Momente des Lebens, in denen wir um den rechten Standpunkt, die rechte Antwort und hilfreiche nächste Schritte ringen müssen. Wo wir vor Entscheidungen stehen, die Weisheit und sorgfältiges Abwägen erfordern. Zum Beispiel:

- Menschen zu lieben, heißt manchmal auch, sie zu enttäuschen.
- In manchen Umständen heißt reifes Handeln, für andere verfügbar zu sein – in anderen bedeutet es, sich abzugrenzen.
- Es gibt Konflikte, die man vermeiden sollte, während man andere besser zulässt und darin weise navigiert.
- Manchmal heißt Reife, an seinem Standpunkt festzuhalten – ein anderes Mal ist es richtig, ihn zu korrigieren und sich von anderen beeinflussen zu lassen.
- Reifes Handeln kann bedeuten, Stärke zu zeigen – manchmal aber besteht es darin, Schwäche zuzulassen und zuzumuten.
- Es gibt Umstände und Situationen, in denen es Klarheit braucht – in anderen Fällen gibt es eine solche nicht. Reifes Handeln besteht dort darin, Ungewissheit auszuhalten.
- Wer etwas erreichen und andere führen möchte, sollte zielorientiert und strategisch vorgehen – und gleichzeitig lernen, in welchen Momenten er Pläne loslassen und flexibel reagieren sollte.
- Verantwortungsvolles Handeln heißt, sorgsam, effizient und gründlich zu arbeiten – und im richtigen Moment Vorhaben und Menschen loszulassen und Gott zu vertrauen.
  (Siehe Teil 1 dieses Buches)

Es braucht Persönlichkeiten, um solche Dinge im rechten Licht sehen und beurteilen zu können. Um einen geschärften Blick zu haben für die feinen, manchmal sogar unsichtbaren Grenzlinien zwischen Richtig und Falsch, zwischen hilfreichen und problematischen Optionen.

Es braucht Persönlichkeiten, die gerade dort, wo nicht alles klar und eindeutig vor ihnen liegt, ein Risiko eingehen, ihr Bestes geben und bereit sind, ihr damit verbundenes Handeln zu verantworten. Auch dort, wo sich im Nachhinein herausstellt, dass ihnen dabei Fehler unterlaufen sind. Die Demut, dies anzuerkennen; die Bereitschaft, dann nicht mit dem Finger auf andere zu zeigen, von sich abzulenken, wären ein verlässliches Zeichen dafür, dass der Betroffene verstanden hat, worin die Kunst des reifen Handelns besteht.

KAPITEL 7

# Menschen lieben – Menschen enttäuschen

Über viele Jahre hinweg haben Daniel und Julia mit ihren vier Kindern den Sommerurlaub im Obergeschoss des Hauses von Daniels Eltern verbracht. Das war ideal für alle. Die Enkel tobten fröhlich im Garten der Großeltern, die sie aufgrund der Distanz selten sahen. Und es war genug Platz für alle da. Die letzten Jahre aber merkten Daniel und Julia, dass die Kraft der Eltern nachließ. Zweimal waren diese nach dem Besuch so erschöpft, dass Oma ins Krankenhaus musste. Sie hätte es nie zugegeben, aber Daniel kannte sein Mutter. Zwei Wochen eine ganze Familie im Haus, das ging über ihre Kräfte, vor allem, weil sie alles selbst machen und sich kaum helfen lassen wollte. Daniel und Julia entschlossen sich, es in Zukunft anders zu machen. Sie mieteten ein Ferienhaus im Nachbardorf, von wo aus sie die Großeltern möglichst jeden Tag besuchen wollten. Als sie mit ihnen darüber sprachen, reagierten diese mit großem Unverständnis. »Was, ihr kommt nicht zu uns? Was war denn nicht recht? Das könnt ihr uns doch nicht antun!« Daniel und Julia erklärten die Gründe: Dass sie die Eltern schonen möchten. Dass es nicht gegen sie gerichtet war, sondern Ausdruck der Sorge um sie. Es lief alles ins Leere. Die Großeltern waren enttäuscht und reagierten eingeschnappt. Deuteten den Schritt als Affront. Konnten nicht zugeben, dass sie Grenzen hatten. Daniel und Julia fühlten sich unter Druck und waren kurz davor, nachzugeben. Schließlich entschieden sie, die Enttäuschung der Schwiegereltern zu ertragen und bei ihrem Plan zu bleiben. Es waren keine einfachen zwei Sommerwochen. Auch die Geschwister Daniels äußerten Unverständnis. Erst im Jahr darauf meinte Julias Mutter in einem Nebensatz: »Es ist wohl besser so. Ich tue mich schwer, es zu akzeptieren, aber die Kräfte reichen nicht mehr.«

Reif handeln kann beides bedeuten: auf die Erwartungen von Mitmenschen einzugehen – oder es nicht zu tun. Jedem Wunsch eines Menschen zu entsprechen, ist genauso falsch wie das Gegenteil. Wir bewegen uns zwischen diesen beiden Polen. Die Kunst des reifen Handelns diesbezüglich heißt: einschätzen lernen, in welcher Situation welche der beiden Möglichkeiten dran ist. Und wo der gute Weg dazwischen liegt.

## Jesus hat Menschen beschenkt – und enttäuscht

Jesus beherrschte diese Kunst. Er konnte beides und tat es manchmal praktisch zeitgleich. Es gab Momente, in denen er die Wünsche seiner Mitmenschen erfüllte und ihre Erwartungen stillte. Wenn sie ihn aufsuchten, ihn hören wollten, um Heilung baten, ließ er sich sehr oft darauf ein, nahm sich Zeit und verschenkte sich. Manchmal jedoch verweigerte er sich. So etwa an jenem frühen Morgen, als ihn seine Jünger suchten. Schließlich fanden sie ihn – einsam betend auf einem Berg. Sie bedrängten ihn: »Alle suchen dich!« Unten im Tal war eine große Zahl von Menschen zusammengeströmt und wartete darauf, dass Jesus sich um sie kümmerte. Doch er wehrte ab: »Lasst uns woanders hingehen, in die benachbarten Weiler, damit ich auch dort verkündige. Denn dazu bin ich gekommen« (Markus 1,37-38). Erstaunlich: Da waren bedürftige Menschen, Suchende, Fragende, nach Heilung Lechzende. Und Jesus enttäuschte sie. Zog einfach weiter.

Auch gegenüber seinen Jüngern tat er beides: entsprechen und enttäuschen. Er teilte sein Leben mit ihnen, nannte sie seine Freunde (Johannes 15,15), wusch ihnen die Füße (Johannes 13), betonte, wie sehr er sie liebte (Johannes 15,9). Dann wieder wies er sie scharf zurecht (Lukas 9,55; Markus 16,14). Er zerstörte ihre Hoffnung auf ein triumphales und politisch-religiöses Messiasreich und sprach stattdessen vom Leiden, das auf ihn und seine Jünger zukommen würde (Markus 10,32-39). Auch gegenüber seiner leiblichen Familie tat er beides. Er wies ihre Erwartungen zurück und sagte, die Gemeinschaft mit seinen Jüngerinnen und Jüngern sei ihm die wichtigere Familie (Markus 3,31-35). Später, leidend am Kreuz, sorgte er dafür, dass sich sein Freund Johannes um seine Mutter kümmerte und sie versorgte (Johannes 19,25-27).

Jesus navigierte zwischen den Polen. Einmal war er der Liebende, sich Kümmernde, Fürsorgliche. Dann wieder ließ er Menschen auflaufen und enttäuschte sie. Eines Tages wandte sich deshalb eine große Zahl seiner Jünger von ihm ab. Sie waren bitter enttäuscht und wollten nichts mehr mit ihm zu tun haben (Johannes 6,66).

## Soll ich mich kümmern – oder nicht?

Wie lernen wir in unserem eigenen Leben einzuschätzen, was in welchem Fall klug, weise und angemessen ist? Welche guten Gründe sprechen dafür, die Erwartungen unseres Gegenübers ernst zu nehmen und positiv darauf zu reagieren? In welcher Situation ist es besser, wenn wir es nicht tun? Wann gibt es gute Gründe, jemanden bewusst zu enttäuschen?

Manchmal wünsche ich mir, es gäbe dafür eine einfache und verlässliche Formel. Eine Art Checkliste, auf die ich einen kurzen Blick werfen könnte, um jederzeit souverän und richtig zu entscheiden, ob ich Ja oder Nein sagen soll. Doch es gibt sie nicht. Reifes Handeln besteht nicht in der Anwendung eines starren Regelwerks. Es heißt vielmehr abwägen, beurteilen, auf Gott hören und entscheiden. Oft auch dort, wo Unsicherheiten und Fragen bleiben.

Wann gibt es gute Gründe, jemanden bewusst zu enttäuschen?

Dennoch stehen wir nicht im luftleeren Raum. Es gibt Orientierungshilfen, die wir in unser Beten, Abwägen und Entscheiden einbeziehen können. In der Bibel finden wir Werte und Anliegen, auf die wir achten können: Nächstenliebe, Freundlichkeit, Hilfsbereitschaft, eine Haltung des Dienens, eine grundsätzliche Offenheit gegenüber der Not anderer usw. »Wenn jemand dich um etwas bittet, gib es ihm; wenn jemand etwas von dir borgen will, sag nicht nein«, lehrte Jesus (Matthäus 5,42; GNB). Auf der anderen Seite sollen wir dem Drang widerstehen, es allen Leuten recht machen zu wollen. »Wehe, wenn alle Menschen gut von euch reden«, warnte Jesus seine Jünger (Lukas 6,26). Wir sollen uns nicht von Menschenfurcht bestimmen lassen – was sie denken, sagen und uns gegenüber tun (Matthäus 10,26.28). Der Apostel Paulus geht so weit, dass er sagt, es sei ihm »völlig gleichgültig«, ob und wie ihn andere beurteilen (1. Korinther 4,3). Er bewegt sich in Freiheit unter den Menschen und gibt sein Bestes, doch »nicht um Menschen zu gefallen, sondern um Gott zu gefallen« (1. Thessalonicher 2,4).

## Keiner kann es allen recht machen

Was fällt Ihnen grundsätzlich schwerer: den Erwartungen anderer zu entsprechen oder es nicht zu tun? »Es kommt drauf an«, sagen Sie wahrscheinlich. Dennoch kann es sein, dass wir insgesamt stärker in die eine oder andere Richtung tendieren. Denken Sie an die letzten Tage und Wochen und Ihre Beziehungen in der Familie, am Arbeitsplatz, in der Kirche, in der Nachbarschaft. Wie oft haben Sie angesichts der Erwartungen anderer »Nein« gedacht und »Ja« gesagt?

Es gibt Menschen, die andere laufend enttäuschen, ohne dass ihnen das etwas ausmacht. Sie versprechen ihren Kindern Dinge, die sie nicht einhalten. Sie melden sich als Freiwillige und tauchen nicht auf. Sie lassen sich auf Beziehungen ein und brechen sie abrupt wieder ab. Weshalb? Wie können sie so unbeschwert mit der Enttäuschung anderer leben? Manchmal heißt der Grund schlicht und einfach: eine schlechte Kinderstube. Eigensinn. Rücksichtslosigkeit.[27] Der Theologe Erich Schick sprach vom »niederen Ich«[28] und von der Notwendigkeit, darauf zu achten, dass nicht ein solcher Charaktermangel der Grund für eine belastete Beziehung ist. Wie oft aber ist gerade das das Problem: dass unser »niederes Ich« unsere Beziehungen vergiftet. Ich halte es für kein gutes Zeichen, wenn wir vor allem dafür bekannt sind, dass wir andere enttäuschen. Im richtigen Moment aber, gegenüber der richtigen Person, kann es goldrichtig sein.

Jemanden bewusst zu enttäuschen, fällt vielen schwer. Man neigt eher dazu, es möglichst vielen recht machen zu wollen. Weshalb? Meine These: Die Gründe dafür sind oft nicht weniger egoistisch als bei Menschen, die andere leichtfertig vor den Kopf stoßen. Denn fast immer ist dabei die Furcht um mich selbst im Spiel. Die Furcht nämlich, dass die Enttäuschung des anderen auf mich zurückfällt. Die Angst vor dem, was diese Person nun über mich denkt. Was sie über mich sagt. Über *mich*!

Merken Sie – es geht mir um mich. *Ich* vermeide es, jemanden zu enttäuschen, weil ich gefallen will. Ich will beim anderen ankommen; von ihm geliebt sein. Und so gebe ich nach, weil mich dies vor der Zurückweisung meines Gegenübers bewahrt. Ich forme mich so sehr nach den Erwartungen bestimmter Menschen, dass ich die Rollen und Masken anzunehmen beginne, die sie mir zuweisen. Ich werde zum »people pleaser« – zu einem, der anderen gefallen will und es nicht aushält, wenn jemand seinen Fanclub verlässt. Ein echtes Problem. Man kann freundlich, zuvorkommend, fürsorglich und hilfsbereit sein – aus rein egoistischen Gründen. Steve Sample schreibt deshalb in einem Buch für Führungskräfte: »Wer Glamour und Ansehen sucht, sollte lieber zum Film gehen.«[29]

Man kann freundlich, zuvorkommend, fürsorglich und hilfsbereit sein – aus rein egoistischen Gründen.

Es ist nie falsch, andere Menschen zu lieben. Aber immer geliebt sein zu wollen, ist gefährlich. Und narzisstisch dazu. Und noch etwas: Wenn wir uns dauernd nach den Erwartungen anderer richten, erlauben wir ihnen, uns zu kontrollieren. Dann haben sie uns im festen Griff ihrer Vorstellungen und Wünsche. Wir handeln nach ihrem Plan und nach ihrem Programm. Wir beugen uns ihren Prioritäten, statt nach den Prioritäten Gottes für unser Leben zu fragen. Wir geben eigene Überzeugungen preis und lassen uns fremdbestimmen.

## Die richtigen Leute aus den richtigen Gründen enttäuschen

Wir stehen also vor der Frage, inwieweit wir in einer bestimmten Situation auf die Erwartung eines Mitmenschen eingehen sollen oder nicht. Ein wichtiges Kriterium spielt dabei die Frage nach unserer Motivation für das eine oder das andere: Was veranlasst mich dazu, ihm zu helfen oder ihn zu enttäuschen? Was ist die treibende Kraft hinter meinem »Ja« oder meinem »Nein«? Worum geht es mir? Um *wen* geht es mir? Es gibt falsche, wenig hilfreiche Motive für beides. Auch fürs Nachgeben, wie wir gesehen haben. Wenn wir es nur tun, um jemanden zufriedenzustellen, um zu verhindern, dass sie oder er es uns übel nimmt usw.

Es ist also gut, wenn wir einen selbstkritischen Blick unter die Oberfläche unserer Neigungen werfen und nach unseren Motiven fragen: Weshalb entspreche ich dieser Erwartung? Weshalb tue ich es nicht? Jedes Tun und Lassen hat seine Gründe. Sorgen Sie dafür, dass es die richtigen sind!

Ein paar Anhaltspunkte können Ihnen eine Hilfe sein. Verstehen Sie sie nicht als Checkliste, die eigenes Abwägen und Prüfen überflüssig macht, sondern als Starthilfe zum weisen Beantworten der Frage, wie reifes Handeln in einer konkreten Situation aussehen könnte.

Gründe, die für eine positive Reaktion auf eine Erwartung sprechen:

- Jemand bittet mich um eine Geste des Gefallens, der ich gut entsprechen kann und will.
- Die Erwartung, mit der ich konfrontiert bin, ist berechtigt, weil sie mit Aufgaben und Verantwortungen zu tun hat, die zu meiner Rolle als Vater, Mutter, Leitungsperson, Teamleiter, Präsidentin etc. gehören.
- Die Beziehung zu meinem Gegenüber ist von gegenseitiger Verantwortung, von Geben und Nehmen auf beiden Seiten geprägt.
- Ich kann in Freiheit entscheiden und handeln. Ich gehe auf mein Gegenüber ein, weil ich es möchte, weil ich es gerne und von Herzen tue.
- Dieser bestimmten Erwartung zu entsprechen, erlaubt mir, meinen Werten, meiner Vision treu zu bleiben. Meinen tiefs-

ten Überzeugungen als Christ Ausdruck zu geben. Ich kann dadurch etwas von dem leben, was mir wichtig ist.

Gründe, die dafürsprechen, eine Erwartung zu enttäuschen:

- Es besteht das Risiko, dass ich meinem Gegenüber mit meinem Ja nicht wirklich helfe. Jemand versucht auf mich abzuwälzen, was er eigentlich selber gut kann, aber vielleicht scheut, weil er zu bequem ist, gerade keine Lust hat oder es sich nicht zutraut. Seiner Erwartung nachzugeben, würde ihn entmündigen und in seiner Passivität bestärken, weil er so nicht lernt, Verantwortung zu übernehmen, Dinge zu wagen, zu lernen und zu wachsen (ein häufiger Erziehungsfehler von Eltern).
- Ich tue es, weil ich die Ablehnung und Kritik der Person fürchte, die etwas von mir erwartet. Ich will gut dastehen, Liebe und Anerkennung sicherstellen.
- Dieser Erwartung zu entsprechen, würde mich dazu zwingen, meine eigentlichen Aufgaben und Verantwortungen zu vernachlässigen: in meiner Familie, in meiner Arbeit, in meinem Zuständigkeitsbereich. Es führt mich weg von dem, was im Moment in meinem Leben Priorität haben soll.
- Der Erwartung zu entsprechen, würde bedeuten, meine wichtigsten Werte und Überzeugungen aufzugeben und mich zum Knecht der Absichten und Pläne eines anderen zu machen. Ich würde dem falschen Bild entsprechen, das jemand von mir hat – und nicht dem, wer ich wirklich bin.
- Ich würde damit einer Person helfen, ihre unreifen, schädlichen Verhaltensmuster aufrechtzuerhalten. Ich würde verhindern, dass er für seine Fehler selber geradesteht und Dinge in Ordnung bringt. Dass er lernt, frühzeitig zu planen; anderen gegenüber klar zu kommunizieren; weise mit Geld umzugehen; die eigenen Kräfte besser einzuteilen.

Halten Sie einen Moment inne, wenn Sie mit den Erwartungen eines Mitmenschen konfrontiert sind. Stellen Sie erstens sicher, dass es keine eingebildete Erwartung ist, bei der Sie *meinen*, der andere erwarte etwas von

Ihnen. Schaffen Sie Klarheit! Fragen Sie zweitens nach den Beweggründen, die hinter Ihrer Antwort und Reaktion stehen. Seien Sie ehrlich zu sich selbst und zu Ihrem Gegenüber. Entscheiden Sie nach reifen Kriterien, nicht nach unreifen. Lernen Sie, Leute zu enttäuschen. Die *richtigen* Leute zur *richtigen* Zeit.

## Wer andere enttäuscht, hilft ihnen zu wachsen

Wir sollten uns aus einem weiteren Grund weniger davor fürchten, andere zu enttäuschen. Manche Enttäuschungen sind schlicht notwendig und heilsam. Sie verhelfen den Betreffenden zu einer Wachstumschance. Was meine ich damit?

Erstens: Enttäuscht werden heißt, dass uns eine Täuschung, eine Illusion genommen wird. Etwas, das wir uns eingebildet haben, aber nicht der Realität entspricht. Der Kinderbuchautor Janosch sagt es so: »Enttäuschung ist mir eine Beglückung, denn zuvor war ich getäuscht, danach ist die Täuschung aufgehoben.«[30]

Zweitens: Manchmal helfen wir einem Menschen dann am meisten, wenn wir ihn enttäuschen. Wenn wir ihm nicht ständig nach dem Mund reden, ihm nicht jeden Wunsch erfüllen, nicht alles abnicken und uns nicht jeden Widerstand verkneifen. Ehrlichkeit, Konfrontation und Herausforderung sind in der Bibel Kennzeichen der Freundschaft: »Treu gemeint sind die Schläge eines Freundes, doch trügerisch die Küsse eines Feindes« (Sprüche 27,6; EIN). Eine Enttäuschung kann deshalb bedeuten, dass es hier einer mit dem andern gut meint. Es ist ein Unterschied, ob ich jemandem wehtue oder ob ich ihm schade. Schmerz ist in vielen Fällen ein Ausgangspunkt zur Veränderung und zum Wachstum und deshalb nicht etwas, das man um jeden Preis vermeiden soll. Manfred Hinrich, ein deutscher Philosoph, meint, Enttäuschungen seien entweder »eine tödliche Wunde oder Heilschmerz«. Ein Nein kann also Heilsames in Gang bringen und jemanden wachsen lassen. Anderen Schaden zuzufügen, sollten wir hingegen vermeiden. Schaden fügen wir zu, wenn wir andere aus selbstbezogenen und falschen (oben genannten)

Manchmal helfen wir einem Menschen dann am meisten, wenn wir ihn enttäuschen.

Gründen enttäuschen. Wie wir ebenfalls gesehen haben, können wir anderen auch dort schaden, wo wir eine Enttäuschung unbedingt vermeiden wollen. Das geschieht zum Beispiel dort, wo wir als Eltern unsere Kinder verwöhnen, ihnen Schwierigkeiten und Leid ersparen und jeden Stolperstein aus dem Weg räumen. Das schwächt ein Kind, weil es so nicht lernt, Niederlagen wegzustecken und Frustration auszuhalten. Wir schaden auch dem Kollegen in der Firma, der seine Termine vergisst und dem wir das Versäumte abnehmen, um ihn vor der Blamage vor dem Chef zu retten. Er gewöhnt sich daran, dass andere ihn aus dem Schlamassel ziehen, und bleibt so in unreifen Verhaltensmustern gefangen – mit unserer »Hilfe«. Schwerwiegend sind auch Fälle, wie sie in den Medien immer wieder thematisiert werden: Da haben Jugendleiter und kirchliche Mitarbeiter über Jahre hinweg Geld veruntreut oder Kinder missbraucht und wurden von Kollegen und Vorgesetzten gedeckt und geschützt. Das ist nicht nur ein Schlag ins Gesicht der Opfer, es suggeriert den Tätern auch, dass ihr Verhalten so schlimm nun auch wieder nicht war.

Drittens hilft es uns zu wissen, dass wir sowieso nicht verhindern können, dass wir Menschen enttäuschen werden. Jesus ist es nicht gelungen. Kein Mensch hat niemals jemanden enttäuscht. Auch wir können es nicht. Es gibt immer Menschen, die uns gegenüber stille oder offene Wünsche, Erwartungen oder Vorstellungen hegen, denen wir selbst dann nicht gerecht werden könnten, wenn wir es wollten. Versuchen wir nicht zu vermeiden, was sich nicht vermeiden lässt. Lernen wir besser, auf reife Weise zu enttäuschen – an der richtigen Stelle. Und erlauben wir gleichzeitig unseren Mitmenschen, auch *uns* da und dort eine Enttäuschung und damit »Heilschmerz« zuzumuten.

## Im Alltag lieben und enttäuschen

Lassen Sie mich dieses Kapitel mit einigen praktischen Überlegungen schließen. Die folgenden Hinweise beantworten nicht alle Fragen zu diesem Thema. Aber vielleicht helfen sie Ihnen, Ihre Kriterien zum Umgang mit Erwartungen klarer zu formulieren und Ihren Blick für die Nuancen reifen Handelns zu schärfen.

Ganz allgemein hilft mir im Alltag der Grundwert der Freundlichkeit und

Hilfsbereitschaft. »Lasst alle Menschen eure Freundlichkeit spüren«, schreibt der Apostel Paulus (Philipper 4,5). Das heißt für mich auch: Ich schaue nicht vorschnell weg, wenn mir jemand in Not begegnet, dem ich helfen könnte. Anstand, würdevoller Umgang und Güte sind immer angebracht.

Darüber hinaus hilft es mir zu fragen, wo es nötig ist, Prioritäten zu definieren. Jeder Lebensabschnitt, jede Aufgabe ordnet mir einen bestimmten Kreis von Menschen und Verantwortungen zu, um die ich mich in erster Linie kümmern soll. Als Familienvater sind es meine Frau Karin und unsere drei Töchter. Mittlerweile sind unsere Kinder erwachsen. Dennoch weiß ich: Wenn sie mich brauchen, haben sie Vorrang. Nicht, dass ich jeder Erwartung entspreche, die sie äußern, aber sie sind mir von Gott anvertraut wie niemand sonst. Danach gibt es weitere Verantwortungskreise. Für mich als Dozent sind das beispielsweise die Studenten und Studentinnen meiner Kurse. Für einen Teamleiter sein Team. Für eine Führungsperson die ihm direkt unterstellten Mitarbeitenden. So wie Jesus in Markus 1,38 ein klares Verständnis davon hatte, für wen er gekommen war und um wen er sich wann kümmern sollte, so brauchen wir dieselbe Klarheit in unserem Alltag.

Jeder Lebensabschnitt, jede Aufgabe ordnet mir einen bestimmten Kreis von Menschen und Verantwortungen zu, um die ich mich in erster Linie kümmern soll.

Welches also sind Ihre aktuellen Schwerpunkte? Welche Vision verfolgen Sie in Ihrem Leben? Für wen tragen Sie in diesem Zusammenhang besondere Verantwortung? Sie sind nicht da, um diesen Personen jeden Wunsch zu erfüllen. Aber es ist angemessen, dass Sie sich ausführlicher um deren Bedürfnisse kümmern als um diejenigen von Personen, für die andere eine primäre Verantwortung tragen.

### *Führungskräfte*

Gerade Führungskräfte müssen gut abwägen. Sie müssen mit besonderer Sorgfalt die unterschiedlichen Kreise ihres Einflusses und ihrer Verantwortung kennen. Je größer die Organisation, umso nötiger ist diese Klärung, denn ein Chef von 100 Mitarbeitenden kann sich nicht um jeden gleichermaßen kümmern. Aber er kann Schlüsselpersonen identifizieren, auf die er sich konzentriert.

Ich musste das in meiner Aufgabe als leitender Pastor einer wachsenden Gemeinde lernen, sonst wäre die zunehmende Komplexität nicht zu bewältigen gewesen. Als wir mehrere Hundert Erwachsene und Kinder waren, wurde immer deutlicher, dass es mir immer weniger möglich war, für alle im gleichen Maß verfügbar zu sein. Wir veränderten die Strukturen und bauten ein Team von mehreren Pastorinnen und Pastoren auf, die mit größeren Kompetenzen ausgestattet waren. Sie hatten die Verantwortung für bestimmte Bereiche der Kirche und die Aufgabe, dafür zu sorgen, dass dort jedes Kind und jeder Erwachsene möglichst gut versorgt wurde. Meine eigene Priorität lag nun unter anderem auf der Leitung und Betreuung dieses Teams. Diese Leute zu begleiten, zu beraten, zu ermutigen, zu schulen und zu fördern wurde zu einem neuen Schwerpunkt. Steve Sample schreibt davon, dass eine Führungskraft die erste Assistenz der Leute ist, die für sie arbeiten:

> *Arbeiten Sie für die, die für Sie arbeiten! Wenn Sie nicht gerade dabei sind, einen Ihrer Stellvertreter loszuwerden, dann legen Sie sich ins Zeug, dass er seine Arbeit machen kann. Das bedeutet, seine Anrufe umgehend zu beantworten, sich seine Pläne und Probleme aufmerksam anzuhören, auf seine Bitte hin andere zum Handeln zu veranlassen und ihm zu helfen, seine Ziele zu formulieren und Strategien zu entwickeln, mit denen sich diese Ziele erreichen lassen. Sie sollten Ihren Stellvertretern nicht nur zuarbeiten, Sie sollten ihnen vielmehr am besten von allen zuarbeiten.*[31]

Gerade auf Leitungspersonen lastet manchmal ein enormer Erwartungsdruck. Diejenigen, die sie gewählt oder angestellt haben bzw. ihnen untergeben sind, projizieren teils lange Listen von Wünschen und Erwartungen in sie hinein. Viele davon sind überzeichnet und unrealistisch. Es kann gar nicht anders sein, als dass sie Leute enttäuschen.

Ich selbst musste oft Leute enttäuschen, die mit einem bestimmten Anliegen in unsere Kirche kamen. Sie wollten, dass wir uns stärker für ein bestimmtes Hilfswerk engagierten. Uns mehr um die Kinder Geschiedener kümmerten oder im Gottesdienst dazu aufriefen, öfter die öffentlichen Verkehrsmittel zu benutzen. Alles gute, berechtigte Anliegen. Wenn aber Dutzende von Menschen ihr wichtigstes persönliches Thema durch die Gemeinde unterstützt sehen möchten, wird es schwierig. Oft mussten wir Menschen enttäuschen und sagen: »Schau, das ist unsere Vision. Das sind die Ziele und Umsetzungsschritte in diesem Jahr. Die Menschen, um die es geht. Sie stehen an erster Stelle. Wir sind froh, dass du dich um ausgesetzte Tiere kümmerst. Wir aber können es nicht in derselben Weise.«

Ich rate deshalb Leitenden immer wieder: »Es gibt ein paar Leute, die Sie strategisch enttäuschen müssen. Es werden so oder so Leute von Ihnen enttäuscht sein. Enttäuschen Sie die richtigen.« Das ist kein Freifahrtschein zu egoistischem Leitungsverhalten und Nachlässigkeit. Es geht vielmehr darum, das Unvermeidbare so gut wie möglich zu steuern. Für die Menschen gut zu sorgen, für die ich das von meiner Aufgabe her tun soll. Und denen Enttäuschung zuzumuten, die ein überhöhtes Bild von mir haben oder mich zum Motor ihrer eigenen Pläne machen möchten.

Führungskräfte sollten die Frage, um wen und was sie sich intensiver kümmern sollen, in enger Absprache mit ihren Vorgesetzten und Kollegen treffen. Am besten, sie kommunizieren das Ergebnis auch gegenüber ihren Mitarbeitenden. Klarheit hilft, unnötige Frustration zu vermeiden.

### *Freunde*

Ein weiterer Kreis von Menschen sind diejenigen, deren Erwartungen mir mehr bedeuten als diejenigen anderer Menschen: meine Freunde. Natürlich kann es vorkommen, dass ich auch sie mal enttäuschen muss, weil ein Termin bereits belegt ist oder ich eine Sache anders sehe. Dennoch sollen sie wissen, dass sie mich jederzeit anrufen dürfen, auch mitten in der Nacht. Für sie will ich verfügbar sein, wenn sie in einer Krise stecken, ein Gebet brauchen oder ein offenes Ohr. Sie gehören zu den Menschen, die bei mir Priorität haben – und ich weiß, dass auch sie für mich da sind, wenn ich sie brauche.[32]

### *Eltern*

Für die meisten Eltern ist es klar, dass ihre Kinder zu denen gehören, denen sie sich am meisten verpflichtet fühlen. Gleichzeitig ist es hier besonders wichtig, mit Weisheit, Besonnenheit und Klugheit zu entscheiden, welchen Erwartungen es zu entsprechen gilt und wo man lernen muss, den Kindern den »Heilschmerz« der Enttäuschung zuzumuten. Viele Eltern tun sich schwer damit. Sie möchten ihre Kinder optimal begleiten und fördern. Sie möchten sie beschützen und vor Bösem bewahren. Sie reagieren entrüstet und erbost, wenn jemand ihr Kind hänselt oder ihm auf dem Schulhof ein blaues Auge verpasst. Dieser Beschützerinstinkt ist eine Gabe Gottes. Bei manchen Eltern aber verwächst er sich zu einer wenig hilfreichen Form der Überbehütung. Solche Väter und Mütter mischen sich zu sehr in die Auseinandersetzungen ihres Kindes ein und trauen ihm nicht zu, dass es in den meisten Fällen sehr wohl fähig ist, sie zu meistern. Damit schwächen sie ihr Kind. Besonders problematisch wird es dort, wo Eltern die Enttäuschung ihres Kindes nicht aushalten. Wo sie meinen, ihr Kind und sie müssten beste Freunde sein. Es sei ihre Aufgabe, dafür zu sorgen, dass ihr Kind seine Eltern jederzeit toll findet und von ihnen begeistert ist. Laut Michael Winterhoff haben solche Eltern verlernt, was ihre eigentliche Aufgabe ist:

Besonders problematisch wird es dort, wo Eltern die Enttäuschung ihres Kindes nicht aushalten.

> *Statt ihr Kind auf dem Weg des Erwachsenenlebens*
> *zu begleiten, ihm Halt und Orientierung zu bieten,*
> *wollen sie nur eines: geliebt werden … –*
> *Die Eltern begeben sich in der Hierarchie unter das Kind,*
> *sie machen sich abhängig. Das Kind wird vom Erwachsenen*
> *umworben, damit dieser sich erfolgreich und geliebt fühlen kann.*[33]

Wer von seinem Kind vor allem gemocht werden will, der versagt ihm jedes Nein, jede Herausforderung, jeden Schmerz. Erfüllt ihm jeden Wunsch, knickt ein, mutet ihm keine Enttäuschung zu. Nichts schwächt ein Kind mehr, als wenn Eltern jeden »Heilschmerz« von ihm abzuwenden suchen, nur um geliebt zu sein. Es ist nicht die Aufgabe unserer Kinder, uns Eltern jederzeit zu lieben und uns Bestätigung und Zuwendung zu geben. Das ist unsere Aufgabe an ihnen. An uns dürfen sie sich reiben, uns Widerstand leisten, uns auch mal doof, altmodisch und daneben finden. Halten wir es aus und reifen wir daran! Unsere Kinder können sich dann gut entwickeln, wenn wir selbst den Weg der Reife gehen und Vorbilder im Umgang mit Frustration und Enttäuschung sind.

Menschen lieben – Menschen enttäuschen. Was wie ein unversöhnlicher Widerspruch klingt, beschreibt die zwei Seiten derselben Münze. Manchmal heißt Menschen lieben, sie enttäuschen. Manchmal heißt enttäuschen, jemandem auf längere Sicht etwas Gutes tun. Und manchmal heißt Menschen lieben auch, ihren Erwartungen zu entsprechen, obwohl es uns etwas kostet.

Die nächsten drei Kapitel bauen auf dieser Überzeugung auf und zeigen drei weitere Polaritäten, die sich aus dem hier vorgestellten Grundsatz ergeben.

## Zur Vertiefung

- In welchen Beziehungen und Umständen fällt es Ihnen schwerer bzw. leichter, einen Menschen zu enttäuschen?
- Wo sind Sie aktuell mit den Erwartungen von Mitmenschen konfrontiert? Zu welchem Schluss kommen Sie nach dem Lesen dieses Kapitels? Sollen Sie auf die vorhandenen Erwartungen eingehen? Auf einige davon? Auf keine? Aus welchen Gründen?
- Sie haben es bewusst riskiert, jemanden zu enttäuschen, der Ihnen viel bedeutet. Nun spüren Sie die Frustration Ihres Gegenübers. Was hilft Ihnen, mitfühlend zu sein und gleichzeitig zu Ihrer Entscheidung zu stehen (denken Sie an das Beispiel von Daniel und Julia)?
- Definieren Sie die Kreise und Gruppen der Menschen, für die Sie eine besondere Verantwortung tragen und um die Sie sich stärker kümmern wollen als um andere. Machen Sie sich so bewusst, welche Menschen Sie eher enttäuschen wollen als andere.

KAPITEL 8

# Verfügbar sein – sich abgrenzen

Zu den Dingen, die mich in den Jahren meines erwachsenen Lebens und innerhalb meiner Aufgaben in besonderer Weise herausgefordert haben, gehört meine Neigung, mir zu viel zuzumuten. Besonders in meinen frühen Erwachsenenjahren habe ich mich regelmäßig überlastet. Nicht nur das »Zuviel« war ein Problem, es waren oft auch die falschen Dinge, die falschen Prioritäten, welche die Situation noch verschlimmerten. Zu oft hat Sekundäres das Wichtigste überlagert und verdrängt. Diese Neigung, mich in der »Zuvielfalt« zu verlieren, trage ich bis heute in mir. Im Gegensatz zu früher habe ich sie nun allerdings besser im Blick. Und ich gehe aktiver dagegen an. Mit guten Folgen für mein Leben – und gelegentlichen Rückfällen …

Ein Leben kann deshalb überladen sein, weil sich jemand *zu viel* auflädt. Und es kann deshalb überladen sein, weil sich jemand *die falschen Dinge* auflädt und so seinen Fokus verliert. Den Blick für die Prioritäten. Für seine Berufung und seinen Auftrag. Für das, was Gott von ihm will und was nicht. Natürlich, es gibt viele weitere Ursachen von Überlastung, Stress und Erschöpfung. Diese beiden aber sind besonders weit verbreitet. Und sie können sich gegenseitig verstärken.

## Sich abgrenzen – darf man das?

Blicken wir tiefer und fragen nach den dahinter wirksamen Kräften, begegnen wir einer nächsten Polarität. Sie betrifft in besonderer Weise Personen, die mit und für andere Menschen arbeiten. Denen Beziehungen wichtig sind und die ein Herz für die zahllosen Bedürfnisse und Nöte in Gesellschaft und Kirche haben. Ich selbst bin von meiner Grundstruktur her ein eher introvertierter Mensch. Ich kann gut über eine längere Zeit alleine sein, mich dabei erholen oder Inspiration erfahren. Von meinen Aufgaben und meinen Herzensanliegen her aber weiß ich mich in Beziehungen hineingestellt. Meine Tätigkeiten als Pastor, Leiter, Lehrer drehten und drehen sich weitgehend um das Prägen, Fördern, Begleiten und Trainieren von Menschen. Solche und viele andere Verantwortungen in Familie und Beruf stellen uns mitten in diese Polarität und die damit verbundenen Fragen hinein:

- Wieweit ist es angemessen und nötig, meinen Mitmenschen gegenüber verfügbar zu sein?
- Wo wird Verfügbarkeit problematisch oder gar gefährlich? Wo schadet sie mehr, als dass sie nützt?
- Wie weiß ich, gegenüber wem und wann es nötig ist, mich abzugrenzen – selbst dort, wo mein Gegenüber weiterhin bedürftig ist?
- Welche Kriterien und Überlegungen helfen mir, mich für das eine oder das andere zu entscheiden? Und wie kann ich das eine tun, ohne das andere grundsätzlich über Bord zu werfen?
- Wie kann ich mich in reifer Weise abgrenzen, ohne unflexibel zu werden? Wie darin agil und offenbleiben für Gottes Impulse? Mich im richtigen Moment wieder selbstlos verschenken?

Hier liegt das Spannungsfeld, in das uns die Polarität von Verfügbarkeit und Abgrenzung hineinführt. Wie im letzten Kapitel geht es um Beziehungen, gleichzeitig führt es uns einen Schritt weiter. Das Verhältnis von Verfügbarkeit und Abgrenzung hat mit der Klärung zu tun, welche Anliegen in unserem Leben welche Priorität haben. Nach welchen Werten und Überzeugungen wir handeln wollen, wenn wir entscheiden, wofür wir uns Zeit nehmen und wohin unsere beste Kraft fließt. Wie eingangs beschrieben, hat mich das Abgrenzen zeitweise mehr Energie gekostet, als verfügbar zu sein. Bei anderen ist es umgekehrt: Ihre konstante Abgrenzung schwächt ihre Verfügbarkeit. Beides kann zum Problem werden.

## Wenn Abgrenzung zum Problem wird

Welche problematischen Faktoren können dort die Hand mit im Spiel haben, wo wir uns zu sehr und zu oft abgrenzen?

Es kann zum einen **Ausdruck von fehlendem Mitgefühl** sein. Die Bibel spricht von der Gefahr, dass wir angesichts der Anliegen Gottes und der Bedürfnisse von Menschen »verstockt« werden, ein »unempfindliches«, »fett gewordenes Herz« bekommen (Psalm 81,13 und 119,70). Dass wir gleichgültig werden, Menschen und ihre Nöte uns egal sind und wir nur unsere Ruhe haben wollen.

Das Bedürfnis zu übermäßiger Abgrenzung ist manchmal auch eine Begleiterscheinung stressiger, **überladener Lebensphasen**. Wir haben so viel um die Ohren, dass wir uns nicht auch noch um die Kollegin kümmern wollen, die uns um Hilfe bittet. Dass wir unserem Kind nicht noch zuhören mögen, das uns schon lange erzählen möchte, worunter es in der Schule leidet. Weil es spürt, wie überlagert und unzugänglich wir durch den Stress im Job oder in der Kirche sind, schweigt es und frisst seine Not in sich hinein. Wenn zu viele Anforderungen und Erwartungen auf uns einstürmen, wehren wir intuitiv alles ab, was unsere Last zu vergrößern droht. In unserem Bedürfnis, uns freizustrampeln, grenzen wir uns auch von Menschen ab, für die wir eigentlich verfügbar sein möchten. Das war in meiner eigenen Geschichte öfter der Fall. Besonders als unsere Kinder klein waren, war ich oft absorbiert mit anderem, sodass meine Seele keine Aufnahmekapazität mehr hatte für das, was sie oder Karin mit mir teilen wollten. Es hat gedauert, bis ich begann, die nötigen Korrekturen vorzunehmen.

Ein drittes Problem von übermäßiger Abgrenzung besteht darin, dass sie uns **unfrei** macht. Manch einer ist so konsequent darin, sich gegen die Bedürfnisse und Bitten anderer Menschen abzugrenzen, dass er praktisch jede Erwartung abwehrt, die an ihn herantritt. Diese Haltung kann sich auf Dauer zu einer Sturheit und Unbeweglichkeit verfestigen, welche die Beziehungen dieser Person ernsthaft belasten. Sie wird immer unfähiger, spontan eigene Pläne zu ändern, das Programm umzustellen und für jemand anderen da zu sein. Manchmal paart sich solche übermäßige Prinzipientreue mit **Egoismus**. Dann ist es einem Menschen grundsätzlich egal, was andere wollen und möchten. Er hat nur noch eines im Blick: sich selbst.

## Wenn Verfügbarkeit zum Problem wird

Doch auch unbeschränkte Verfügbarkeit hat ihre Schattenseiten. Sie ist keinesfalls immer edel und hilfreich.

Manche Verfügbarkeit ist in Wahrheit **Eitelkeit**. Es ist schmeichelhaft, gebraucht zu werden. Es verleiht mir Wert, wenn man nach mir fragt und ich in die Bresche springen kann. Beschäftigt und erwünscht zu sein, bewundert zu werden – all das kann das Ego so sehr streicheln, dass wir süchtig danach werden. Gerade wenn wir unseren Wert maßgeblich daraus ableiten, wie viel wir anderen Leuten zu geben haben, verkehrt sich unsere Verfügbarkeit leicht in den (möglicherweise unbewussten) Versuch, uns durch Leisten und Helfen die Anerkennung unserer Mitmenschen zu sichern. Ständige Verfügbarkeit kann ein Götze werden, dem wir huldigen und jedes Mal Folge leisten, wenn uns jemand zu verstehen gibt, dass er uns braucht.

Verfügbarkeit verliert auch dort das gesunde Maß, wo wir uns zu sehr um die **falschen Menschen** kümmern. Wir lassen uns von Personen unterbrechen, die ungefragt in unser Leben hineinplatzen und wollen, dass wir uns *gerade jetzt* um ihr Anliegen kümmern. Aus Angst, sie zu verärgern oder zu enttäuschen (siehe Kapitel 7), gehen wir darauf ein und vernachlässigen wichtigere Aufgaben und Beziehungen.

## Jesus lässt sich stören – und grenzt sich ab

Wer die Evangelien sorgfältig liest, dem fällt auf, wie bewusst und strategisch sich Jesus zwischen den beiden Polen Verfügbarkeit und Abgrenzung bewegt. Im Markusevangelium sehen wir, wie er sich in den ersten acht Kapiteln mehrheitlich um die breite Bevölkerung kümmert. Er predigt und heilt in der Öffentlichkeit. Natürlich, er erfüllt nicht jedem jeden Wunsch. Aber er lässt sich auffallend oft stören und unterbrechen, um den Menschen zu dienen, die zu ihm kommen (zum Beispiel in Markus 6,32-34 und 53-56). Seine zwölf Jünger, mit denen er eine intensive Lehr- und Lerngemeinschaft bildet, sind zwar auch da. Aber der Fokus liegt insgesamt auf dem Dienst an der breiten Öffentlichkeit. Das ändert sich erst im achten Kapitel. Dort wird er erstmals als der ersehnte Messias bezeichnet (8,29). Das ist ein Wendepunkt. Von nun an bewegt sich Jesus auf sein letztes großes Ziel zu: Jerusalem, den Ort, wo er am Kreuz sein Leben hingeben wird. Dieser neue Fokus hat Folgen für seine Verfügbarkeit. Wenn Sie in Kapitel 9 und 10 weiterlesen, stellen Sie fest, dass sein Dienst gegenüber der Öffentlichkeit in den Hintergrund rückt. Er bewegt sich nur noch selten unter den Massen, heilt nur noch zwei Menschen. Stattdessen ist er länger und intensiver als zuvor mit den Jüngern zusammen. Er widmet ihnen die meiste Zeit, lehrt sie intensiv. Erst in Jerusalem, ab Kapitel 11, weitet sich der Kreis punktuell wieder. Aber auch dort gilt bis zu seinem Tod: Die größte Aufmerksamkeit gehört seinen zwölf Jüngern.

Selbst Jesus kann nicht alles zur selben Zeit tun, nicht allen allezeit im gleichen Maß gerecht werden.

Das Johannesevangelium bestätigt dieses Bild: Bis Kapitel 12 wirkt Jesus in der Öffentlichkeit. Ab Kapitel 13 ist er ausschließlich mit seinen Jüngern zusammen. Er wäscht ihnen die Füße, teilt mit ihnen das Abendmahl, betet für sie, tröstet und lehrt sie.

Jesus scheint auf zwei Dinge zu achten. Erstens handelt er nach dem Leitsatz des alttestamentlichen Buches Kohelet (Prediger), dass alles seine dafür bestimmte Zeit und Stunde hat (Kohelet 3,1-9). Selbst Jesus kann nicht alles zur selben Zeit tun, nicht allen allezeit im gleichen Maß gerecht werden. Er legt in bestimmten Abschnitten Wert auf besondere Schwerpunkte und beendet dafür andere Tätigkeiten oder lässt sie zumindest in den Hintergrund treten. Das beinhaltet zweitens, dass sich Jesus zu unterschiedlichen Zeiten auf unterschiedliche Personengruppen konzentriert. Anfangs hat praktisch jedermann freien Zugang zu ihm. Später grenzt er sich stärker ab und investiert in gerade mal ein Dutzend Menschen.

Die damit verbundene Lektion: Wer verfügbar sein will, muss sich abgrenzen können. Wer sich abgrenzt, tut es, um woanders verfügbar sein zu können. Beides bedingt einander. Oder anders gesagt: Wer für alle verfügbar ist, der ist für niemanden verfügbar. Für alle gleichermaßen da zu sein, bedeutet, für niemanden richtig da zu sein.

Wer für alle verfügbar ist, der ist für niemanden verfügbar.

## Eine Regel definieren

Wir wissen nicht, welche Gedanken Jesus im Einzelnen durch den Kopf gingen, wenn er entschied, für wen er verfügbar sein wollte und für wen nicht. Wir wissen nur, *dass* er es getan hat und dass es nicht willkürlich oder unüberlegt geschah. Er tat es bewusst und er folgte einer Regel. Im Johannesevangelium erfahren wir, dass sein Hören auf Gott dabei eine wichtige Rolle spielte (siehe Johannes 4,34 und 5,19). Wir lernen daraus, dass wir solche Entscheidungen ebenfalls treffen müssen. Wenn schon Jesus nicht alles gleichzeitig unter einen Hut brachte, wie viel weniger wir. Wie er brauchen wir eine Regel, die definiert, nach welchen Kriterien wir für andere verfügbar sind bzw. uns abgrenzen. Wir brauchen sie für verschiedene Bereiche unseres Lebens. Zum Beispiel für unsere Tätigkeiten, unsere Beziehungen und für die Frage, wann wir für wen erreichbar sind.

### *Eine Regel für unsere Aufgaben*

Diese Regel legt fest, welche drei oder vier Aufgaben in der Fülle unserer Verantwortungen im Moment an erster Stelle stehen. Welchen unsere größte Aufmerksamkeit und wertvollste Zeit gehören soll. Mir persönlich hilft es, mich an drei Kategorien zu orientieren: die nächsten fünf Jahre; die nächsten zwölf Monate; die nächsten drei Monate. Die Fünf-Jahres-Perspektive hilft mir, den groben Rahmen zu stecken, bleibt aber insofern flexibel, weil sich die Zukunft nicht exakt planen lässt. Verbindlicher sind deshalb die Zwölf- und die Drei-Monate-Regel. Im Hören auf Gott, in Rücksprache mit meinen engsten Mitarbeitenden und meiner Frau Karin definiere ich meine jeweils drei wichtigsten Prioritäten in diesen Zeiträumen. Ich halte das Ergebnis schriftlich fest. Diese Klarheit hilft mir, besser einzuschätzen, wo in den kommenden Wochen bzw. Monaten ein klares Ja und wo eher ein Nein gefordert ist. Ich weiß, dass Gott und das Leben diese Prioritäten infrage stellen können. Wo sich dies nach sorgfältigem Prüfen aufdrängt, korrigiere ich die Regel. Dabei achte ich darauf, dass sich die obersten Prioritäten nicht laufend vermehren. Ich bleibe meistens bei drei Punkten. Das bedeutet, dass eine der bisherigen Prioritäten in die zweite Reihe zurückmuss. Geschieht das nicht, wiederholt sich, was früher zu oft Normalzustand war: Ich überlade mein Leben; will zu viel und bringe am Ende wichtige Vorhaben nicht über die Ziellinie.

Auch im privaten Bereich stellen Karin und ich da und dort Regeln auf: welche Anschaffung in den nächsten Monaten Priorität hat und was warten muss. Welche Aufgaben und familiären Projekte Vorrang haben usw.

### *Eine Regel für unsere Beziehungen*

Im letzten Kapitel habe ich darüber gesprochen, dass es Führungskräften hilft zu klären, um welche Menschen sie sich in besonderer Weise kümmern wollen. Diesen Grundsatz kann jedermann auf seine Beziehungen anwenden. Mir hilft dabei ein einfaches, von Hand gezeichnetes Diagramm mit vier konzentrischen Kreisen.

- Im innersten Kreis stehen die Namen der Menschen, die in meinem Leben an erster Stelle stehen sollen: meine Frau Karin und meine drei Töchter. Meine Eltern. Ihnen gehört die tiefste Qualität der Zuwendung, die ich aufbringen kann.
- Der zweite Kreis definiert eine nächste Beziehungsebene. Bei mir sind dies meine Freunde. Meine Kleingruppe. Sie gehören zu den Menschen, für die ich mir ebenfalls regelmäßig Zeit nehmen will. Ich stelle sicher, dass der Kontakt nicht abbricht, dass wir uns sehen, dass wir einander unser Herz öffnen, füreinander beten, füreinander da sind. Die Namen derer zu definieren, die in diesen Kreis

gehören, ist mir besonders wichtig geworden, denn in überladenen Zeiten neige ich (wie viele andere) dazu, diese Beziehungen zu vernachlässigen. Was oft zur Folge hat, dass gute Freundschaften erkalten. Mein Motto dabei lautet: »Ich habe keine Zeit für meine Freunde – ich muss sie mir *nehmen*.« Und: »Ich habe immer Zeit für das, was ich *wirklich* will.« Dasselbe Motto gilt für Stillezeiten, für Auszeiten und andere Dinge, die wir oft unter Ausreden vernachlässigen.

- Im dritten Kreis stehen die Namen der Menschen, für die ich in meinen beruflichen und ehrenamtlichen Tätigkeiten verantwortlich bin: Mitarbeitende, Menschen, die ich lehre und begleite, mein Team, Schlüsselpersonen in meinem Zuständigkeitsbereich im Beruf, in der Kirche, im freiwilligen Engagement etc.

Besonders gegenüber Menschen, die ich führe, setze ich zudem einen Rat des Führungsexperten Ken Blanchard um: Ich formuliere einen Führungsstandpunkt.[34] Ein solcher gibt mir und meinen Mitarbeitenden Klarheit darüber, wie ich Führung verstehe und in welcher Weise ich für diejenigen verfügbar bin, die ich leite. Ein Führungsstandpunkt beantwortet kurz und prägnant die folgenden Fragen

1) Wie verstehe und gestalte ich Führung?
2) Welche Werte und Überzeugungen leiten mich in meiner Führungsarbeit?
3) Was erwarte ich von meinen Mitarbeitenden und was nicht?
4) Was können meine Mitarbeitenden von mir erwarten und was nicht?
5) Worin will ich als Führungskraft ein Vorbild sein?

Dieser Führungsstandpunkt dient nicht nur meiner eigenen Orientierung. Ich kommuniziere ihn auch regelmäßig gegenüber meinen Mitarbeitenden. Das schafft Klarheit und definiert, in welchem Maß bzw. auf welche Art und Weise ich im Alltag verfügbar für sie bin.

- In den vierten Kreis gehören weitere Personen und Personengruppen innerhalb meiner Organisation oder aus dem persönlichen

Umfeld. Auch sie spielen eine wichtige Rolle, sind aber den anderen drei Gruppen nachgeordnet.

Es ist gut möglich, dass Ihre Kreise und die dazu gehörenden Namen eine andere Reihenfolge haben – je nach Ihren eigenen Lebensumständen, Aufgaben und persönlichen Prioritäten. Hauptsache, Sie kennen Ihre Regel und behalten sie im Auge. Mir hilft sie, eine aktive Entscheidung bezüglich der Frage zu treffen, für wen ich zu welcher Zeit in welchem Maß verfügbar bin und wann ich mich deshalb von jemand anderem abgrenzen muss. Vor dieser Klärung habe ich mich zu sehr von den Bedürfnissen der vierten Gruppe (oder Personen darüber hinaus) bestimmen lassen. Ich habe zu oft und zu schnell Ja gesagt, wenn jemand aus dem vierten Kreis um Hilfe rief, eine kritische E-Mail schrieb, ein Anliegen vorbrachte oder sich aus einem anderen Grund unbedingt mit mir treffen wollte. Ich habe Menschen oft im falschen Moment erlaubt, sich in den ersten, zweiten und besonders auch in den dritten Kreis vorzudrängen. Der Vorwurf gilt nicht diesen Menschen – er gilt mir, denn ich habe es zugelassen. Meine Verfügbarkeit folgte keiner Regel und floss deshalb da und dort in die falsche Richtung.

### *Eine Regel für unsere Erreichbarkeit*

Neben der Regel für Aufgaben und Beziehungen halte ich eine weitere für sinnvoll: eine Regel bezüglich unserer Erreichbarkeit. Auch sie hilft, in der Balance von Abgrenzung und Verfügbarkeit ein gutes Maß zu halten. Was genau Teil dieser Regel sein soll, ist abhängig von Ihren momentanen Lebensumständen, Aufgaben und Bedürfnissen. Sie kann sich auf Anliegen wie die folgenden beziehen:

- Als **Eltern** können Sie mit Ihren Kindern Zeiten vereinbaren, in denen Sie ihnen ungeteilte Aufmerksamkeit schenken wollen. In unserer Familie waren es bestimmte ausgedehnte Essenszeiten. Die Telefone blieben ausgeschaltet, damit klar war, dass wir uns nicht stören lassen wollten. Dasselbe galt für Vorlesezeiten, gemeinsame Unternehmungen usw. Auf der anderen Seite können Sie mit Ihren Kindern Zeiten vereinbaren, in denen Sie als Eltern ungestört sein wollen. Je nach Alter kann das zum Beispiel eine halbe Stunde nach dem Mittagessen sein. In dieser Zeit spielen Ihre Kinder für sich alleine im Kinderzimmer. Oder ein Zeitfenster am Abend, wo die Kinder sich selber beschäftigen, während Sie als Eltern etwas besprechen etc. Manchmal hilft es, wenn es sich immer um dieselbe Zeit handelt und es einen verlässlichen Rhythmus gibt. Je größer die Kinder, umso einfacher ist es, solche Regeln gemeinsam zu definieren.

- **Innerhalb einer Organisation oder eines Teams** können Sie für bestimmte Arbeiten bestimmte Zeiten reservieren. Zeiten, in denen Sie keine E-Mails checken, telefonisch nicht erreichbar sind und keine Termine annehmen, um größere Arbeiten ungestört erledigen zu können. Informieren Sie Ihre Kolleginnen und Kollegen, wann Sie wieder erreichbar sind. Hängen Sie ein Schild an die Tür: »Bitte nicht stören«. Führen Sie feste Sprechzeiten für Ihre Mitarbeiter oder Klienten ein. Das gibt ihnen die Sicherheit, dass Sie während dieses Zeitfensters ein offenes Ohr für ihre Anliegen haben. Sorgen Sie dafür, dass Sie selbst sich daran halten und nur im Notfall Ausnahmen machen. Dann tut es auch Ihr Umfeld.
- In meiner Tätigkeit ist es möglich, da und dort halbe oder ganze Tage für bestimmte Tätigkeiten zu reservieren. Darüber hinaus trage ich pro Jahr zwei oder drei gesperrte Wochen in meinen Kalender ein. In diesen Wochen plane ich keine Sitzung, keine auswärtigen Dienste, keine Begleitgespräche. Sie sind für fokussiertes, inhaltliches Arbeiten bestimmt. Nicht jede Tätigkeit erlaubt es, ganze Wochen frei zu halten. Aber vielleicht gibt es andere Möglichkeiten der Abgrenzung und es können eigene Regeln definiert werden. Wichtig ist, dass es solche Zeiten gibt – und dass wir uns wo immer möglich daran halten.
- **Private Schwerpunkte**. Ich denke dabei besonders an Freiräume, in denen wir uns erholen, uns etwas Gutes gönnen, uns inspirieren lassen. Das kann der Besuch einer guten Veranstaltung sein. Lesezeiten. Stillezeiten. Retraiten. Ich muss solche Zeiten weit im Voraus definieren und in meinen Kalender eintragen, sonst überrollt mich das Leben und es kommen keine solchen Freiräume vor.

Vielleicht sagen Sie an dieser Stelle: »Ich möchte das auch, aber mein Leben, mein Job, meine Verantwortung lässt es nicht zu, mich abzugrenzen. Auch mein Chef würde das niemals akzeptieren!« Sind Sie sicher? Haben Sie es versucht? Auch ein zweites und ein drittes Mal? Haben Sie gut erklärt und konstruktiv begründet? Haben Sie aufzuzeigen versucht, welche Vorteile es auch für die Firma hat, wenn Sie sich nicht endlos verzetteln? Falls Sie tatsächlich alles versucht haben und nichts gefruchtet hat, dann ist vielleicht ein anderer Klärungsschritt notwendig: Können Sie das Nein Ihres Vorgesetzten akzeptieren und sich unterordnen, ohne bitter zu werden und lustlos seine Pensionierung abzuwarten? Wenn nicht: Welche Optionen haben Sie? Welcher Preis ist damit verbunden? Welchen sind Sie bereit zu zahlen?

Welche Optionen haben Sie? Welcher Preis ist damit verbunden? Welchen sind Sie bereit zu zahlen?

Stellen Sie sich diesen Fragen und treffen Sie eine Entscheidung. Das ist immer besser, als passiv sein scheinbar unabänderliches Schicksal zu beklagen.

## Unsere Begrenzung bejahen

Wie gesagt, ich habe mich lange Zeit überladen, mich schlecht abgegrenzt. Unbewusst war das wohl auch eine Verneinung meiner eigenen Begrenztheit. Ein Aufrechterhalten der Hybris, meine Kräfte seien unendlich. Doch Gott hat unserem Leben Grenzen gesetzt: die Grenzen von Tag und Nacht, die Grenze unserer Lebensspanne, Grenzen individueller Kraft und Möglichkeiten aufgrund von Alter, Lebensphase und anderen Umständen. Sie alle erinnern uns daran, dass wir Geschöpfe sind, keine Maschinen. Dass unser Leben endlich und zerbrechlich ist. Geschöpf Gottes sein heißt positiv: geschaffen, gesegnet, von Gott ermächtigt sein. Gleichzeitig heißt es, begrenzt, endlich und oft auch ohnmächtig sein. Wir sind nur dort ganz Mensch, wo wir das nicht bloß akzeptieren, sondern dankbar bejahen. Er ist derjenige, „der niemals müde wird und niemals schläft noch schlummert“[35]. Er erlaubt mir, mich bei ihm zu bergen, schwach zu sein, Ruhe und Schlaf zu finden, mich abzugrenzen. Mein Wirken hat und lässt Lücken und ist einmal ganz beendet. Seines nicht. Das macht bescheiden, frei, vor allem aber dankbar.

## Zur Vertiefung

- Wie lautet Ihre Tendenz: Sind Sie eher der Typ, der grundsätzlich verfügbar ist, oder derjenige, der sich abgrenzt? Wo wird das zum Problem?
- Für welche Bereiche Ihres Lebens wollen Sie eine Verfügbarkeitsregel definieren: Aufgaben, Beziehungen, Erreichbarkeit, andere? Wer außer Ihnen sollte diese Regel kennen?
- Falls Sie andere führen: Wie lautet Ihr Führungsstandpunkt? Kommunizieren Sie diesen regelmäßig gegenüber Ihren Mitarbeitenden und Vorgesetzten!

KAPITEL 9

# Konflikte vermeiden – Konflikte zulassen

Dieter, seit zwei Jahren Vorsitzender im Kirchenvorstand, ist erleichtert: Der neue Pfarrer ist gewählt und seit vier Wochen im Amt. Es war ein aufreibender Prozess. Der Vorgänger war beliebt und erfolgreich dazu – ein schweres Erbe für jeden Nachfolger. Die Suche zog sich in die Länge. Mehrere Bewerbungsrunden waren nötig, bis sich schließlich Timo meldete, ein junger, aufgeweckter Pfarrer mit Visionen. Besonders die Jüngeren waren überzeugt, dass er der Richtige wäre. Ausführliche Gespräche schienen den Eindruck zu bestätigen.

Ein Jahr nach Timos Einsetzung macht sich Katerstimmung breit. Kritische Stimmen melden sich. Dieter und andere im Kirchengemeinderat sind verunsichert. Auf einer Beerdigung vergreift sich Timo so im Ton, dass es den Anwesenden peinlich ist. Es ist nicht das erste Mal. Bei einem Informationsabend der Gemeindeleitung reagiert er auf eine Rückfrage zum geplanten Flüchtlingstreffpunkt überraschend emotional und wählt unglückliche Worte. Kurz darauf gibt Tobias, der Jugendarbeiter, seiner Irritation darüber Ausdruck, dass Timo ihn in wichtige Entscheidungen nicht einbezieht. Darauf angesprochen erklärt dieser sich ausführlich, die Lage beruhigt sich. Eine Woche später liegt die nächste kritische Rückmeldung aus der Gemeinde auf dem Tisch, bald darauf weitere. Die Unzufriedenheit nimmt zu: ein verwundertes Nachfragen da, eine Enttäuschung ausdrückende E-Mail dort, schließlich ein von mehreren

Gemeindemitgliedern unterzeichneter Brief, in dem es um theologische Meinungsverschiedenheiten geht. Auslöser: Timos letzte Predigten.

Manchmal wacht Dieter mitten in der Nacht auf. Einmal träumt er, dass eine Gruppe frustrierter Gemeindeglieder mit Pistolen bewaffnet vor der Kirche auftauchen.

Im Verlauf dieser Entwicklung wachsen Dieters Sorgen beinahe täglich und er beginnt sich zu fragen: Haben wir uns für den falschen entschieden? Oder hängen manche zu sehr an Timos Vorgänger – liegt hier das Problem? Wo stehe ich eigentlich selbst? Habe ich ein Ja zu Timo oder überspiele ich kritische Anzeichen mit Zweckoptimismus und hoffe, dass sich die Wellen von selbst glätten?

Manchmal wacht Dieter mitten in der Nacht auf. Einmal träumt er, dass eine Gruppe frustrierter Gemeindeglieder mit Pistolen bewaffnet und finsteren Mienen vor der Kirche auftauchen und lautstark Timos Entlassung fordern. Im Traum versucht Dieter zu beschwichtigen und wird dabei von einem besonders aufgebrachten Gemeindemitglied angeschossen. In diesem Moment wacht er mit rasendem Herzen auf. Und realisiert, wie sehr ihn die Sache mittlerweile belastet. Was ist zu tun? Ein Krisentreffen der Leitung einberufen? Eine Aussprache für die ganze Kirchengemeinde? Einen Konfliktmediator engagieren? Oder ganz einfach den eigenen Rücktritt einreichen? In manchen Momenten würde Dieter am liebsten genau das tun. Soll sich doch ein anderer um den ganzen Krempel kümmern!

Was würden Sie Dieter raten? Wie soll man mit solchen Konfliktsymptomen umgehen? Wie Dieter versuchen, die Wogen zu glätten, oder sich proaktiv dafür einsetzen, dass die Dinge auf den Tisch kommen und aufgearbeitet werden?

## Umgehen oder bei den Hörnern packen?

Unser Handeln und Verhalten als Persönlichkeit spielt bei diesem Thema eine besonders wichtige Rolle. Nichts spült unreife Verhaltensmuster so ungehindert an die Oberfläche wie ein deftiger Konflikt. Lässt unschöne, vielleicht gar korrupte Seiten unseres Selbst sichtbar werden oder aber die mit Demut, Stärke und Gottvertrauen gesegneten. Und: Konflikte muten uns ein weiteres Spannungsfeld zu. Welche davon sollen wir umgehen und welche müssen wir bei den Hörnern packen? Reifes Handeln heißt, beide Optionen gut zu prüfen und richtig zu entscheiden.

In einem Führungshandbuch habe ich gelesen, dass man Konflikte generell von vornherein vermeiden sollte. Tatsächlich? Natürlich stimmt es, dass es kein Ziel reifer Menschen sein sollte, stets auf den nächsten Konflikt aus zu sein. Und es gibt Anzeichen, die man nicht unnötig aufbauschen, sondern denen man mit beruhigenden Maßnahmen begegnen sollte. Doch Konflikte generell vermeiden? Das halte ich für falsch, denn: Streit vermeiden heißt nicht Frieden schließen. Manchmal muss einer den Mut haben, die Dinge beim Namen zu nennen, die da vor sich hin schwelen. Beruhigen wäre vermeiden, und vermeiden ist nicht lösen. Gute Lösungen gibt es manchmal nur dort, wo man einen Konflikt nicht zu verhindern sucht, sondern ihn schonungslos offenlegt.

Gehen wir zurück zu Dieters Situation: Wann wäre in seinem Fall der Moment dazu gekommen? Um das einschätzen zu können, müssen wir zuerst Grundsätzliches klären: Was ist ein Konflikt? Mich überzeugt die Definition der Autoren Bernd Oestereich und Claudia Schröder:

> *Definition Konflikt: Unvereinbar erlebte Spannungsfelder, die hohe oder auch wiederkehrende belastende emotionale Reaktionen bei den Beteiligten auslösen und deren Aufmerksamkeit binden.*[36]

Fragen wir weiter: Welchen von diesen als »unvereinbar erlebten Spannungsfeldern« gilt es wie zu begegnen? Welche damit verbundenen Dynamiken sind kreativ, welche destruktiv?

## Den Konflikt verhindern

Einen Konflikt vermeiden kann man am ehesten dort, wo ein paar Voraussetzungen gegeben sind. Sie gehören streng genommen in die Kategorie der Konfliktprävention und Früherkennung. Was gehört dazu?

- **Klärende Gespräche führen.** Viele Unsicherheiten sind die Folge von Missverständnissen, wie sie in unserem Alltag zur Normalität gehören.[37] Die meisten lassen sich dadurch klären, dass man nachfragt: »Was meinst du mit dieser Aussage ...?« Dass man einander gut zuhört, sich voreilige Interpretationen verkneift. Eine sorgfältige Gesprächskultur lässt viele Konflikte gar nicht erst entstehen oder löst sie im Frühstadium.
- **Unterschiedliche Meinungen zulassen**. Egal ob in der Familie, unter Freunden, am Arbeitsplatz oder im öffentlichen Leben: Wo eine Pluralität an Sicht- und Vorgehensweisen nicht bloß geduldet, sondern ausdrücklich erwünscht ist, entstehen deutlich weniger destruktive Konflikte. Peter und Colin Shaw: »Nur wo unterschiedliche Meinungen auf den Tisch kommen, beginnt eine echte Suche nach der besten Lösung.«[38] Andy Stanley warnt in einem Interview vor vorschneller Einstimmigkeit und argumentiert, dass jeder Entscheidungsfindungsprozess wertlos ist, wenn es niemanden in der Runde gibt, der widerspricht und die Dinge ganz anders sieht.[39]
- **Konfliktleitfaden erarbeiten**. Organisationen tun gut daran, sich nicht erst im Ernstfall zu überlegen, wie Konflikte auf gute Weise gelöst werden können. Ein schriftlich formulierter Konfliktleitfaden kann dabei helfen: Er gibt allen in der Organisation eine erste Orientierung, indem er Fragen wie diese beantwortet: Woran erkenne ich, dass ich einen Konflikt habe? Welches sind in diesem Fall meine ersten Schritte (z.B. Gespräch mit den Betroffenen suchen)? Was tue ich, wenn der Versuch misslingt (zweiter Anlauf, neutrale Gesprächshelfer einbeziehen etc.)? Wer ist meine nächste Ansprechperson, bei wem finde ich Hilfe (z.B. Teamleiter, Vorgesetzte)? Was vermeide ich besser; worauf kann ich achten, damit sich die Situation entschärft (z.B. auf konstruktive Gesprächsformen)? Was ist, wenn alles nichts hilft? Wen sollte ich dann informieren und einbeziehen (z.B. weitere Vorgesetzte, Personalverantwortliche)? Ein einfacher Konfliktleitfaden hilft Einzelnen, in einer frühen Phase von Spannungen richtige Vorgehensweisen zu wählen und ein paar Fallen zu meiden.

Was heißt das für Dieters Situation, die ich eingangs beschrieben habe? Ob sich die Verunsicherungen im Zusammenhang mit Timos Anstellung legen, hängt erstens davon ab, welche Gesprächskultur diese Kirche aufgebaut hat: Hört man einander gut zu? Fragt man nach, bevor man sich eine Meinung bildet? Eine Klärung ist zweitens dann wahrscheinlich, wenn die Kirche bzw. deren Leitung mit unterschiedlichen Sichtweisen umzugehen versteht. Wenn es sein darf, dass nicht alle alles gleich sehen müssen. Das erhöht die Wahrscheinlichkeit, dass die Betroffenen besser unterscheiden können zwischen (durchaus erwünschten) Meinungsverschiedenheiten und echten Werte- und Zielkonflikten. Letztere erfordern einen ernsthaften Klärungs- und Lösungsprozess, möglicherweise unter Einbezug einer professionellen Konfliktmediation. Schließlich ist drittens die Frage entscheidend, ob es in dieser Kirche ein gemeinsames Verständnis darüber gibt, wie sich der Einzelne in einem Konfliktfall verhalten soll. Wer ist sein erster Ansprechpartner? Welche Kanäle der Kommunikation sind hilfreich und erwünscht, weil sie eine gute Lösung begünstigen? Welche hingegen verschärfen Missverständnisse und erzeugen neue? Wenn über hilfreiche Wege des Umgangs mit Konflikten gepredigt und gelehrt wird, wenn es so etwas wie »Meine sieben ersten Schritte auf dem Weg zur Konfliktlösung« gibt, dann erhöht sich die Chance deutlich, dass die Menschen in der gegenwärtigen Verunsicherung gute Wege finden, dieser zu begegnen und die damit verbundenen Fragen zu klären.

Hört man einander gut zu? Fragt man nach, bevor man sich eine Meinung bildet?

## Harmloses nicht überbewerten

Neben diesen bewussten Maßnahmen, die dazu beitragen, Meinungsverschiedenheiten früh zu erkennen und zu bearbeiten, ist es auch wichtig, harmlose Vorkommnisse, Unterschiede und Wortwechsel nicht überzubewerten. Eine kleine Aufregung ist noch kein Konflikt. Ein Fehler, über den sich ein paar Leute ärgern, auch nicht. Wo immer aber sich irritierende Ereignisse wiederholen, wo die Unzufriedenheit bleibt und wächst, wo Misstrauen chronisch wird, dort sollte man nicht wegschauen. Sonst aber gilt der Grundsatz aus Sprüche 19,11: »Ein Mensch, der Einsicht hat, regt sich nicht auf; es gereicht ihm zur Ehre, bei Kränkungen Nachsicht zu üben.«

Selbst eine Kränkung ist also noch kein Grund, eine Situation zu einem Konflikt zu erklären. Meine eigene Regel im Umgang damit lautet: »Wenn ich mich gekränkt fühle, lege ich die damit verbundenen Emotionen bei Gott ab. Wenn ich nach zwei Tagen aber immer noch darüber brüte und damit beschäftigt bin, dann ist es Zeit, mit der betroffenen Person zu sprechen.« In den meisten Fällen löst sich die Sache und ich vergesse, was gewesen ist. Hie und da aber ist ein klärendes Nachgespräch nötig.

## Den Konflikt zulassen

Man könnte den folgenden Abschnitt auch mit »Konflikte lösen« betiteln. Ich wähle stattdessen bewusst das Wort »zulassen«, denn manchmal muss ein Spannungsfeld erst einmal deutlich zutage treten, bevor es Lösungen geben kann. Das heißt, dass man in einer ersten Phase den Konflikt an die Oberfläche treten lassen muss. Da gibt es nichts zu verhindern und auch nichts zu lösen; da gilt es, das Ungelöste und möglichst alle damit verbundenen Faktoren sichtbar zu machen. Manchmal braucht es ein Gewitter, damit die Luft sich klärt. Damit Problempunkte und mit Absicht verborgen Gehaltenes zutage treten. Damit einige Personen ehrlich ihre Meinung sagen und sich nicht länger hinter anderen oder Scheinargumenten verstecken. Reifes Handeln heißt dann, dafür Raum zu schaffen und den damit verbundenen Prozess weise zu begleiten. Im erwähnten Beispiel von Dieter gibt es Anzeichen dafür, dass der Moment dafür gekommen ist. Die Häufung verunsichernder Vorkommnisse, kritischer Rückmeldungen, Gerüchte und eine wachsende Unzufriedenheit deuten darauf hin, dass ein offener, gut moderierter Gesprächs- und Klärungsprozess ein nächster Schritt sein könnte.

Manchmal muss ein Spannungsfeld erst einmal deutlich zutage treten, bevor es Lösungen geben kann.

Damit tun sich viele schwer, auch Christen. Sie ehren Ideale wie Einheit, Frieden, Versöhnung und Freundlichkeit. Daran ist zunächst nichts auszusetzen. Es wird aber dort zum Problem, wo man im gleichen Atemzug ernsthafte Spannungen übertüncht und ignoriert. Oft spielen dabei Ängste eine Rolle: die Angst vor einer Auseinandersetzung, vor Beziehungsverlust, vor Schmerz, vor dem Gefühl der Überforderung. Die Folge: Man beschwört die (nicht mehr vorhandene) Harmonie und kehrt Ungelöstes unter die Decke. Oder man fordert auf eher dominante Weise, dass sich sogenannte »Abweichler« einfügen sollen. Vertreter anderer Meinungen werden an den Pranger gestellt, zurechtgewiesen, Kritik wird abgewürgt. Ob subtil oder lautstark: Beide Vorgehensweisen sind Formen der Machtausübung. Je öfter und deutlicher sie mit frommer Begründung erfolgen, desto eindeutiger handelt es sich dabei um religiösen Missbrauch.[40]

## Im Fokus: Mein eigenes Verhalten

Formelle und bewährte Methoden der Konfliktbewältigung spielen bei der Suche nach guten Lösungen eine wichtige Rolle. Eine Sache aber ist noch wichtiger: die Art und Weise, wie sich die betroffenen Personen inmitten der Ereignisse selbst steuern. In Konflikten neigen wir dazu, uns zu sehr mit dem in unseren Augen »richtigen« oder »falschen« Verhalten der anderen Beteiligten zu beschäftigen. Der Fokus einer reif handelnden Person aber liegt woanders, nämlich bei ihr selbst. Wir haben nur bedingt Einfluss darauf, was andere tun, sagen und wie sie sich am Ende entscheiden. Am meisten Einfluss haben wir darauf, was *wir selbst* tun, sagen und welche Entscheidungen *wir* treffen. Weil ein Konflikt immer auch unsere eigenen Schwächen, Gefährdungen und unreifen Muster hervorbrechen lässt, ist es wichtig, dass wir unser Verhalten möglichst nicht davon bestimmen lassen. Wenn also der Kirchenvorstand unter Dieters Leitung sich überlegt, welches der nächste, richtige Schritt sein könnte, dann sollten sie bei der Entscheidung beginnen, nicht endlos über das Verhalten anderer zu diskutieren, sondern sich zu fragen, was sie selbst Gutes, Reifes und Richtiges tun wollen.

Das Gleiche gilt für Sie, wenn Sie selbst von einem Konflikt betroffen sind: Halten Sie sich nicht bei dem auf, was andere aus Ihrer Sicht falsch machen. Richten Sie Ihre Kraft darauf, dass Sie selbst so viel wie möglich richtig machen. Worauf konkret können Sie achten?

## Die unreife Zone verlassen

Jeder Konflikt wühlt unangenehme Emotionen auf und verleitet zu unbedachten Reaktionen. Wo immer das geschieht, fallen wir in die unreife Zone, von der in Kapitel 6 die Rede war, und lassen uns von den dafür typischen Reaktionsweisen bestimmen. Was immer Sie jetzt tun: Mit einer Wahrscheinlichkeit von 99 Prozent werden Ihre Reaktionen, Ihre Worte und Ihr Verhalten anderen gegenüber von Angst, Wut, verletzten Gefühlen und Enttäuschung geprägt sein. Dabei reißt das Bottom-up-System Ihres Gehirns das Ruder an sich und verleitet Sie dazu, Dinge zu tun, die Sie später bereuen. Vielleicht hilft es Ihnen in einem solchen Moment, die typischen Verhaltensweisen innerhalb der unreifen bzw. der reifen Zone noch einmal sorgfältig durchzulesen. Wenn Sie den Weg der Reife gehen möchten, dann sollten Sie jetzt eine bewusste Entscheidung treffen: »Ich verlasse die unreife Zone und richte mein weiteres Verhalten an der reifen Zone aus.«

Ronald Richardson beschreibt vier Verhaltensgrundsätze, die Ihnen dabei helfen können[41]:

1. **Versuchen Sie, Ihren eigenen emotionalen Aufruhr wahrzunehmen**. Wie aufgewühlt sind Sie? Was meldet sich in Ihnen an Wut, Ärger, Enttäuschung und Verletzung? Inwieweit tragen diese Gefühle zu diesem Konflikt bei und verstärken ihn? Wo führt Ihre eigene Reaktivität zur entsprechenden, ebenso unbedachten Gegenreaktion bei anderen? Wer in einem Konflikt nicht wahrnimmt, welche emotionalen Kräfte ihn selbst bestimmen, kann niemals Teil einer guten Lösung sein.

2. **Nehmen Sie »Hitze aus dem Feuer« und reduzieren Sie die Intensität Ihrer Emotionen.** Finden Sie heraus, was Ih-

nen dabei hilft, sich zu beruhigen – zum Beispiel ein Moment des Innehaltens, in dem Sie Gott bitten, Ihrer Seele Ruhe und Besonnenheit einzuflößen. Ihnen den »Geist der Kraft, der Liebe und der Besonnenheit« zu schenken anstelle von Furcht und Erregung (siehe 2. Timotheus 1,7). Stellen Sie sich dieselbe Frage wie der Psalmdichter in Psalm 42: »Was … meine Seele, bist du so unruhig in mir?« (nach Vers 6). Das könnte der Ausgangspunkt für ein hilfreiches Selbstgespräch sein: »Komm, lass dich nicht so verunsichern! Nimm das nicht so persönlich. Bleib bei der Sache. Versuch zu verstehen und vor allem: Bleib integer. Verzichte auf die unterste Schublade, auf Gemeinheit, Rache, Bitterkeit …« Sich zu beruhigen, ist kein Griff in irgendeine Zauberkiste. Es ist eine auf gefestigten Werten und Überzeugungen basierte Entscheidung, die es Ihren Gefühlen erlaubt, nachzukommen. Dasselbe gilt für den nächsten Schritt:

Wer in einem Konflikt nicht wahrnimmt, welche emotionalen Kräfte ihn selbst bestimmen, kann niemals Teil einer guten Lösung sein.

3. **Trennen Sie emotionales von sachlichem Vorgehen**. Das heißt: Treffen Sie keine Entscheidung und wählen Sie keine Vorgehensweise, die bottom-up-gesteuert ist, also bei der Ihre emotionale Erregung Ihr Verhalten bestimmt. Widerstehen Sie dem Bedürfnis, Ihr Gegenüber unter Druck zu setzen oder sich von ihm abzuwenden. Sagen Sie sich: »Ich handle nicht nach dem Gefühl oder meiner Vermutung, dass der andere gegen mich ist. Wir sehen die Dinge unterschiedlich und darum geht es, nicht um mehr. Wenigstens für mich soll das gelten.« Lassen Sie also Vernunft und Besonnenheit walten; agieren Sie aus der reifen Zone heraus, nicht aus der unreifen. Ich weiß, das ist viel einfacher gesagt als getan. In Wahrheit bedeutet es Schwerstarbeit, und nur reife Menschen sind gewillt, sie zu leisten. Sie sind bereit, den schwierigeren Weg zu wählen, weil er der richtige ist.[42]

4. **Halten Sie an Ihren Werten und Überzeugungen fest.** Welche Werte und Überzeugungen haben Sie im Blick auf die Sache, um die sich der Konflikt dreht? Was ist Ihnen bei den damit verbundenen Fragen sachlich gesehen wichtig? Wie denken Sie *wirklich* darüber – losgelöst davon, ob diese Sache (oder Sie selbst) nun gerade unter Beschuss ist oder nicht? Der Kern Ihrer Überzeugung, Ihre persönlichen Werte und Ihr durchdachter Standpunkt in der strittigen Frage ist Ihr wichtigster Orientierungspunkt. Halten Sie daran fest. Erklären Sie ihn. Machen Sie dabei deutlich, worum es Ihnen geht. Werben Sie dafür. Ruhig, sachlich, aber durchaus mit Leidenschaft für die Sache und mit Überzeugung. Es sind niemals außer Kontrolle geratene, diffuse Gefühle, die ein Problem lösen, sondern sorgfältig durchdachte und gut kommunizierte Argumente.

Am Ende entscheidet fehlende oder vorhandene Reife über die Art und Weise, wie ein Konflikt ausgeht.

Beziehen wir das Gesagte noch einmal auf Dieters Beispiel. Je mehr ihn und die anderen Personen diese Haltungen prägen, umso größer die Chance, dass sich die Situation klärt und beruhigt. Vielleicht braucht es dazu mehrere Aussprachen, eine Konfliktmediation und andere Lösungshilfen. Wichtiger als die Methoden aber sind immer die Menschen. Am Ende entscheidet fehlende oder vorhandene Reife über die Art und Weise, wie ein Konflikt ausgeht.

## Konflikte und Spiritualität

Weshalb spielt unsere persönliche Reife eine zentrale Rolle, wenn es um Konflikte geht? Was heißt es, das eigene Verhalten in Konflikten als »via spiritualis« zu gestalten; als Weg, den ich Schritt für Schritt an der Hand Gottes und im Hören auf ihn gehe? Lassen Sie mich dieses Kapitel mit drei Hinweisen dazu abschließen.

### Erstens: *Gott macht es möglich*

Zur Ruhe kommen, die Perspektive klären und von Weisheit geprägte Verhaltensweisen wählen, davon war bisher immer wieder die Rede. Doch was befähigt uns dazu? Wie gelingt es, einem Rat wie dem in Psalm 37,7 zu folgen, wo es heißt: »Sei still vor dem Herrn und harre auf ihn. Erhitze dich nicht über den, dessen Weg gelingt, und nicht über den, der Ränke schmiedet«? Es ist Gott, der uns das ermöglicht; der uns inmitten des Sturms seinen Frieden und das nötige Vertrauen einflößt. Konflikt heißt Stress und »Stress löst emotionale Reaktionen und Affekte im Körper aus, die zu einem Tunnelblick führen«[43]. Weil nur ein sich beruhigendes Herz uns erlaubt, sorgfältig zu denken und weise zu handeln, erweist sich hier der Glaube als entscheidende Hilfe. Gott selbst befähigt uns zu Schritten, die wir nicht gehen können, wenn wir auf uns selbst zurückgeworfen sind. Er kann das Zünglein an der Waage sein, welches über den guten Ausgang entscheidet.

### Zweitens: *Die Weisheit der Bibel gibt uns Orientierung*

Einen guten Weg finden wir am ehesten dann, wenn wir mit den wichtigsten Aussagen der Bibel im Zusammenhang mit Konflikten vertraut sind. Ich nenne nur einige davon: Matthäus 5,21-26.37.38-42; 18,15-18; Apostelgeschichte 15, 1. Korinther 6,1-8; Galater 6,1-5; Epheser 4,25–5,2. So wichtig es ist, solche Stellen zu kennen, so sehr gilt auch, dass sie ihre besondere Kraft dann entfalten, wenn wir uns inmitten eines Konflikts an sie erinnern und sie sorgfältig meditieren. Nehmen wir zum Beispiel die Ratschläge von Paulus in Epheser 4,25–5,2. Hier werden wir vor überhitzten Äußerungen gewarnt. Mäßigung wird uns ans Herz gelegt; die Wahl weiser Worte, eine Haltung der Barmherzigkeit. Die Orientierung an Gottes eigenem vergebenden Beispiel.

Ich erinnere mich an einen kräftezehrenden Konflikt in der Kirche, in der ich während vieler Jahre Pfarrer war. Diese Worte in Epheser 4 regelmäßig in betender, auf Gott hörender Haltung zu lesen, half mir, die oben genannten Grundsätze nicht nur zu entdecken, sondern gaben mir auch die Kraft, danach zu handeln. Wo wir den Wahrheiten der Bibel erlauben, für unser Verhalten in einer konkreten Situation maßgebend zu sein, erreicht die »via spiritualis« eines ihrer wichtigsten Ziele: Wir verzichten (in meinem Fall nach einigem Ringen) darauf, unüberlegten Impulsen nachzugehen und selbstbezogene Ziele durchzusetzen. Stattdessen unterstellen wir uns den guten Zielen und Werten Gottes und richten unser Handeln an ihnen aus. Wir wählen den schwierigeren, aber den richtigen Weg. Entscheiden uns für Mut, Wahrheit, Fairness; für Frieden und Versöhnung.

### Drittens: *Wir bekommen Gestaltungszuversicht*

Ich gebe es gerne zu: Ohne den Rückhalt von Gottes Liebe und die Orientierung gebenden Anweisungen der Bibel würde ich manchen Herausforderungen des Lebens eher ausweichen als sie zuversichtlich anpacken. Auch in Konflikten. Dank der Verwurzelung im Glauben aber erlebe ich, was der Apostel Paulus so beschreibt: »Alles vermag ich durch den, der mir die Kraft dazu gibt« (Philipper 4,13). Mein Glaube verleiht mir das, was ich gerne als »Gestaltungszuversicht« bezeichne: die Zuversicht, aktiv anzugehen, was mir heute an Aufgaben zugemutet wird. Entscheidungen treffen. Schwierige Gespräche führen. Hinschauen statt ignorieren. Anpacken statt verharmlosen. Mein Herz in Gott festmachen. Nicht aufgeben. Den guten Weg zu Ende gehen usw. Zu dieser mir aus dem Glauben zuwachsenden Gestaltungszuversicht gehört auch, dass ich mich an ein paar hilfreiche weitere Regeln halte. Sie fassen für mich kurz und bündig zusammen, was ich in diesem Kapitel darzulegen versucht habe. Wenn die Wogen sich heben, Wellen sich überschlagen, Gemüter sich erregen (inklusive meinem eigenen), dann befeuern ein paar einfache Leitsätze meine Gestaltungszuversicht.

- *Drei Don’ts inmitten der angespannten Situation: Don’t attack! Don’t defend! Don’t withdraw! Auf Deutsch:*
  ***1) Greif nicht an!***
  ***2) Verteidige dich nicht!***
  ***3) Zieh dich nicht zurück!***

- *Vier Dos inmitten der angespannten Situation:*
  ***1) Bleib bei deiner Überzeugung!***
  ***2) Bleib ruhig!***

*3) Bleib im Kontakt!*

*4) Bleib auf Kurs!*[44]

Schließlich halte ich auch ein chinesisches Sprichwort für hilfreich: »Ihr kennt einander nicht, wenn ihr noch nie miteinander gekämpft habt.« Das heißt: Manchmal braucht es einen Konflikt, bis Menschen einander wirklich kennen, bis sie ihre Werte und tiefsten Anliegen verstehen. Ein handfester Streit offenbart nicht nur die Schwächen einer Person, sondern auch ihre Stärken. Was ihr wichtig und unverzichtbar ist. Die Wertschätzung gegenüber anderen kann sich vertiefen, wenn ich ein Stück näher zum Kern dessen vordringe, wofür mein Gegenüber steht und sich mit Herzblut engagiert. Dies in einer Organisation zum Nutzen des Ganzen einzusetzen, bedeutet, einen Konflikt in ein vertieftes, ergänzendes Miteinander zu transformieren. Ein Geschenk, wenn das gelingt (aber keines, das uns mühelos in den Schoß fällt …)!

## Zur Vertiefung

- Reflektieren Sie Ihren letzten beruflichen oder privaten Konflikt: Handelt es sich um eine Auseinandersetzung, die nachträglich betrachtet zu verhindern gewesen wäre? Oder war es nach den oben genannten Kriterien wichtig, sie zuzulassen? Warum?
- Versuchen Sie in einem nächsten Konflikt, sich weniger mit dem Verhalten anderer zu beschäftigen, und konzentrieren Sie sich stattdessen auf Ihr eigenes. Konkret: Halten Sie sich an die vier Leitlinien, die in diesem Kapitel beschrieben sind. Achten Sie darauf, welche andere Richtung dabei Ihr Verhalten nimmt (und freuen Sie sich daran!).
- Wer könnte Sie darin unterstützen (Gebet, Rat, Ermutigung …)?
- Lesen und meditieren Sie die Worte der Bibel zum Thema Konflikte und verpflichten Sie sich dazu, in einer Auseinandersetzung ihnen gemäß zu handeln.

KAPITEL 10

# Unabhängig sein – eingebunden sein

Stellen Sie sich folgende Situation vor: Sie haben sechs Kinder im Alter von 18 bis 31 Jahren. Alle, bis auf die zwei jüngsten, wohnen nicht mehr zu Hause. Einige sind verheiratet und haben bereits Kinder, um die Sie sich fürsorglich kümmern. Nur der Älteste macht Ihnen Sorgen. Er lebt als Single (nein, das ist noch kein Grund zur Beunruhigung!), geht seit einigen Monaten keiner festen Tätigkeit mehr nach, lebt mal hier, mal dort, von der Hand in den Mund. Anlass genug, dass im Dorf erste Gerüchte darüber die Runde machen, dass mit dem vermutlich etwas nicht stimmt. Seit Neuestem ist er Teil einer Clique, die von sich reden macht. Nicht dass sie offensichtlich Illegales anstellen, aber sie veranstalten öfter Partys, an denen mafiöse Gestalten teilnehmen und bei denen Prostituierte ein und aus gehen. Die Gruppe wirft mit Weltverbesserungsparolen um sich, hinterfragt das System, verteilt Flugblätter und trifft sich zu Massenkundgebungen. Ihr Ältester mittendrin als treibende Kraft. Seit er von zu Hause ausgezogen ist, dreht sich das Gespräch an Ihrem Küchentisch vermehrt um ihn. Wenn jemand aus der Familie zufällig hört, dass er wieder irgendwo eine Aktion am Laufen hat, bekommen Sie Telefonanrufe. Sie beginnen oft mit dem Satz: »Hast du schon gehört …?« Sobald Sie diese Worte hören, zieht sich Ihr Magen zusammen, und Sie denken: »Was ist es wohl diesmal?« Im Dorf spüren Sie die vielsagenden Blicke der ebenfalls Informierten auf sich, der Nachbarn, der Leute beim Bäcker. Es ist, als könnten Sie ihre Gedanken lesen: »Was Ihr Sohn da wieder angestellt hat! Haben Sie ihn nicht besser im Griff? Ziemlich missraten, finden Sie nicht auch? War wohl nichts mit der Musterfamilie!« Sie hören die Gerüchte, Sie sehen seinen rebellischen Weg, suchen immer wieder das Gespräch mit ihm. Vergeblich. Er bereitet Ihnen schlaflose Nächte, beschert Ihnen Ängste und konstante Versagergefühle.

Dann kommt der Tag, der das Fass zum Überlaufen bringt. Sie treffen einen befreundeten Arzt und klagen ihm Ihre Not. Er runzelt die Stirn und spricht von einer neuen Studie, deren Ergebnisse er gerade gelesen hat. Er vermutet die Vorboten einer psychischen Störung. Die Symptome »öffentliche Provokation« und »Verantwortungslosigkeit« seien typische Anzeichen … Aus Ihrer Angst wird Panik. Sie müssen etwas tun! Als Sie wenig später erfahren, dass Ihr Sohn im Nachbarort einen erneuten Zusammenstoß mit den öffentlichen Behörden hat, steigen Sie mit zwei Ihrer Söhne ins Auto und fahren los. Sie sehen von Weitem, wohin Sie müssen: Vor einem Haus stehen Dutzende von Menschen. Sie parken das Auto, steigen aus und treten näher. Einige tuscheln, andere schütteln den Kopf. Dort vier Männer, die miteinander streiten. Neben dem Haus zwei Polizeiautos. Sie ahnen nichts Gutes und gehen umso entschiedener weiter. Bei der Haustür ist kein Durchkommen, also rufen Sie in den Flur und hoffen, dass jemand reagiert: »Sagen Sie meinem Sohn, seine Familie sei hier; er soll bitte herauskommen!«

Sie sehen, wie sich jemand kurz umdreht und Ihnen zuwinkt – er hat verstanden. Sie stehen da, warten, sind den fragenden und kritischen Blicken der Leute ausgesetzt. Endlich tut sich drinnen was und der Mann von vorhin kommt auf Sie zu: »Es tut mir leid, aber Ihr Sohn weigert sich zu kommen. Er meinte nur, seine Familie sei da drinnen, nicht da draußen.« Diese Worte treffen Sie wie ein Dolchstoß mitten ins Herz. Sie schwitzen und frieren zugleich, merken, wie Sie vor Scham erröten. Die Blicke der Menschen scheinen sich in Ihr Fleisch zu bohren, Sie spüren einen physischen Schmerz. Wie kann er Ihnen nur so etwas antun, Sie dermaßen abservieren? Sie empfinden verzweifelte Wut, Tränen brechen sich Bahn. »Ich habe meinen Sohn verloren. Ich habe meinen Sohn verloren«, flüstern Sie verstört, während Sie sich langsam umdrehen und zurück zum Auto gehen.

So weit die Geschichte, die übrigens keine erfundene ist. Ich weiß nicht, wie leicht oder schwer es Ihnen fällt, sich in die Haut dieser Mutter zu versetzen. Versuchen Sie es trotzdem: Wie würden Sie sich nach diesem Ereignis fühlen? Welche Gedanken würden durch Ihren Kopf gehen? Was würden Sie als Nächstes tun?

Letztlich geht es hier um Abgrenzung – einen schmerzhaften Bruch. Ein junger Mann sprengt die letzten Brücken zu seiner Familie hinter sich in die Luft. Es ist ein radikaler Schnitt weg von alten Bindungen und Familienwerten. Von nun an zieht er sein eigenes Ding durch – egal, was andere denken.

Doch so einfach, wie es klingt, ist es nicht. Es ist wahr, hier grenzt sich einer ab. Schon bald aber wird sich herausstellen, dass er kein Familienächter ist, sondern ein eigenständig gewordener Mann, der genau weiß, was er tut (deshalb: Egal, wie sich *Ihre* Geschichte anhört, rechnen Sie nach einem gefühlten Ende mit einer möglicherweise überraschenden Fortsetzung ...). Er erweist sich als gereifte Persönlichkeit, als Mann, der noch beweisen wird, dass er seine Familie durchaus in Ehren hält. Übrigens: Sein Name ist Jesus und der seiner Mutter Maria. Ihre Geschichte steht (in zugegebenermaßen kürzerer Version) in Markus 3,20-21 und 31-35. Doch wie geht das zusammen: eine solche Provokation und Liebe zur eigenen Familie?

## Ein Balanceakt

Sie erinnern sich vielleicht, wie ich in Kapitel 1 und ausführlicher in Kapitel 4 »Reife« definiert habe: Man erkennt sie daran, dass ein Mensch erstens eigenständig ist. Das heißt, dass er in Freiheit und Unabhängigkeit lebt, denkt und handelt. Man erkennt sie zweitens daran, dass ein Mensch beziehungsfähig ist. Das heißt, dass er mit anderen, auch Andersdenkenden, auf gute, wohlwollende und kooperative Weise verbunden bleibt. Er ist beides gleichzeitig, nicht das eine auf Kosten des anderen. Doch wie geht das, ohne dass die eine Eigenschaft der Reife die andere aushebelt und wirkungslos erscheinen lässt?

Das Ringen um diese Balance zeigt uns ein weiteres Spannungsfeld, das wir in den Blick nehmen wollen. Reifes Handeln besteht hier im weisen Abwägen zwischen zwei Polen, die sich wieder auf den ersten Blick widersprechen: Wie können wir einerseits von anderen, auch uns nahestehenden Menschen, unabhängig sein – und gleichzeitig an der Zugehörigkeit zu denselben Personen festhalten? Wie ist es möglich, in der Partnerschaft, in Familie, Beruf, Freundschaft, Gruppen und Organisationen (zum Beispiel einer Kirche) ein freier Mensch zu sein? Mit eigener Meinung? Fähig zu selbst gewählten Entscheidungen? In der Lage, in jeder Hinsicht ein eigenständiges Leben zu führen, das nicht von anderen vorbestimmt und festgelegt ist? Und wie ist es möglich, zeitgleich gegenüber denselben Menschen echte, von Vertrauen und Liebe bestimmte Beziehungen zu leben? Darin Nähe zu erleben und zu genießen? Intimität zu geben und zu empfangen?

Wie geht das: Nähe ohne Vereinnahmung? Unabhängigkeit ohne abweisende Distanz?

## Jesus und seine Familie – Portrait eines Spagats

Die Bibel gibt uns erneut hilfreiche Orientierung. Gerade dort, wo sie von den engsten Beziehungen eines Menschen spricht, von Familie und Partnerschaft, richtet sie diese beiden Pole »Unabhängigkeit« und »Zugehörigkeit« in einer beinahe atemberaubenden Gleichzeitigkeit auf. Das Problem ist nur, dass wir selbst oft lieber das Zweite wollen als das Erste …

Bereits auf den ersten Seiten der Bibel wird der natürliche Weg beschrieben, auf den jeder Mensch (und übrigens auch die meisten Säugetiere) vom Moment seiner Geburt an gestellt sind: In einem über Jahre dauernden Prozess löst sich ein Kind von der ursprünglichen Verschmelzung mit seiner Mutter und wächst in eine stetige körperliche und emotionale Unabhängigkeit von seinen Eltern (Sprechen, Gehen, Lernen, Erwachsenwerden …). Dieser Prozess findet einen wichtigen Höhepunkt im Verlassen des Elternhauses, der zu biblischer Zeit meist mit der Heirat verbunden war: »Darum verlässt ein Mann seinen Vater und seine Mutter und hängt an seiner Frau und sie werden ein Fleisch« (1. Mose 2,24).

Ich kann nicht genug betonen, wie wichtig dieses »Verlassen« ist. Es ist durchwegs positiv zu verstehen. Ein junger Mann, eine junge Frau *muss* die eigenen Eltern verlassen. Muss heraustreten aus der Abhängigkeit in ein eigenes Leben. Dieser Akt, wenn er gesund sein soll, wird physisch vollzogen, aber auch wirtschaftlich (eigener Lebensunterhalt) und ebenso emotional und mental (eigene Lebens-, Denk- und Glaubensweise). Genau hier liegt oft der Haken: Viele junge Menschen verlassen ihre Eltern physisch, indem sie in ihre eigenen vier Wände ziehen. Gleichzeitig bleiben sie aber emotional an sie gebunden und von ihnen abhängig. In den meisten Fällen liegt dies zunächst nicht am jungen Erwachsenen selbst, sondern an seinen Eltern (oder einem Elternteil), die sich (oft unbewusst) wünschen oder gar fordern, dass ihr Kind emotional weiter an sie gebunden bleibt. Weshalb wollen Eltern dies, auch wenn die meisten es so nicht sagen würden? Weil sie selbst nicht unabhängig geworden sind. Um sie selbst sein zu können, brauchen und suchen sie eine fortgeführte seelische Bindung an ihr Kind.

Der Mensch aber soll »Vater und Mutter verlassen«. Er soll vollumfänglich eigenständig werden. Unabhängig. (Wir werden gleich sehen, dass dies nicht gegen eine gute, liebevolle Beziehung junger Erwachsener zu ihren Eltern spricht.)

Wie konsequent Jesus dieses Verlassen seiner Eltern auch auf emotionaler Ebene vollzogen hat, lässt sich an mehreren Stellen im Neuen Testament beobachten. Er tat es als Unverheirateter, was deutlich macht, dass dieses »Verlassen« auch Singles geboten ist und nicht erst in Verbindung mit einer Heirat geschehen soll.

Viele junge Menschen verlassen ihre Eltern physisch, indem sie in ihre eigenen vier Wände ziehen. Gleichzeitig bleiben sie aber emotional an sie gebunden und von ihnen abhängig.

Zum einen fällt auf, dass Jesus das gerade erwähnte alttestamentliche Zitat mehrmals aufnimmt und dessen Aussage bekräftigt.[45] Zum anderen fordert er dazu auf, nicht nur die Eltern zu verlassen, sondern alle Angehörigen im engsten Familienkreis. So spricht er in Lukas 14,26 von der Notwendigkeit, »Vater und Mutter, Frau und Kinder, Brüder und Schwestern und dazu sein eigenes Leben« zu »hassen«, um sein Jünger sein zu können. In Lukas 18,29 nimmt er diesen Gedanken noch einmal auf und verbindet ihn mit einer Verheißung: »… da ist keiner, der um des Reiches Gottes willen Haus, Frau, Geschwister, Eltern oder Kinder verlassen (!) hat und nicht ein Vielfaches wieder empfängt hier in dieser Zeit und in der kommenden Welt ewiges Leben.«

Zugegeben, das sind irritierende, schwer einzuordnende Worte von Jesus. Wir sollen ernsthaft unsere Liebsten »hassen«? Nicht nur die Eltern, sondern auch die eigenen Kinder, den eigenen Partner »verlassen«? Die Diskussion um die richtige Auslegung dieser Stellen füllt Bücher und ist nicht abgeschlossen. Erlauben Sie mir deshalb die direkte Abkürzung zu einem Vorschlag in der theologischen Diskussion, der die breiteste Zustimmung gefunden hat: Jesus ruft hier nicht zur Auflösung von Ehen und Familien auf. Dort aber, wo wir vor die Frage gestellt sind, ob wir im Vertrauen auf ihn den Weg der Nachfolge gehen, sollen wir diese Entscheidung nicht von der Zustimmung oder Ablehnung derjenigen abhängig machen, die uns in der Regel am allernächsten sind: von unseren Partnerinnen und Partnern, von unseren Eltern oder Kindern. Glaube erfordert unabhängiges Denken und Entscheiden. Er darf nicht an andere delegiert und von ihrem Urteil abhängig gemacht werden.

Damit weitet Jesus das alttestamentliche Prinzip der biologischen Loslösung von den Eltern auf den Glauben aus: Auch hier müssen wir lernen, unseren eigenen Weg zu finden und zu gehen. Im Härtefall auch gegen den Widerstand der eigenen Familie.[46]

Reife im Leben und im Glauben heißt also, von anderen Menschen unabhängig zu sein. Eigenständig. Nicht in der Weise, dass ich andere nicht mehr brauche (dazu gleich mehr), aber so, dass meine eigenen Entscheidungen nicht durch den Willen anderer gelenkt und blockiert werden.

Dass Jesus kein Hassprediger war, der zur Lieblosigkeit gegenüber der eigenen Familie aufgerufen hat, erkennen wir darin, dass er in diesem Zusammenhang nicht nur von Eigenständigkeit spricht, sondern auch von Fürsorge und Verantwortung. Sechsmal wiederholt das Neue Testament das alttestamentliche Gebot aus 2. Mose 20,12:

*Ehre deinen Vater und deine Mutter, damit du lange lebst auf dem Boden, den der Herr, dein Gott, dir gibt.*

Fünfmal ist es Jesus selbst, der diese Worte zitiert und so deren Gültigkeit unterstreicht (zum Beispiel in Markus 7,8-13). Er plädiert nicht für eine totale Abgrenzung von der eigenen Familie, bei der wir die Liebe, die Verantwortung und Fürsorge für sie über Bord werfen. Er differenziert und bleibt in Balance: Unabhängigkeit und Zuwendung – das geht und gehört zusammen.

Wie sehr er selbst nach diesem Grundsatz lebte, hat er im Umgang mit seiner Mutter deutlich gemacht. Wir haben es bereits in Kapitel 7 angedeutet: Es gab Momente, in denen er ihr gegenüber seine Unabhängigkeit kundtat. Denken Sie an die Geschichte, mit der unser Kapitel beginnt: Die Familie lässt ihn rufen. Er bleibt, wo er ist, und sagt lediglich: »Wer ist meine Mutter und meine Geschwister? Und er schaut, die im Kreis um ihn sitzen, einen nach dem anderen an und spricht: Das hier ist meine Mutter, und das sind meine Brüder und Schwestern!« (Markus 3,33-34). Auch in einer anderen Situation entzieht er sich den Forderungen seiner Mutter, die möchte, dass er sich um das Problem der Weinknappheit auf einem Hochzeitsfest kümmert (siehe Johannes 2,1-10). Zugegeben, am Ende tut er es doch, aber er lässt zuvor seine Mutter deutlich spüren, dass nicht sie hier das entscheidende Wort hat.

Einige Zeit später kommt der Moment, wo Jesus sterbend am Kreuz hängt. In dieser Situation kümmert er sich um die Altersversorgung seiner Mutter: »Als nun Jesus die Mutter und den Jünger, den er liebte, neben ihr stehen sieht, sagt er zur Mutter: Frau, das ist dein Sohn. Dann sagte er zum Jünger: Da ist deine Mutter. Und von jener Stunde an nahm der Jünger sie zu sich« (Johannes 19,26-27). Mit dieser ungewöhnlichen »Familienzusammenführung« sichert er das wirtschaftliche und soziale Überleben seiner verwitweten Mutter.

Im innersten Beziehungskreis des Menschen lebt Jesus also beides vor: die deutliche Forderung der Eigenständigkeit und Unabhängigkeit des Einzelnen – bei gleichzeitiger Nähe und Verbundenheit gegenüber denselben Menschen. Das ist sein Modell der Reife, was Einstellung und Verhalten eines Menschen innerhalb seiner innigsten Beziehungen betrifft. Das ist der Weg der Persönlichkeit. Der jüdische Religionsphilosoph Martin Buber beschreibt ihn so:

*Wozu soll ich mich auf mich selbst besinnen, wozu meinen besonderen Weg erzählen, wozu mein Wesen zur Einheit bringen? Die Antwort lautet: Nicht um meinetwillen. ... Bei sich beginnen, aber nicht bei sich enden; von sich ausgehen, aber nicht auf sich abzielen; sich erfassen, aber sich nicht mit sich befassen.*[47]

## Heute beginnen, einen neuen Weg einzuschlagen

Lassen Sie mich das Prinzip, um das es hier geht, noch einmal auf den Punkt bringen. Ich weiß, dass ich mich hier wiederhole. Ich tue es bewusst, aus zwei Gründen: Zum einen geht es bei diesem Thema um eine der zentralen Grundaussagen dieses Buches. Zum anderen belegt die Erfahrung, dass genau dieses Prinzip nur wenige Menschen wirklich verstehen und anwenden. Der Grund: Wir sind gefangen in den emotionalen Verschmelzungen mit unseren Mitmenschen und schaffen es nur selten, uns diesen zu entziehen. Murray Bowen, ein Pionier auf diesem Gebiet, meinte sogar, dass es innerhalb einer Familie mehrere Generationen dauert, bis ihre Mitglieder nachhaltig in eine Balance finden. Aber Sie und ich können heute beginnen, die Richtung zu ändern. Wir können für uns selbst und besonders für die nach uns kommende Generation die Weichen stellen.[48]

Lassen Sie mich dieses zentrale Anliegen deshalb in vier Kernaussagen zusammenfassen, bevor wir nach Anwendungsmöglichkeiten in einigen Beziehungsfeldern fragen.

Wir sind gefangen in den emotionalen Verschmelzungen mit unseren Mitmenschen und schaffen es nur selten, uns diesen zu entziehen..

### Erstens: *Unabhängig zu sein ist schwerer, als sich anzupassen*

Das gilt in erster Linie für Personen innerhalb einer Familie, von da ausgehend aber auch für alle wichtigen Beziehungen außerhalb davon. Weshalb ist Unabhängigkeit seltener und schwieriger als Zustimmung und Anpassung? Als Kinder wachsen wir in einem Klima engster emotionaler Verbindung zu unserer Familie auf. Sie spielt eine so wichtige Rolle, dass wir ihre Gefühle, Erwartungen und

Wünsche zunächst nicht von unseren eigenen unterscheiden können. Genau dies aber müssen wir lernen, um erwachsen zu werden. Das heißt: In den meisten Familien sind Einbindung und Abhängigkeit von Anfang an gegeben. Unabhängigkeit aber muss erlernt werden. Das erklärt die enorme Bedeutung dieses biblischen Prinzips: »Deshalb verlässt ein Mann (oder eine Frau) seinen Vater und seine Mutter …« (1. Mose 2,24).

### Zweitens: *Unabhängig werden heißt nicht, Nähe zu vermeiden*

Das ist ein verbreitetes Missverständnis. Aus dem Bedürfnis nach Unabhängigkeit heraus fallen viele auf der anderen Seite vom Pferd. Sie grenzen sich nicht nur dadurch von einem Mitmenschen ab, dass sie eigenständig zu denken und zu handeln beginnen. Sie gehen noch einen Schritt weiter und begeben sich auch emotional in die Opposition zur betroffenen Person oder Personengruppe. Innerhalb der Familie ist dies wiederum ein zeitweise notwendiger Prozess (Pubertät), der im Idealfall aber ein paar Jahre später wieder ins Gleichgewicht findet. Nun bleiben jedoch viele Erwachsene in einer pubertären emotionalen Abwehrhaltung gegenüber denen verhaftet, von denen sie sich losgelöst haben. Als junger Erwachsener habe ich mich zum Beispiel eher abrupt von meinen Eltern gelöst. Nachträglich wurde mir bewusst, dass es vor allem eine äußere Distanz war, während ich innerlich in mancherlei Hinsicht an sie gebunden blieb. Erst mit der inneren Eigenständigkeit konnte ich ihnen gegenüber wieder Nähe und Vertrautheit zulassen und in neuer, freier Weise auf sie zugehen.

Ein radikaler Beziehungsschnitt ist immer ein Hinweis darauf, dass man sich emotional gerade nicht von der betreffenden Person gelöst hat.

Am Beispiel von Jesus (und auch Paulus) haben wir gesehen, dass eine reife Eigenständigkeit nicht auf Kosten von Intimität geschieht. Ja, es geht darum, dem anderen gegenüber frei und unabhängig denken, handeln und entscheiden zu können. Das erfordert aber nicht, dass ich die Beziehung zu ihm preisgebe. Ein radikaler Beziehungsschnitt ist immer ein Hinweis darauf, dass man sich emotional gerade nicht von der betreffenden Person gelöst hat. Man ist immer noch von ihr abhängig, sonst wäre es möglich, ihr auf Augenhöhe und als freier Mensch zu begegnen.[49]

### Drittens: *Reife heißt, sich an beiden Polen zu orientieren: Ich bin unabhängig, aber pflege weiterhin eine gute Beziehung*

Wenn wir dem Beispiel von Jesus folgen, suchen wir die Balance. Wir orientieren uns an der Ausgewogenheit von Unabhängigkeit und Nähe. Das reife Handeln, das wir anstreben, besteht aus der Fähigkeit, ein freier Mensch zu bleiben und gleichzeitig unseren Platz in einer Beziehung oder Gruppe einzunehmen. Wir können für uns selbst denken und verantwortungsvoll handeln, ohne selbstbezogen zu sein. Gleichzeitig können wir uns für andere einsetzen, ohne unser Selbst zu verlieren; ohne uns anzupassen oder uns manipulieren zu lassen.[50] Wir können Nähe zulassen, ohne dabei uns selbst und unsere Meinung aufzugeben.

Vielleicht wenden Sie an dieser Stelle ein, dass Jesus auch davon spricht, dass wir uns selbst verleugnen, also selbstlos für ihn und seine Ziele leben sollen. Ja, für ihn schon. Für sein Reich. Und gerade dort kann Selbstlosigkeit darin bestehen, dass wir aus den emotionalen Verschmelzungen mit Menschen heraustreten und es wagen, unsere eigene Meinung zu sagen und danach zu handeln. Für manche wäre es einfacher (und egoistischer), in der Anpassung zu bleiben. Bei anderen wiederum ist es umgekehrt: Für sie ist es leicht, in der aufgebauten Distanz zu verharren. Ihr Weg der Reife besteht darin, trotz Unterschieden an der Beziehung festzuhalten und Nähe wieder zuzulassen.

Sie merken: Wenn wir von christlicher Selbstverleugnung sprechen, müssen wir sorgfältig klären, was Jesus darunter verstanden hat und was nicht. Keinesfalls ist damit gemeint, dass wir es allen recht machen müssten. Genauso wenig aber, dass wir Kälte und Distanz kultivieren.

### Viertens: *Es geht nicht darum, es immer zu können, sondern darum, es zu üben*

Auch darauf habe ich mehrmals hingewiesen und tue es bewusst noch einmal: Wie bei unserer christlichen Nachfolge insgesamt, so dürfen wir auch bei diesem Thema nicht aus den Augen verlieren, dass wir immer Lernende bleiben. Es geht nicht darum, es eines Tages zu beherrschen, sondern in der Abhängigkeit von Gott Schritte zu wagen. Eugene Peterson hat eines seiner Bücher in Anlehnung an ein Nietzsche-Zitat *A Long Obedience in the Same Direction* (»Ein langer Weg des Gehorsams in derselben

Richtung«) genannt.[51] Diese Perspektive ist auch hier wichtig. Sie schließt Versagen und Unvermögen nicht aus, sondern ein. Als Menschen der Vergebung aber stehen wir wieder auf und üben weiter. Und jedes Mal, wenn uns Gott auf dem Weg der Reife Gelingen schenkt, freuen wir uns und danken ihm für seine Ermutigung.

## Zur Vertiefung

Ich schließe dieses Kapitel mit einem Blick auf vier wichtige Beziehungsfelder. Zu jedem definiere ich maximal vier Aufgaben, die Sie einüben können. Ich beschränke mich bewusst auf so wenige, denn wenn Sie auch nur diese vier Schritte pro Beziehungsfeld anzuwenden beginnen, nehmen Sie damit bereits eine große Richtungsänderung hin zu reifem Handeln vor. Das ist weit mehr wert, als viele Schritte zu kennen, aber keinen zu gehen.

### *Allgemein (gültig für alle Beziehungen)*

- Wenn Sie in einer Beziehung eine Spannung wahrnehmen, versuchen Sie eine wichtige Unterscheidung zu machen, nämlich zwischen Emotionen und Fakten (Tatsachen). Was fühlen Sie jetzt gerade? Halten Sie Ihre Gefühle nicht für Fakten, sondern versuchen Sie herauszufinden, ob der andere wirklich das meint und beabsichtigt, was Ihr Gefühl sagt. Erst dann können Sie eine gute Entscheidung darüber treffen, wie eine reife Reaktion aussieht. Davon ausgehend gilt auch: Trennen Sie Ihre Wahrnehmung von Ihrer Reaktion bzw. Kommunikation.

- Versuchen Sie, sich weniger von der Anerkennung, Zustimmung und Liebe Ihrer Mitmenschen abhängig zu machen. Sind Sie zu stark darauf fixiert, neigen Sie dazu, sich (um diese Dinge zu bekommen) in Ihrem Verhalten nach den Erwartungen Ihrer Mitmenschen zu richten. Werden Sie sich stattdessen bewusst, was *Ihnen* wichtig ist: was Ihre Werte,

Ihre Ziele und Ihre Überzeugungen sind. Handeln Sie danach, auch wenn andere diese nicht teilen.

- Vermeiden Sie in angespannten Momenten Wir- oder Du-Aussagen wie: »Es ist wichtig, dass wir …« – »Du solltest verstehen, einsehen, tun …«. Machen Sie stattdessen Ich-Aussagen: »Ich denke, fühle, möchte, möchte nicht …«. Nur wer Ich-Positionen einnimmt, kann für sich selbst (statt für andere) Verantwortung übernehmen.

*Schritte in meiner Ursprungsfamilie (Eltern, Geschwister)*

- Egal, welche Beziehungsgeschichte Sie in Ihrer Familie haben, bauen Sie möglichst zu jedem Mitglied eine eigenständige Beziehung auf, besonders zu Ihrem Vater und zu Ihrer Mutter. Besuchen Sie sie und nehmen Sie sich Zeit, auch für Einzelgespräche. Vermeiden Sie Konfrontation. Verzichten Sie auf Vorwürfe, kritisieren Sie die Meinung Ihres Gegenübers nicht. Stehen Sie gelassen zu Ihrer eigenen Meinung und zeigen Sie der Person gegenüber Wohlwollen (denken Sie an das Beispiel von Jesus).
- Beten Sie dafür, dass Sie sich als Erwachsener auch emotional von Ihren Eltern lösen können, wo dies noch nicht geschehen ist. Erlauben Sie ihnen und sich selbst, Dinge unterschiedlich zu sehen. Werden Sie gelassener im Blick auf das, was Sie an Ihrer Familie stresst, und übernehmen Sie die Verantwortung für diesen Stress – es sind ja *Ihre* Gefühle; Ihr Gegenüber kann letztlich nichts dafür.
- Danken Sie Gott und Ihren Eltern immer wieder für das, was diese gut gemacht haben. Tun Sie es, ohne Ihre Eltern zu verklären, aber verteufeln Sie sie auch nicht.
- Versuchen Sie nicht, Ihre Familie (oder einzelne Personen darin) zu verändern. Konzentrieren Sie sich lieber auf Ihr eigenes Reifwerden. Sie sind nur verantwortlich für sich selbst, nicht für die anderen Mitglieder Ihrer Ursprungsfamilie.

*Schritte in meiner Familie (Partnerschaft, Kinder)*

- Begraben Sie das Ideal von der idealen Beziehung, die von anhaltender emotionaler Nähe, Verschmelzung und ehrlichster Kommunikation über die eigenen Gefühle geprägt ist. Eine solche Beziehung ist nicht nur unrealistisch, sondern wäre auch höchst problematisch. Halten Sie sich vor Augen: Eine gute Beziehung besteht nicht in einem Zustand der Verschmelzung, sondern in wertschätzender Partnerschaft zweier eigenständig denkender und fühlender Persönlichkeiten.[52]

- Lernen Sie in Ihrer Familie, über Ihre Gefühle nachzudenken, statt sie bei jeder Meinungsverschiedenheit unreflektiert auszudrücken. Immer dann, wenn Sie in der Interaktion mit Ihrem Partner, Ihrer Partnerin oder einem Ihrer Kinder bei sich selbst eine aufsteigende Emotion wahrnehmen (Angst, Verunsicherung, Anspannung, Druck, Wut …), halten Sie den damit verbundenen Impuls zurück. Werden Sie sich bewusst, was Sie fühlen und was der Grund dafür sein könnte. Wer seine Gefühle reflektieren kann, lässt sich weniger von ihnen kontrollieren.

- Machen Sie in Ihren Familienbeziehungen Nähe nicht von Übereinstimmung abhängig. Lernen Sie, dem anderen Liebe und Nähe zu geben, ohne dass Sie sich ihm ständig anpassen (oder dasselbe von ihm verlangen). Wer sich anpasst, tut es oft, weil er sich nur so wohlfühlt und weil er befürchtet, alles andere störe die Harmonie. Doch Sie können auch ohne Gleichschaltung lieben, geben, Intimität erleben und gewähren.

- Ermutigen Sie Ihren Partner und Ihre Kinder, eine eigene Meinung zu entwickeln und dazu zu stehen. Diskutieren Sie gelassen über unterschiedliche Ansichten. Lassen Sie Ihr Gegenüber (Partner, Kind) spüren, dass Sie Ihre Zuwendung zu ihm nicht an die Bedingung knüpfen, dass es Ihre Meinung und Ihren Lebensentwurf übernimmt. Sprechen Sie einander Freiheit zu.

*Schritte in meinen weiteren Beziehungen (Freunde, Arbeitskollegen, Leitungsumfeld, Mitchristen etc.)*

- Verwenden Sie weniger Zeit und Energie mit Gedanken darüber, was andere sagen, denken und tun. Lenken Sie den Fokus stärker auf Ihre eigenen Aufgaben, auf Ihren Weg und auf die Ziele, die Sie zur Ehre Gottes verfolgen möchten. Achten Sie darauf, dass Ihre Identität und Ihr Selbstwert weniger davon abhängen, wie Freunde, Kollegen, Mitarbeitende oder Vorgesetzte Sie sehen. Verankern Sie Ihren Selbstwert mehr und mehr in Gottes Gedanken über Sie.[53]

- Übernehmen Sie mehr Verantwortung für Ihr eigenes Leben und geben Sie nicht anderen die Schuld für Ihre Schwierigkeiten oder Ihren Misserfolg. Genauso wenig müssen Sie Ihren Erfolg als etwas betrachten, das Sie ausschließlich jemand anderem verdanken. Und: Definieren Sie Erfolg nicht über das Maß von Zustimmung und Applaus, das Sie bekommen. Denken Sie auch hier an Jesus und den Meinungsumschwung, den sein Wirken in der Öffentlichkeit auslöste. Aus einer begeisterten Masse wurde ein »Kreuzigt ihn!« schreiender Mob. Dennoch ging er weiter seinen Weg. Applaus ist nie ein Gradmesser für Erfolg, für Richtig oder Falsch (genauso wenig wie die Anzahl der Likes auf Ihrer sozialen Internetplattform).

- Vermeiden Sie im Umgang mit anderen Weltanschauungen, Glaubensvorstellungen oder Führungsprinzipien zwei Extreme: mit aller Kraft dagegen zu rebellieren – oder sie zu verherrlichen. Rebellion und devote Konformität untergraben sowohl Ihre Beziehungsfähigkeit wie auch Ihre Unabhängigkeit. Beides ist Ausdruck dafür, dass Sie emotional viel zu sehr darin verwickelt sind. Tun Sie Ihre Meinung kund, aber stecken Sie den Revolver zurück ins Halfter. Und die rosarote Brille gleich mit.

- Achten Sie darauf, dass Sie berufliche und private Entscheidungen nicht ausschließlich nach dem Kriterium fällen, ob sie sich »gut anfühlen«. Bauchgefühl ist wichtig[54], aber genauso wichtig sind objektive Kriterien (durchdachte Werte, Ziele, Überzeugungen).

Wenn Sie eine Führungskraft sind, dann können Sie sämtliche unter »Herkunftsfamilie« und »eigener Familie« genannten Punkte auch auf Ihren Führungsalltag übertragen. Denn wir wiederholen in Beruf und Leitung die Verhaltensmuster aus unserer Herkunftsfamilie und Partnerschaft.[55] Wenn Sie also nach reifem Handeln für Ihr Leiten fragen, dann beginnen Sie zu Hause. Was Sie dort umsetzen, werden Sie auch im Führungsalltag leben. Was Sie privat nicht tun, werden Sie langfristig auch als Führungskraft nicht tun.

# KAPITEL 11

# Stärke zeigen – verletzlich sein

Menschen fürchten Schwachheit. Wollen lieber stark sein, alles im Griff haben. Auch für Christen trifft das zu, vor allem für solche in Verantwortung. Ich besitze Dutzende von Büchern über Leitungsfragen. Kürzlich habe ich jedes einzelne zur Hand genommen und darin nach Hinweisen und Ausführungen zum Thema »Schwachheit« gesucht. Wenn es Leitungsbücher gibt, die dazu etwas zu sagen haben, dann doch diejenigen von christlichen Autoren – so dachte ich. Fehlanzeige! Abgesehen von zwei, drei Ausnahmen fand ich dazu rein gar nichts. Entschlossenheit, Klarheit, kraftvolle Umsetzung von Vision und Strategie stehen im Vordergrund. Ja, es gibt auch manches über den Umgang mit dem Fehlverhalten *anderer*. Richtig gut, was da steht. Und doch bekam ich den Eindruck, als wäre für Leitende klar, dass die von ihnen Geleiteten ein Problem in dieser Hinsicht haben können, nicht aber sie selbst … Bei den Autoren der Bibel spielt hingegen nicht nur das Thema »Starksein« eine große Rolle, sondern auch das Schwachsein. Gerade der Apostel Paulus reflektiert immer wieder sein eigenes Leben und Leiten zwischen diesen beiden Polen.

Nun kann es sein, dass ich einfach die falschen Bücher in meinem Regal habe. Umso mehr hat mich allerdings überrascht, dass ich ausgerechnet in meinen säkularen Leitungsbüchern fündig wurde. Einige widmen dem Thema ein ganzes Kapitel. Das wundert mich. Warum gerade hier?

Ist es möglich, dass sich nicht nur die (christlichen) Autoren von Leitungsbüchern mit Schwachheit und Verletzlichkeit im eigenen Leben schwertun? Vermeiden wir die Auseinandersetzung damit vielleicht insgesamt in der Theologie wie auch in der Spiritualität und im alltäglichem

Lebensvollzug? Ich behaupte, dass es so ist. Wir sprechen lieber darüber, wie Gott uns stark macht, zu Überwindern und Herrlichkeits-Gesalbten, als darüber, wie er inmitten unserer Fehler und Unzulänglichkeiten sein Werk tut. In der Realität aber sind wir mit Letzterem weit mehr konfrontiert, als wir zugeben möchten. »Es ist gefährlich, den offiziellen Trugbildern der Unverwundbarkeit auf den Leim zu gehen«, schreibt die Unternehmerin Maren Lehky.[56]

Vor Kurzem verbrachte ich drei Tage mit etwa siebzig Leitungspersonen aus Kirchen und kirchlichen Institutionen. Nachdem ich in einem der Vorträge Einblick in meine Unzulänglichkeiten und Grenzen als Leiter gab, veränderten sich meine Tischgespräche. Der Leiter einer größeren Kirche erzählte mir unter Tränen, dass seine Ehe am Zerbrechen sei. Ein anderer bekannte seine Not im Umgang mit Pornografie. Gleich mehrere erzählten mir, wie sehr ihnen die Auseinandersetzung mit Kritik und Widerstand zu schaffen mache. Kurz: Nachdem ich zwei Tage lang den Eindruck gehabt hatte, von lauter fitten und gestählten Leitungspersonen umgeben zu sein, veränderte sich das Bild und wurde wahrhaftiger: Diese Leitenden hatten ihre Stärken, ja, aber sie litten gleichzeitig an Schwachheit und Verletzlichkeit. Wenn es Verantwortungsträgern so geht, dann geht es denen nicht anders, die sich von ihnen führen lassen. Die Gleichzeitigkeit von Stärke und Schwäche ist der Normalfall des Lebens; alles andere eine fromme Variante von Hollywood.

Wir sprechen lieber darüber, wie Gott uns stark macht als darüber, wie er inmitten unserer Fehler und Unzulänglichkeiten sein Werk tut.

Der Rabbiner Abraham Heschel schreibt: »Der Mensch ist verstrickt in eine Polarität von Gottebenbildlichkeit und Staub.«[57] Oft erleben wir auch, dass einer dieser Pole die Überhand hat. Es gibt Tage und Wochen der Tatkraft, der Zuversicht und der Stärke. Zu anderen Zeiten sind wir konfrontiert mit Zweifeln, Begrenzung, Kraftlosigkeit.

## Große Wunder, volle Windeln

Wie gut, dass die Bibel uns an dieser Stelle nichts vormacht. Denken Sie an Jesus. Da sehen wir beeindruckende Vollmacht: Kranke werden scheinbar mühelos geheilt, Naturgesetze außer Kraft gesetzt. Sogar Tote erweckt er zu neuem Leben. Was für eine Kraft! *Gottes* Kraft – Zeichen seines Reiches: »Wenn ich … durch den Finger Gottes die Dämonen austreibe, dann ist das Reich Gottes zu euch gelangt« (Lukas 11,20).

Doch bei Jesus zeigt sich auch das andere. Seine Geburt versetzt den mit Herrlichkeit gekrönten Sohn Gottes in den größtmöglichen Zustand der Verletzlichkeit: Er wird ein Baby. Seine Mutter »wickelte ihn in Windeln«, heißt es in seiner Geburtsgeschichte in Lukas 2. Ja, Jesus trug Windeln und sie blieben kaum trocken. Begrenzung, Niedrigkeit, völlige Hilflosigkeit … Spulen wir vor zu den Stunden vor seinem Tod. Jesus kniet in äußerster Verzweiflung unter einem Olivenbaum und heult. Panik umklammert sein Herz. Angstschübe schütteln seinen Körper. Es sind die seelischen Vorboten des körperlichen Schmerzes, der auf ihn zukommt. Der Peitschenhiebe, der Nägel, die man durch seine Hände und Füße hämmert und an denen er aufgehängt wird. Erschütternde Schwachheit! So erniedrigend, dass ihn manche dabei voller Verachtung verhöhnen (siehe Markus 15,31-32).

Dann Paulus. Er kann frisch von der Leber weg von der Stärke und Schwachheit in seinem Leben sprechen, als wären es bloß zwei unterschiedliche Farben derselben Sorte Bonbons. Da lobt er seinen Gott, der ihn stark gemacht hat (1. Timotheus 1,12), sieht sich auf der Seite der im Glauben Starken, welche die Schwachen zu tragen vermögen (Römer 15,1). Er ermahnt andere, ihre von Gott geschenkte Kraft nicht aus den Augen zu verlieren, sondern stark und mutig zu sein (1. Korinther 16,13; 1. Thessalonicher 3,13; Epheser 6,10). Ohne es als Widerspruch zu betrachten, kann er andererseits schreiben, wie stolz er auf seine Schwachheit ist (2. Korinther 12,5). Freimütig steht er dazu, dass sein Auftreten als Leiter und Apostel alles andere als die Performance eines Kraftprotzes ist: »Ich kam als schwacher Mensch zu euch, war zurückhaltend und ängstlich« (1. Korinther 2,3; NLB). Der Höhepunkt seines Jonglierens mit Stärke und Schwäche aber zeigt sich dort, wo Paulus ausdrückt, dass sich die Schwachheit eines Christen aus der

Schwachheit von Jesus Christus selbst ergibt – genauso wie es auch bei der Kraft der Fall ist:

> *Obwohl er schwach am Kreuz starb, lebt er jetzt durch die Macht Gottes. Auch wir sind schwach in ihm, aber wir leben mit ihm und haben Gottes Kraft … (2. Korinther 13,4; NLB).*

Wir bilden in unserem Leben also immer beides ab. Weder nur das eine noch bloß das andere. Beides macht uns aus. Somit ist Christus Vorbild und Quelle von beidem, von unserer Schwachheit wie von unserer Kraft. So kann Paulus dieses Paradox auf die Spitze treiben und sagen: »Denn wenn ich schwach bin, dann bin ich stark!« (2. Korinther 12,10; NLB).

Es ist also in der christlichen Nachfolge unmöglich, nur stark zu sein. Genauso wenig sind wir nur schwach.

## Verstehen, was mich stark macht

Was heißt es, Kraft zu haben und in Kraft zu leben? Es bedeutet weit mehr, als ich hier darstellen kann. Ich will vier Aspekte aufgreifen, die in besonderer Weise zeigen, wie Gott seine Kraft in unsere Persönlichkeit einbettet und ihr so Stärke verleiht. Wir sollten sie deshalb nicht in falscher Bescheidenheit kleinreden.

Ich erinnere mich an eine junge Frau, mit der ich über viele Jahre zusammenarbeitete. Sie wurde nicht müde, ihre Unfähigkeit zu betonen. Beinahe täglich wies sie darauf hin, dass andere viel fähiger, besser, begabter als sie waren. Ihr Sich-selbst-Kleinmachen wurzelte vermutlich in einem geringen Selbstwertgefühl, das nun aber Teil ihres Lebensprogramms geworden war. Was im ersten Moment demütig klingt, kann in Wahrheit selbstbezogen sein. Wer ständig von sich weg weist, macht sich auch zum Thema. In Römer 12,3 rät Paulus, dass wir uns nicht über andere erheben sollen. Gleichzeitig mahnt er, dass wir darin das rechte Maß suchen sollen, denn jeder hat nicht bloß Schwächen, er hat auch Gaben: »Daran hat jeder den Maßstab, nach dem er sich einschätzen soll« (GNB). Hochstapeln ist falsch – Tiefstapeln genauso.

### Erstens: *Ihre Stärke zeigt sich in dem, was Sie können*

Alles, was wir können, seien es praktische, handwerkliche oder intellektuelle Fähigkeiten, sind Teil unserer Stärke. Unsere besonderen, von Gott geschenkten Gaben (die Bibel nennt sie »Charismen« – Geschenke der Gnade), unsere Kompetenzen und Fertigkeiten gehören dazu. Ich habe an anderer Stelle ausführlicher darüber geschrieben und aufzuzeigen versucht, wie wir ihnen auf die Spur kommen können.[58] Deshalb an dieser Stelle nur so viel: Werden Sie sich bewusst, was Sie können! Welches sind Ihre drei deutlichsten Stärken und Kompetenzen? Klären Sie das, denn das ist Ihre wichtigste und wertvollste Ausrüstung im Blick auf die Frage, was Sie Ihren Mitmenschen zu geben haben. Ihre Fähigkeiten definieren die Aufgaben, die Sie für Gott und sein Reich wahrnehmen sollen. Sie legen dann Zeugnis davon ab, dass es in Ihrem Leben Kraft gibt.

### Zweitens: *Ihre Stärke zeigt sich in dem, was Sie wissen*

Können und Wissen beschreiben die zwei Seiten derselben Münze, aber eben zwei Seiten. Deshalb will ich sie einzeln benennen. Unser Wissen ist die Summe dessen, was wir im Verlauf unseres Lebens gelernt und verstanden haben. Es ist Fachwissen nötig, damit eine bestimmte Fähigkeit optimal zum Einsatz kommt. Es macht noch keinen Gärtner, wenn jemand Pflanzen liebt und gerne mit der Hacke im Garten hantiert. Man muss auch etwas verstehen vom Verhältnis von Boden, Luft, Wasser, von Fruchtfolge und ausgewogener Düngung (und in welchem Maß es sie bei einzelnen Gemüsesorten braucht). Dasselbe gilt für jede andere Tätigkeit. Unser Wissen ist eine Kompetenz. Zugegeben, sie ist nur bedingt relevant, wenn sie nie zur Anwendung kommt. Dennoch: Gerade Christen neigen dazu, Wissen und Kenntnisse zu vernachlässigen, sie für zweitrangig zu halten. Ein großer Fehler. Nur wer seine Bibel kennt, kann einen gesunden Glauben entwickeln. Können hat immer auch mit Wissen zu tun.

Gerade Christen neigen dazu, Wissen und Kenntnisse zu vernachlässigen, sie für zweitrangig zu halten. Ein großer Fehler.

Deshalb: Kultivieren Sie Ihren Wissensschatz. Lesen Sie, so viel Sie können. Besuchen Sie gute Kurse. Schauen Sie sich bildende Sendungen an. Darüber, wie Beziehungen gelingen können. Wie der menschliche Körper funktioniert. Über die Natur, die Jahreszeiten, das Klima. Über Geschichte, Gesellschaft, Kultur, Theologie, Politik, Führung. Erweitern und vertiefen Sie Ihren Wissensschatz, so oft Sie können. Können, Erfahrung und Wissen begründen echte Kompetenz. Wer etwa andere Menschen führt oder Kinder erzieht, aber sich nicht schlaumacht, ist wie einer, der zu einem Segeltörn aufbricht, sich aber weder um Wind noch Himmelsrichtung schert. Er kommt nicht weit und endet, wo er nicht hinwollte. Ihr Wissen ist ein Bestandteil Ihrer Kraft.

### Drittens: *Ihre Stärke zeigt sich in dem, worin Sie gefestigt sind*

Im ersten Teil dieses Buches haben wir uns mit Erscheinungsformen der Unreife beschäftigt (Kapitel 3). Wir haben von der Möglichkeit und Aufgabe gesprochen, mit Gottes Hilfe nachzureifen. Für mich gehört es zu den schönsten Seiten des Lebens und des Glaubens, dass gerade aus Schwachstellen besondere Stärken werden können. Jeder Bereich, in dem Gott uns Erneuerung schenkt, führt zu einer zweifachen Kompetenz. Erstens, wir kennen die damit verbundene Not aus eigener Erfahrung. Wir können Menschen verstehen, denen es genauso geht. Wir können mitfühlen und sie deshalb oft besser begleiten und ermutigen als jemand, der nicht weiß, was es heißt, in dieser Haut zu stecken. Zweitens, wir haben die Erfahrung gemacht, dass Gott an dieser Stelle das Wunder einer Veränderung schenken kann. Darin hat er uns gezeigt, dass ihm nichts unmöglich ist und dass ihn unsere Grenzen nicht aufhalten. Wenn ich auf mein eigenes Leben schaue, dann erkenne ich einige meiner heute größten Stärken dort, wo vor Jahren noch Wunden klafften. Wo mich Unvermögen nach unten drückte. Diese Defizite hat Gott in ein Plus verwandelt (nicht alle, da gibt es noch ein paar …). Dasselbe gilt für Sie: Wo immer Gott in Ihnen etwas verändert und erneuert hat, ist an die Stelle Ihrer Ohnmacht Kraft getreten. Ein neues Gesicht Ihrer Stärke zeigt sich.

Wenn ich auf mein eigenes Leben schaue, dann erkenne ich einige meiner heute größten Stärken dort, wo vor Jahren noch Wunden klafften.

### Viertens: *Ihre Stärke zeigt sich in dem, was Sie nicht fürchten*

Nur wenige Kräfte vermögen uns so zu lähmen wie die Angst: die Furcht vor der Zukunft, vor Versagen, Verlust, Ablehnung, Kritik, vor Krankheit und Tod. Haben Sie gewusst, dass kein Tier dieser Welt sich Sorgen machen kann wie der Mensch? Zwar fürchten auch sie ihre natürlichen Feinde, sobald sie ihnen begegnen. Kein Tier aber fürchtet sich vor einem Feind, den es nicht sieht. Der Mensch hingegen kann das – eine traurige Kompetenz. Wir können uns Katastrophenszenarien vorstellen und sie mit schrillen Farben ausmalen. Können uns vor Ereignissen fürchten, die morgen, übermorgen, in zwei Jahren passieren *könnten.* Vor Menschen, die Böses über uns denken und sagen *könnten.* Das ist die unerlöste Seite unserer Fantasie und Kreativität.

Solche Schreckensszenarien lösen in unserem Körper dieselben Stressreaktionen aus, wie wenn das Befürchtete Wirklichkeit wäre. Weil es aber ein künstlich entstandener Stress ist, reagieren wir ihn nicht ab wie eine Gazelle, die vor einem Löwen flüchtet. Es kommt zu keiner Bewältigungshandlung, unsere Stresshormone verbleiben in unserem Körper und verwandeln sich in Schadstoffe. Wir können also krank werden an Dingen, die es gar nicht gibt, die wir uns aber einbilden.[59] Nicht umsonst wird der Satz »Fürchte dich nicht« in der Bibel so oft wiederholt wie kaum ein anderer. Wer also lernt, sich weniger zu fürchten, dessen Glaube zeigt eine seiner wichtigsten Früchte.

Es gibt eine zweite gute Nachricht: Wer sich fürchten kann, der kann auch meditieren. Er muss lediglich den Gegenstand tauschen, mit dem er sich beschäftigt. Für uns Christen heißt das: Statt uns um dieses, jenes oder einen Menschen Sorgen zu machen, meditieren wir lieber das Wesen Gottes. Sein Wort, seine Verheißungen. Die tausendfachen Zeichen seiner Güte und seines Segens in dieser Welt, in unserem Leben und um uns herum. Wo immer sich Sorge in Zuversicht verwandelt, muss von uns weichen, was uns schwächt und gefangen hält. Was immer uns nicht länger schreckt, hat dem Vertrauen den Vortritt gewährt. Vertrauen macht uns stark, weil derjenige stark ist, dem wir vertrauen: Gott.

## Verletzlichkeit anerkennen

Wer um seine Stärken weiß, muss seine Verletzlichkeit nicht verbergen. Vorausgesetzt, er oder sie ist kein Perfektionist. Perfektionisten sind Menschen der Angst. Wo wir perfekt sein wollen, ist Schwachheit keine Option. Da wir gleichzeitig genau wissen, dass niemand perfekt ist, verbergen wir alles, was unsere Verletzlichkeit sichtbar macht: Fehler, Unvollkommenheiten, Grenzen. Die Folge: ein Leben voller Absicherungen und Vermeidungen. Anstrengend! Verletzlichkeit bejahen kommt einer zweiten Bekehrung gleich – sie ändert unsere Sicht auf uns selbst. Statt Schwäche zu vermeiden oder uns davon entmutigen zu lassen, können wir ihr den Platz geben, der ihr gehört. Können sie als vitalen Teil unseres Lebens und unserer Nachfolge von Jesus annehmen.

### Erstens: *Ihre Schwachheit zeigt sich in Ihren Ängsten*

Lassen Sie uns mit dem beginnen, womit wir unter dem Thema »Stärken« aufgehört haben: unseren Ängsten. Sosehr es wahr ist, dass jede überwundene Angst uns stärker macht, so ehrlich sollten wir mit der Tatsache umgehen, dass wir niemals alle unsere Ängste loswerden.

Vor einigen Jahren habe ich ein Buch zum Thema »Vertrauen« geschrieben. Der Anlass dazu war mein eigener Kampf mit diesem Thema. Es gab immer wieder Momente, in denen ich Gott einfach nicht vertrauen konnte. Wenn es um andere Menschen ging, dann war mir, als könnte mein Glaube Berge versetzen (siehe Matthäus 17,20). Aber bezüglich meiner eigenen Sorgen? So belanglose Dinge wie ein defektes Auto, ein niedriger Kontostand oder ein schwieriges Gespräch reichten, um meinen Vertrauenspegel nach unten sinken zu lassen. Die Arbeit am Thema Vertrauen kam für mich deshalb einer Vertrauenstherapie gleich. Langsam begann etwas in mir zu heilen, mein Vertrauen wurde gestärkt.

Habe ich deshalb nie mehr eine Vertrauenskrise? Keine Befürchtungen, Sorgen oder Zweifel? Weit gefehlt! Es gibt bis heute Momente der Angst, die meinen Puls in die Höhe treiben. Einige meiner tagsüber unbewussten Ängste melden sich nachts in meinen Träumen. Manchmal, inmitten zahlreicher und anspruchsvoller Tätigkeiten (zum Beispiel dem Schreiben eines Buches …), habe ich Stressträume. Einer davon sieht so aus: Mir wird im Traum plötzlich bewusst, dass ich meine Kaninchen während Tagen und Wochen nicht mehr gefüttert habe. (Meine Kaninchen? Ich habe gar keine. Aber als Jugendlicher hatte ich zeitweise Dutzende davon. Nun suchen sie mich in meinen Träumen heim und bescheren mir Szenen, die ich als junger Kaninchenhalter nie erlebt habe ...) Ich träume also davon, wie ich erschrocken zum Stall eile. Dort zeigt sich mir die ganze Katastrophe: Einige Tiere sind verhungert oder verdurstet. Zwei kauern bis auf die Knochen abgemagert mit struppigem Fell reglos in einer Ecke. Mehrere haben sich unkontrolliert vermehrt. Ein Muttertier hat zwei Nester mit Jungen; einige sind zwei Tage alt, die anderen zwei Wochen. Andere Tiere haben ein Loch in den Stall genagt und sind dabei abzuhauen. Ein paar Männchen haben sich zu den Weibchen durchgenagt und ... Na ja, Sie können es sich vorstellen. Ich stehe also davor und versuche verzweifelt, den Schaden zu beheben. Dabei fühle ich zwei Dinge: Stress und Ohnmacht. Das Gefühl macht sich breit, dass ich der Sache nicht gewachsen bin.

> Ich habe nichts vorbereitet, keine Bibel dabei und merke, dass ich nichts anderes als Unterhosen trage..

Meistens wache ich an dieser Stelle auf und merke, dass mich nicht nur meine bäuerliche Kindheit heimgesucht hat, sondern auch meine Angst, dass mir alles über den Kopf wächst. Ein anderer Traum (mit derselben Botschaft): Ich sitze im Gottesdienst, da fällt es mir siedend heiß ein: Ich soll ja heute die Predigt halten! Ich habe nichts vorbereitet, keine Bibel dabei. Voller Anspannung und mit pochendem Herz trete ich ans Rednerpult. Und merke, dass ich nichts anderes als Unterhosen trage ...

Ich vermute, Sie haben Ihre eigenen Träume, wenn Sie unter Druck sind und etwas fürchten. Angst hat tausend Gesichter. Die Angst vor Misserfolg. Angst vor Ablehnung. Vor Nähe. Bindungsangst. Angst, verlassen zu werden. Unbrauchbar zu sein. Vor Leiden und vor Schmerz (denken Sie an Jesus!). Angst um unsere Kinder, um den Arbeitsplatz. Von manchen Ängsten befreit uns Gott. Andere bleiben. »In der Welt habt ihr Angst«, sagte Jesus seinen Jüngern, »aber seid getrost, ich habe die Welt überwunden« (Johannes 16,33). Das ist ein echter Trost. Aber er löst den ersten Teil des Satzes nicht auf: »In der Welt habt ihr Angst!«

Wenn ich Leitungspersonen begleite, rate ich ihnen manchmal, genau das zu tun, wovor sie sich am meisten fürchten. Mitten in das hineinzugehen, was ihnen am meisten Angst macht.[60] Ich tue das nicht immer, aber dort, wo ich den Eindruck habe, dass jemand seine Angst wie einen Stier bei den Hörnern packen sollte. Damit der Angst nicht das letzte Wort gehört. Um ihr nicht zu erlauben, Gutes zu verhindern. Manchmal wirkt das Wunder. Dennoch hebt auch dies den Satz nicht auf: »In der Welt habt ihr Angst.«

Erzählen Sie einander von den drei größten Ängsten Ihres Lebens! Stehen Sie zu Ihrer Schwachheit, machen Sie sich verletzlich.

Wovor haben Sie Angst? Ich mache Ihnen einen Vorschlag: Wenn Sie sich das nächste Mal mit einem guten Freund oder in Ihrer Kleingruppe treffen, erzählen Sie einander von den drei größten Ängsten Ihres Lebens! Stehen Sie zu Ihrer Schwachheit, machen Sie sich verletzlich. Sie werden erleben, wie befreiend das ist. Und auch, wie die Angst ein Stück ihres Schreckens verliert, obwohl sie sich damit nicht einfach in Luft auflöst. »In der Welt habt ihr Angst« – das ist ein Teil Ihrer und meiner Verletzlichkeit. Stehen wir dazu!

### Zweitens: *Ihre Verletzlichkeit zeigt sich in Ihren Fehlern und Grenzen*

Verletzlichkeit im Blick auf unsere Fehler ist eine besondere Gnade. Denn erst angesichts unserer Fehler, Versagen und Unvollkommenheiten kann sich die Kraft des Evangeliums entfalten. Das Maß, in dem wir uns unseren Fehlern stellen, entspricht dem Maß unseres Lebens aus der Gnade. Wo es keine Gnade gibt, darf es keine Schwächen geben. Das ist die eine, die theologische Seite. Die andere ist etwas schwieriger zu bewältigen, jedenfalls für mich. Sie hat mit dem Schmerz zu tun, den wir angesichts mancher Fehler empfinden. Auch Menschen der Gnade empfinden keine Lust an Sünde und Fehlern. Sonst wären sie ja gerade keine Menschen der Gnade, sondern der Gleichgültigkeit. Zu merken, dass mir etwas missraten ist, dass ich einen Menschen verletzt oder mich an einem Unrecht beteiligt habe, ist beschämend und bedrückend. Gerade darin soll nun aber die Gnade zum Tragen kommen. Wie gut ist es, jemandem seine Sünden zu beichten und von ihm Gottes Vergebung zugesprochen zu bekommen!

Wie gut ist es, im Abendmahl neu festzumachen, dass die Vergebung bis in den dunkelsten Winkel meines Herzens hinabreicht! Danach braucht es aber einen nächsten Schritt: dass ich mir selbst auch vergebe. Dann erst habe ich die Vergebung angenommen, wenn ich sie mir auch selbst gewähre. Martin Buber schreibt:

> *Du sollst dich nicht immerzu mit dem quälen, was du falsch gemacht hast, sondern die Seelenkraft, die du auf solche Selbstvorwürfe verwendest, sollst du der Tätigkeit an der Welt zuwenden, für die du bestimmt bist. Nicht mit dir selbst sollst du dich befassen, sondern mit der Welt.*[61]

Unsere Fehler zeigen unsere Verletzlichkeit. Diese wiederum treibt uns in die Arme der Gnade Gottes.

### Drittens: *Ihre Verletzlichkeit zeigt sich in Ihren Gefährdungen*

Gefährdungen sind mehr als Fehler und Grenzen. Sie haben zu tun mit den ernsthaften Formen unserer Unreife. Mit unserer Dysfunktionalität. Wenn sie in unserem Inneren das Ruder übernehmen, verbreiten unsere Worte Gift. Dann bewirken unsere Taten Schmerz und Leid. Gefährdungen, das sind die verbleibenden Spuren tiefer Lebenswunden. Sie machen uns zu verwundeten Verwundern. Sie gehören zu den problematischen Zügen unserer Persönlichkeit. Dabei handelt es sich um unverarbeitete Enttäuschungen. Verbitterung, die sich in unserem Herz festgesetzt hat. Schlechte Gewohnheiten. Die Unfähigkeit zur kritischen Auseinandersetzung mit uns selbst – oder das Gegenteil: die übermäßige Beschäftigung mit uns selbst. Gefährdungen, das sind echte Schwachstellen und Marotten, die es unseren Mitmenschen schwer machen, mit uns zusammenzuleben. Das sind alte Muster, die wir so gerne verändert haben möchten. Manchmal gelingt es, dann wieder greifen sie unvermittelt und erneut nach uns. Wir haben unzählige Male dafür gebetet und nun passiert es schon wieder, dass wir aus der Haut fahren …

Wenn wir auch als ernsthafte Christen manche Gefährdung nicht schnell loswerden, eines können und sollten wir auf jeden Fall tun: damit nicht alleine bleiben. Ihnen nicht erlauben, dass sie uns bestimmen. Sie in die Schranken weisen, denn sie sind wie hungrige Raubtiere, die unsere

Brauchbarkeit für Gott zerstören wollen. Deshalb gehören sie ans Licht. Ins Gespräch mit einem Freund, Mentor oder Seelsorger. Nur was offengelegt ist, verliert seine destruktiven Kräfte.

Ein Zweites sollten wir unseren Gefährdungen nicht erlauben: dass sie uns in die Selbstverurteilung treiben. In Lukas 22,31-32 sagt Jesus zu Petrus:

> *Simon, Simon, der Satan hat sich erbeten, euch schütteln zu dürfen wie den Weizen im Sieb. Ich aber habe für dich gebetet, dass du deinen Glauben nicht verlierst. Wenn du dann umgekehrt und zurechtgekommen bist, stärke den Glauben deiner Brüder! (NGÜ).*

Dieses Bibelwort ist meiner Meinung nach der wichtigste Leitsatz im Umgang mit Gefährdungen. Der Teufel benutzt das Versagen von Petrus, um ihn vom Vertrauen in Jesu Treue und Vergebung wegzutreiben. Er soll in Selbstanklage und Resignation enden und so seinen Glauben verlieren. Gefährdungen konfrontieren uns mit unserem größten Unvermögen und aller damit verbundenen Schuld. Die darauf folgende Selbstanklage aber ist keine authentische Reue und Umkehr, es ist das Werk des Teufels. Deshalb ringt und betet Jesus darum, dass wir seiner Gnade mehr trauen als unserer Selbstdisqualifizierung. Darum zu wissen, darauf zu vertrauen, ist umso wichtiger dort, wo uns manche Gefährdung trotz Beten, Glauben, Ringen weiter durchs Leben begleitet. Gefährdungen sind ein Teil unserer Verletzlichkeit.

## »Guten Morgen, alter Zweifler!«

Mein eigenes Leben ist geprägt vom Ringen um Stärke und Schwachheit. Manche Verletzlichkeit ist mir bis heute eine Art »Stachel im Fleisch«, wie ihn auch Paulus kannte (2. Korinther 12,7). Drei Dinge helfen mir im Umgang damit: Humor, das offene Gespräch und die Versöhnung.

Humor unterstützt mich dabei, mich in meiner Schwachzeit nicht allzu ernst zu nehmen. Versöhnlicher mit meinen Schattenseiten umzugehen. Wenn ich zum Beispiel von einem meiner Stressträume aufwache, dann begrüße ich mich selbst (nach drei tiefen Atemzügen) mit den Worten: »Guten Morgen, du alter Zweifler, bei dir ist ja wieder mächtig was los. Das gibt eine schöne Geschichte für den Frühstückstisch. Wetten, keiner hat eine dramatischere Traumstory zu bieten!«

Auch das Gespräch erlebe ich als befreiend. Ich bin froh um eine Handvoll Freunde, die meine Laster kennen. Wir tun beides: Wir nehmen sie ernst, beten dafür, ringen darum. Und wir lachen darüber, entziehen ihnen damit ihre Macht.

Dann die Versöhnung. Paulus schreibt in 2. Korinther 12,10 (NLB), dass er mit seinen Schwächen und auch seinen anderen Entbehrungen »versöhnt« ist. Versöhnt sein heißt, sie als Teil unserer Existenz zu bejahen. Einen guten Umgang mit ihnen zu finden. Eine Übung, die ich manchmal mit Leitungspersonen in diesem Zusammenhang mache, besteht darin, dass wir einander unsere drei größten Fehler erzählen und was wir daraus gelernt haben. Dann muss ich immer die Geschichte von dem schlimmsten Konfliktgespräch erzählen, das ich jemals geführt habe. Ich bin darin in alle nur denkbaren Fettnäpfchen getreten und habe mich danach abgrundtief geschämt. Doch das ist eine längere Geschichte …

Stärke und Verletzlichkeit aber sind wie die zwei Flügel eines Vogels. Um zu fliegen, braucht er beide.

Wir leben in einer Welt, die sich mit dem Spannungsfeld von Stärke und Schwäche schwertut. Wir bewundern Menschen mit besonderen Gaben und akzeptieren nur ungern, dass sie gleichzeitig verletzliche Züge haben können. Sobald wir sie entdecken, sind wir verwundert, vielleicht sogar enttäuscht. Stärke und Verletzlichkeit aber sind wie die zwei Flügel eines Vogels. Um zu fliegen, braucht er beide. Aus der Sicht des Glaubens schließen sie sich auch in unserem Leben nicht aus. Vor Gott und den Menschen benannt, können beide eine gute Wirkung haben und Segen bewirken. Meine Stärke gleicht manche Schwäche anderer aus und ergänzt sie. Nicht verheimlichte Schwäche schafft Vertrauen und Identifikation. Vermittelt die hoffnungsvolle Botschaft: »Ich kann auch dort brauchbar sein, wo ich nicht perfekt bin. Ich brauche genauso Ergänzung wie andere auch.«

## Zur Vertiefung

- Machen Sie eine Stärken-Inventur. Listen Sie unter den folgenden Stichworten auf, was auf Sie zutrifft: 1) Was ich gut kann. 2) Was ich weiß und gelernt habe. 3) Worin ich gefestigt bin. 4) Wovor ich mich nicht (länger) fürchte. Feiern Sie das Ergebnis und danken Sie Gott dafür.

- Machen Sie als Nächstes eine Schwächen-Inventur: Listen Sie unter den folgenden Stichworten auf, was auf Sie zutrifft: 1) Was ich fürchte. 2) Meine Fehler und Grenzen. 3) Meine Gefährdungen. Überlegen Sie gut, mit welchen Punkten dieser Inventur Sie sich versöhnen sollten und welche Sie nicht akzeptieren dürfen. Sprechen Sie darüber mit jemandem, dem Sie vertrauen und der Sie begleitet.

- In welchem Bereich Ihres Lebens sollten Sie lernen, sich nicht länger selbst zu disqualifizieren, sondern der wiederherstellenden Gnade Gottes zu trauen? Was und wer könnte Ihnen dabei helfen?

- Machen Sie mit Ihren Freunden eine besondere Austauschrunde: Erzählen Sie einander von den größten Fehlern, die Sie jemals gemacht haben, und was Sie dabei gelernt haben. Halten Sie die damit verbundenen Lektionen hoch und seien Sie dankbar dafür.

## KAPITEL 12

# Probleme lösen – Ungelöstes aushalten

Ich weiß nicht, ob es Erhebungen zur Frage gibt, wie viele Sitzungen jede Woche allein in den deutschsprachigen Ländern stattfinden. Wie viele Tausend Menschen sich in beruflichen und ehrenamtlichen Gremien treffen, Tagesordnungspunkte durchgehen und auf Entscheidungen hinarbeiten. Eines ist klar: In jedem dieser Teams geht es um das Lösen von Problemen. Häuser sollen gebaut, Lehrplanreformen durchgeführt, Kriege verhindert, Menschen erreicht, Gewinne gesteigert, Flüchtlinge integriert, Konflikte gelöst, Führungskräfte ausgebildet werden usw. »Das Leben ist eine Reise von einem Problem zum anderen«, stellte der Musikwissenschaftler Werner Braun einmal ernüchtert fest.

Ich kann mir nicht vorstellen, wie unsere Welt aussähe, wenn sich nicht Woche für Woche ein Heer von Politikerinnen und Politikern, Leitungspersonen und Vorstandsmitgliedern um die gute Lösung der Probleme kümmern würden, mit denen sie sich konfrontiert sehen. Doch auch Paare, Familie, Freunde und Nachbarn stecken unermüdlich die Köpfe zusammen. Sie wälzen Fragen und suchen nach Lösungen für die unterschiedlichen Probleme, die in Beziehungen und praktischen Lebensfragen vorkommen.

Wie steht es mit den Ergebnissen? Sind sie immer so gut, wie sie sein könnten? Ich befürchte nein. Das hat nicht nur damit zu tun, dass Menschen nicht perfekt sind. Die Gründe liegen auch darin, dass mancherorts zwar eifrig über Probleme diskutiert, aber nur wenige wirklich gelöst werden. Und so besteht manche Sitzung, manches Gespräch mehr darin, ein Problem zu wälzen, statt es zu lösen. Man beklagt, wer was falsch gemacht hat, und stellt am Ende mit einem Achselzucken des Bedauerns fest, wie wenig sich nun noch ändern lässt. Wir sind gut darin, Probleme zu verursachen und sie breitzuschlagen. Ich wünsche mir, wir wären besser, sie zu lösen. Die deutsche Dichterin Waltraud Puzicha soll gesagt haben: »Warum sich manche Probleme so schwer lösen lassen? Die es wollen, können nicht. Die es können, wollen nicht. Und die es wollen und können, lässt man nicht.« Da ist bestimmt etwas dran. Doch das Problem mit den Problemen geht noch tiefer.

## Manche Lösung dauert

Auch Probleme konfrontieren uns mit einem Paradox. Während ich fest davon überzeugt bin, dass manche Schwierigkeiten sich gar nicht erst zu Problemen auswachsen müssten (die zudem oft noch lange ignoriert werden), stelle ich gleichzeitig fest, dass manche Probleme sich nicht von heute auf morgen aus der Welt schaffen lassen. Was uns mit einer weiteren Grenze konfrontiert: mit der Schwierigkeit des Menschen, mit Ungelöstem umzugehen. Selbst dann, wenn wir für ein bestimmtes Problem eine Lösung haben (Beispiel: »Wir wollen ein neues Gemeindezentrum bauen«), tun wir uns oft schwer mit dem Bewältigen der »Wüstenzeit« zwischen der getroffenen Entscheidung und dem erreichten Ziel (»Die Finanzierung ist geklärt, das Gemeindezentrum gebaut und einzugsbereit«). Wüstenzeit ist Wartezeit und Wartezeiten machen uns Menschen nervös. So nervös, dass wir darin einige problematische Verhaltensmuster entwickeln. Sie können zur Folge haben, dass am Ende das beabsichtigte Ziel gar nicht oder nur halb erreicht wird. Wir müssen also beides lernen: Probleme wirklich gut und zügig angehen. Und einen guten Umgang mit noch nicht Gelöstem finden. Das sind zwei Pole, die jeweils eigene Kompetenzen und Vorgehensweisen erfordern.

### *Eine lange Wüstenreise und ein rascher Durchbruch*

In der Bibel gibt es zwei Ereignisse, die diese beiden Pole gut illustrieren. Das erste nimmt den oben verwendeten Begriff »Wüstenzeit« auf. Es beschreibt eine solche nicht nur im metaphorischen, sondern im tatsächlichen Sinn. Zu Beginn von 2. Mose lesen wir, wie Gott sein in Ägypten versklavtes Volk Israel auf spektakuläre Weise aus der Gefangenschaft befreit. Das Ziel: die Existenz als freies Volk im eigenen Land.

> *Ich habe genau gesehen, wie mein Volk in Ägypten unterdrückt wird. Ich habe gehört, wie es um Hilfe schreit … und bin herabgekommen, um es von seinen Unterdrückern zu befreien. Ich will es aus Ägypten führen und in ein fruchtbares und großes Land bringen, ein Land, das von Milch und Honig überfließt (2. Mose 3,7-9; GNB).*

Das Problem ist also erkannt (ein unterdrücktes Sklavenvolk), das Ziel ist klar (ein Leben als freie Bürger im eigenen Land), die Strategie ist kommuniziert (Gott wird sie dorthin führen). So weit, so gut! Zwischen der Diagnose des Problems und erreichter Lösung liegt allerdings eine vierzig Jahre dauernde mühevolle Reise durch die Wüste zwischen Ägypten und dem versprochenen Land. Eine Wanderung, die von der Distanz her in wenigen Monaten zu schaffen gewesen wäre (vgl. 2. Mose 13,17-18). Das Problem ist nur, dass es zwar einfach ist, in ein paar Wochen das verheißene Land zu erreichen. Weit schwerer für dieses unterdrückte, seiner Würde beraubte Volk mit einer Sklavenidentität, ist es zu lernen, wie man als freie, aufrechte Menschen lebt: mutig, selbstverantwortlich, an die eigene Würde und Berufung glaubend, auf Gott vertrauend. Ein solcher innerer Transformationsprozess dauert Jahre, und deshalb gestaltet sich auch der Weg weit und lang.[62]

Wenn man die biblischen Bücher zur Wüstenzeit liest (2. bis 5. Mose), bekommt man einen lebendigen Einblick in diesen steinigen Weg. Es ist in gewisser Weise die Beschreibung einer sich in die Länge ziehenden Problemlösung. Dieses Volk blieb zwar in Richtung Kanaan unterwegs und erreichte nach vierzig Jahren sein Ziel. Der Weg dorthin aber war steinig und geprägt von Revolten, Umkehrgelüsten, Streitigkeiten und innerer Lähmung. Immer aber auch begleitet von Zeichen des unermüdlichen

Werbens Gottes, der sein Volk nach Kanaan lockte, stupste und einfach nicht lockerließ.

Von einem anderen biblischen Problemlösungsfall erzählt Apostelgeschichte 15. Es geht um eine theologische Streitfrage: Können Christen mit nicht jüdischem Hintergrund an den jüdischen Messias Jesus glauben, ohne selber wie Juden zu leben? Ohne beschnitten zu sein, ohne die Essens- und Reinheitsvorschriften des Judentums zu befolgen? Der Apostel Paulus und seine Gefährten waren fest davon überzeugt, dass dies möglich sei. Viele Judenchristen der ersten christlichen Kirche in Jerusalem waren anderer Meinung. Also wurde gestritten. Es ging heftig zu (siehe Apostelgeschichte 15,2.7). Dennoch ging es erstaunlich schnell, bis man zu einer Einigung kam. Ein Kompromiss wurde gefunden und alle waren damit einverstanden: Nicht jüdische Christen sollten bloß vier Vorschriften einhalten, nicht das ganze jüdische Gesetz.

Auch hier sehen wir: Das Problem war klar (geht Christsein ohne Judesein?), das Ziel war klar (Antwort ja oder Antwort nein mit entsprechenden Konsequenzen), der Weg war klar (diskutieren, argumentieren, entscheiden). Und es klappte! Es gibt also beides: Manche Probleme lösen sich rasch. Bei anderen dauert es. Dann muss man lernen, mit Ungelöstem zu leben und nicht die Nerven zu verlieren.[63]

## *Eine Lösung erarbeiten*

Manche verschleppte Problemlösung ist hausgemacht. Es fehlen ein paar disziplinierte Schritte, die zur Lösung hinführen würden. Henry Kissinger wird der Satz zugeschrieben: »Probleme muss man kondensieren, wenn man sie lösen will. Erst das Extrakt ist überschaubar.« Wenn Sie also das nächste Mal vor einem Problem stehen, egal ob es sich um eine persönliche, familiäre oder berufliche Sache handelt, können Ihnen die folgenden Fragen helfen, auf dem Weg zu einer guten Lösung voranzukommen:

1. ***Was genau ist das Problem?***
   Beschreiben Sie das Problem so genau wie möglich, am besten schriftlich. Seien Sie nicht vorschnell. Ist das, was Sie beschreiben, wirklich der Kern des Problems oder liegt er woanders? In diesem Zusammenhang ist auch die nächste Frage wichtig:

*2. Welches sind die Symptome des Problems?*

Manchmal verwechselt man die Symptome eines Problems mit seinem eigentlichen Kern. Versuchen Sie diese beiden Dinge voneinander zu unterscheiden. Ein Beispiel aus einer Familie: Ein Zwölfjähriger bringt sich rapide verschlechternde Schulnoten nach Hause. Er ist unaufmerksam, demotiviert, aufmüpfig. Es stellt sich heraus: Das sind lauter Symptome, aber nicht der Kern des Problems. Mit externer Hilfe stellen die Eltern fest, dass es sich beim Verhalten ihres Kindes um dessen unbewusste Reaktion auf Spannungen in ihrer Ehe handelt. Sie merken, dass sie mit ihrer Lösung *hier*, bei sich selbst, ansetzen müssen, nicht bloß beim Kind.

*3. Wie sieht die Lösung aus?*

Um hier Klarheit zu gewinnen, sollten Sie so spezifisch wie möglich werden:

- Was genau muss sich ändern? (Leitbegriff: *Verändern* – Bestehendes transformieren)
- Was darf nicht mehr vorkommen? (Leitbegriff: *Beenden* – Mit Bestehendem aufhören)
- Was muss neu hinzukommen? (Leitbegriff: *Einführen* – Neues etablieren)

*4. Wie sieht der Weg zur Lösung aus?*

Hier beschreiben Sie, wie die nächsten (Zwischen-)Schritte auf dem Weg zum angestrebten Ziel aussehen.

- Welches ist Schritt 1, 2, 3 …?
- Wer ist für welchen Schritt zuständig? (Setzen Sie hier keine Gruppennamen ein, sondern die Namen von Einzelpersonen. Das erhöht die Verantwortlichkeit.)

- Wer muss darüber informiert werden? (Kommunikation nach innen – Familie, Organisation; Kommunikation nach außen – Öffentlichkeit, andere Teams …)

- Wer kann die Verantwortlichen unterstützen, beraten, begleiten?

5. **Bis wann soll das Problem gelöst sein?**
   Definieren Sie einen konkreten Termin.

6. **Wie oft und wann genau messen wir den Fortschritt?**
   Auch hier: Legen Sie Intervalle und Termine fest, die Sie in Ihre Agenda aufnehmen.

7. **Woran erkennen wir, dass das Problem gelöst ist?**
   Unterscheiden Sie hier zwischen *quantitativen Kennzeichen* (die man in Zahlen messen kann, z.B. »25 Prozent mehr zufriedene Kunden«) und *qualitativen Kennzeichen* (die man mit Verben beschreiben kann, z.B. »eindeutig positive Rückmeldungen statt keine oder allgemein gehaltene«).

8. **Mit welchen Schwierigkeiten rechnen wir auf dem Weg zum Ziel?**
   Überlegen Sie, welche Faktoren Ihre Arbeit auf dem Weg zum Ziel erschweren könnten. Zum Beispiel:

- Welche Personen könnten sich gegen die geplanten Schritte wehren? Mit welchen Mitteln und Argumenten? Wie kann man klug darauf reagieren?
- Welche technischen Schwierigkeiten und Hindernisse könnten sich in den Weg stellen? Wie kommt man ihnen zuvor?
- Welche Vorkommnisse würden dazu führen, dass man das Vorhaben überdenken muss? Welche Störmanöver sollen auf keinen Fall ablenken?

9. **Mit welchem Ereignis schließen wir den Veränderungsprozess ab?**
   Zum Beispiel mit einer Feier, einer Belohnung und/oder der entsprechenden Kommunikation nach innen und außen.

Vielleicht finden Sie diese Schritte für Ihre eigene Situation zu formelhaft. Wie viel taugen sie, wenn Ihr Problem darin besteht, dass Sie sich mit dem Nachbarn über eine zu nahe an seinem Grundstück gepflanzte Eiche streiten? Ich meine, sie können Ihnen auch bei solchen Fragen behilflich sein; sogar unabhängig davon, ob Ihr Nachbar sie sich auch zu eigen macht oder nicht. Denken Sie daran: Dass wir ein Problem verdrängen oder aufbauschen; dass wir darüber reden, uns darüber beklagen oder über die Personen schimpfen, die unserer Meinung nach daran schuld sind, ändert nichts. Erst wenn wir uns sagen: »Was mich betrifft: Ich will mit Gottes Hilfe daran arbeiten, dass es eine gute Lösung gibt!«, und unserem Vorsatz Taten folgen lassen, werden wir ein gutes Ziel erreichen. Das beschriebene Vorgehen wäre ein Ausdruck solcher Entschlossenheit.

## Ungelöstes bewältigen bzw. aushalten

Was aber, wenn der Weg vom Erkennen einer Lösung bis zu deren Umsetzung andauert? Wenn sich die Wüstenzeit in die Länge zieht? Dann sind wir in besonderer Weise herausgefordert. Teilhard de Chardin sagte: »Es ist weniger schwierig, Probleme zu lösen, als mit ihnen zu leben.« Der Grund dafür: Ungelöstes setzt uns unter Druck. Lässt das Gefühl entstehen, dass wir etwas nicht im Griff haben. Dieser Druck kann sich verstärken, wenn von außen Leute an uns herantreten und unsere Kompetenz infrage stellen. So geschieht es oft in Gruppen und Organisationen: »Weshalb ist das noch immer nicht gelöst? Das ist doch kein Zustand!« – »Jemand muss das endlich in die Hand nehmen und vorwärtsmachen!« – »Entschlossenes Führen sieht anders aus!« Spätestens jetzt spüren Sie gehörigen Handlungsdruck im Nacken. Ihre Kritiker haben recht, falls Sie zu lange zögern und taktieren. Manchmal aber besteht der größte Fehler darin, sich solchem Druck zu beugen und der langfristigen, besseren Lösung eine vorschnelle vorzuziehen. Oder, wie es der Rabbiner und Organisationsberater Edwin Friedman nennt: die Nerven zu verlieren und einem Quick Fix zu erliegen.[64]

Manchmal dauert es eben länger, als alle Beteiligten sich wünschen.

Ein Beispiel: Ich begleite als Mentor Sabine, die Leiterin einer Organisation, die sich unter anderem um die Wiedereingliederung Arbeitsloser kümmert. Einer ihrer wichtigsten Bereichsleiter, nennen wir ihn Detlef, ist ein Mann Mitte vierzig. In den letzten Monaten häufen sich die Probleme mit ihm. Es gibt ein paar nicht akzeptable Verhaltensmuster, die die Zusammenarbeit erschweren. Sabine führt Gespräche mit ihm. Die Situation bessert sich für drei Wochen, dann ist alles wie früher. In einem unserer Treffen gehe ich mit Sabine die Problemlösungsschritte durch. Zusammen mit dem Vorstand ihrer Organisation und Detlef erarbeitet sie Schritt um Schritt. Es kommt zu einer klaren Vereinbarung. Eine davon definiert, wie sich in den kommenden sechs Monaten bestimmte Verhaltensweisen Detlefs gegenüber seinem Team und anderen Personen verändern müssen.

Man versucht den Lösungsweg abzukürzen, weil sich das im ersten Moment besser anfühlt und weniger anspruchsvoll erscheint.

Das Problem ist klar, das Ziel ist klar, der Weg ist klar. Sechs Monate aber bleiben ein halbes Jahr. Sabine tut sich schwer mit der Vorstellung, dass es in den nächsten Tagen und Wochen weiterhin schwierig sein wird. Ich spüre, wie sie mit einer doppelten Versuchung kämpft: die Sache abzukürzen und Detlef sofort zu entlassen. Die Folge wäre, dass ein wichtiger Bereich ohne Leitung dasteht und es keinen schnellen Ersatz gibt. Die zweite Versuchung besteht darin, dass Sabine sich selbst und ihren Mitarbeitenden einredet, dass alles nur halb so schlimm sei. Dass Detlef halt so sei und man sich mit seinen Macken abfinden müsse. Beide Wege sind möglich, in diesem Fall aber keine guten, nachhaltigen Lösungen. Als Christin will Sabine Detlef, der ebenfalls Christ ist, eine zweite Chance geben. Gleichzeitig aber ist klar, dass es nicht wie bisher weitergehen kann.

Sabine hat vor allem inneren Druck. Sie will keinen Fehler machen. Sie will, dass sich die Sache rasch klärt. Sie scheut die direkten Gespräche mit Detlef, die erfordern, dass sie Klarheit und Konsequenz mit Geduld und Freundlichkeit paart. Sie ringt sich schließlich durch und ergreift die Chance, dabei etwas zu lernen, nämlich sich selbst gut zu führen. Sie will lernen, besser mit ihren Emotionen umzugehen. Und auch mit ihrer Neigung zum vorschnellen Befreiungsschlag angesichts einer noch ungelösten Situation. Dafür bewundere ich Sabine, denn allzu oft erlebe ich das Gegenteil: Man versucht den Lösungsweg abzukürzen, weil sich das im ersten Moment besser anfühlt und weniger anspruchsvoll erscheint. Nur um danach verwundert festzustellen, dass das Problem erneut um die Ecke blinzelt – vital und präsent wie eh und je. Oder schlimmer.

Sabines Weg verläuft anders. Sie trifft sich monatlich mit Detlef zu einem Standortgespräch. Detlef entscheidet sich, einen externen Coach zu konsultieren und an seinen Verhaltensmustern zu arbeiten. Nach einem halben Jahr ist klar: Detlef bleibt. Er hat den Weg der Veränderung gewählt – und Sabine den Weg des Durchhaltens in der Wüste. Mit guten Folgen für alle Beteiligten.

## Reifes Handeln in Wartezeiten

Was ist erforderlich, wenn wir lernen wollen, Ungelöstes zu bewältigen? Wenn sich der Weg zur Lösung hinzieht? Oder sich gar keine Lösung abzeichnet? Es sind im Wesentlichen drei Dinge. Sie gehören zu den unverzichtbaren Voraussetzungen reifen Handelns auf dem Weg des Wartens auf die beste Lösung.

### Erstens: *Ungelöstes bejahen und aushalten*

Unser Gehirn speichert ein ungelöstes Problem schnell einmal als Gefahr ab. Das erklärt die Entstehung des inneren Handlungsdrucks. Wird er von außen noch verstärkt, dann wird aus der Gefahr ein gefühlt lebensbedrohlicher Zustand: Wir geraten richtig in Stress – es fühlt sich an, als würde ein hungriger Löwe im nächsten Moment zum Sprung auf unsere Kehle ansetzen. Kein Wunder, suchen wir eine Sofortlösung; wer will schon gefressen werden?! Wie wir im letzten Kapitel gesehen haben, verwechseln wir im Unterschied zu den meisten Tieren alltägliche Herausforderungen gerne mit zähneleckenden Raubtieren und anderen realen Katastrophen.

Was wir also brauchen, ist eine realistische Sicht unserer tatsächlichen Umstände. Ich habe an dieser Stelle von einem Freund gelernt, mich unter Druck zu fragen: »Was ist das Schlimmste, was mir jetzt passieren könnte? Riskiere ich meine Existenz? Kann ich mein Leben verlieren? Oder mich höchstens blamieren? Was wäre daran so schlimm?« Das entschärft vieles. Es hilft mir, zur Besinnung zu kommen und meine Situation realistischer einzuschätzen.

In der Tugendlehre der alten Griechen sprach man von der »makrothymia«. Sie beschreibt die Fähigkeit, etwas lange halten bzw. aushalten zu können. Abwarten zu können, ausdauernd zu sein. In der Bibel wird diese Eigenschaft als Frucht des Heiligen Geistes bezeichnet, als »Langmut« (Galater 5,22). Das heißt: Solche Spannkraft bringen wir oftmals nicht selbst auf. Wir ringen darum. Wir beten darum. Und Gott schenkt sie uns. Ohne sie ist es nicht möglich, Ungelöstes auszuhalten. Sie ist das, was den modernen Begriff »Resilienz« im Tiefsten ausmacht: die Fähigkeit, das Leben und seine Herausforderungen »trotz gravierender Belastungen und widriger Lebensumstände« zu bewältigen.[65]

Was ist das Schlimmste, was mir jetzt passieren könnte? Riskiere ich meine Existenz? Kann ich mein Leben verlieren? Oder mich höchstens blamieren?

## Zweitens: *Aus dem Schwarz-Weiß-Denkmuster ausbrechen*

Ich vermute, dass Sie dieses Buch nicht bis hierhin gelesen hätten, wenn Sie nicht zumindest bereit wären, manchen Schwarz-Weiß-Denkfallen des Lebens zu entfliehen. Denn ich mute Ihnen ja genau das die ganze Zeit zu: dass wir lernen, weise mit paradoxen Wahrheiten umzugehen. In seinem Buch *Führen Sie, wie Sie wollen* beschreibt der Universitätsdirektor und Erfinder Steven B. Sample die Kunst, grau zu denken. Eine Person, die nur schwarz oder weiß zu denken vermag, »fühlt sich verpflichtet, alles, was sie liest oder hört, sofort als entweder wahr oder falsch, gut oder schlecht, recht oder unrecht, nützlich oder nutzlos zu klassifizieren«[66]. Doch so einfach, wie wir es manchmal gerne hätten, ist die Welt nicht. Die Wahrheit liegt oft dazwischen, auch was Probleme betrifft. Manche Lösung ist dringend und lässt dennoch auf sich warten. Manche Not ist groß und erfordert dennoch ein sorgfältiges Abwägen aller möglichen Optionen. Es reicht nicht, kurzerhand zu den zwei, drei scheinbar naheliegendsten zu greifen. Das braucht Zeit. Die Kunst, grau zu denken, bedeutet, dass wir uns zwingen, eine bestimmte Lösung nicht reflexartig als die richtige zu favorisieren, sie aber auch nicht voreilig abzuschmettern. Gute Lösungen entstehen manchmal dort, wo wir uns dazu anhalten, auch scheinbar »abwegige und unmögliche Lösungswege für ein gegebenes Problem in Erwägung zu ziehen«[67]. Beste Lösungen sind solche, auf die wir zunächst gar nicht kommen. Sie widersprechen manchmal (nicht immer) unseren Erfahrungen, unseren Erwartungen und übersteigen unser Vorstellungsvermögen. Ihre Klarheit wurzelt in der Bereitschaft, sich von Schwarz-Weiß- und Entweder-oder-Denkfallen zu lösen.

### Drittens: *Vertrauen*

Schließlich die wichtigste Eigenschaft auf dem Weg des Wartens in der Wüste: die Bereitschaft zu vertrauen. Für Christen ist es nicht die stillschweigende Annahme, dass schon alles irgendwie gut wird. Oder das Vertrauen auf die eigenen Fähigkeiten (obwohl auch dies seinen Platz hat). Es ist das Vertrauen auf Gottes Hilfe. Auf seine gute Führung. Darauf, dass die richtige Antwort zur rechten Zeit kommt – auf einem der unzähligen Wege, die Gott hat. Dass er Weisheit gibt. Und vor allem Kraft, Stehvermögen und Ausdauer. Es ist erstaunlich, wie oft die Bibel von Ausdauer spricht. Wir sollen »mit Ausdauer laufen«, wie Wettkämpfer, die der gefühlten Müdigkeit in ihren Knochen nicht das letzte Wort überlassen, sondern weitermachen, bis zum Ziel. Wir wollen dabei auf Jesus schauen, das Vorbild der Ausdauer, gerade im Erdulden des Leidens am Kreuz (siehe Hebräer 12,1-3). »Darum werft euer Vertrauen nicht weg, welches eine große Belohnung hat. Geduld aber habt ihr nötig, damit ihr den Willen Gottes tut und das Verheißene empfangt« (Hebräer 10,35; LUT84). Viele schlechte Entscheidungen sind die Frucht mangelnden Vertrauens.

## Ungelöste Glaubensfragen

Ungelöstes aushalten lernen ist übrigens nicht nur dort gefragt, wo es um das Lösen von Problemen geht. Auch in manchen Lebens- und Glaubensfragen brauchen wir diese Kompetenz. Angesichts unverständlichen Leids etwa. Im Blick auf manche theologische Frage (meine Studierenden am Theologischen Seminar und ich versuchen Jahr für Jahr, das letzte Geheimnis der Erwählung Gottes zu knacken. Wir geben uns alle Mühe, aber haben es bis heute nicht geschafft …). Ungelöstes setzt uns immer einer Unsicherheit aus. Keiner liebt das; wir wollen Sicherheit, absolute Klarheit, Garantien (mehr dazu in Kapitel 15). Es gibt sie nicht, weder im Leben noch im Glauben. Dennoch gibt es Lösungen. Freuen wir uns dankbar, wo sie sich zeigen. Lernen wir ruhig zu bleiben, wo es (noch) nicht der Fall ist.

## Zur Vertiefung

- Versuchen Sie in einer aktuellen Problemstellung gemäß den weiter oben beschriebenen Schritten und Fragen vorzugehen. Nehmen Sie sich Zeit und beantworten Sie jede der Fragen so sorgfältig und klar wie möglich. Behalten Sie sie im ganzen Lösungsprozess vor Augen. So steigt die Chance, dass Sie am Ende tatsächlich zu einem guten Resultat kommen.
- Vergegenwärtigen Sie sich die Situation von Sabine. Neigen Sie in vergleichbaren Situationen zum Schnellschuss oder zum Verharmlosen und Vor-sich-Herschieben des Problems? Wie äußert sich dies? Was wollen Sie daran ändern? Welche Schritte sind dazu erforderlich?
- Welche der drei beschriebenen Merkmale reifen Handelns in Wartezeiten möchten Sie in Ihrer eigenen Situation besonders berücksichtigen? Was konkret wollen Sie tun? Wer kann Sie dabei unterstützen?

KAPITEL 13

# Sorgfältig planen – flexibel bleiben

Er hört die schwere Tür hinter sich ins Schloss fallen. Erschöpft sinkt er zu Boden. Hört noch, wie von außen die Schlüssel zweimal gedreht werden, wie unverständliche Befehle durch lang gezogene Gänge hallen. Spätestens jetzt wird ihm klar: Sein Traum ist geplatzt. In diesem Moment. Es kam nicht ganz überraschend. Es gab Hinweise. Nun aber drückt ihm die bittere Realität auf die Seele: Aus seinen Reiseplänen wird nichts. Dabei hat ihn der Gedanke so gelockt: eine Reise in die größte Stadt der Welt! Menschen treffen, Neues kennenlernen. Von dort aus das nächste Ziel in den Blick nehmen: Spanien! Er weiß nicht, weshalb unbedingt Spanien, aber dieses Land lässt ihn einfach nicht los. Er wollte einen Weg dorthin finden und ein paar Freunde, die ihn begleiten. Das war der Plan. In den letzten Monaten hat er ihn sorgfältig entworfen. Hat an den Details gefeilt, sich Notizen gemacht. Sich vorgestellt, wie es sein würde. Auf der Reise zum Hafen, auf dem Schiff, dem Meer, schließlich dem europäischen Festland. Und die Stadt Rom! Das Kolosseum, der Kaiserpalast. Die Siegesstraße, der Triumphbogen, der Circus Maximus. Besonders aber das Treffen mit den dortigen Christen. Viele von ihnen hat er noch nie getroffen. Er hat ihnen geschrieben, seinen Besuch angekündigt; seiner Freude auf das Kennenlernen Ausdruck verliehen. Nun sitzt er hier, im stickigen Loch im Gefängnis der römischen Garnison in Jerusalem. Von den Römern in Schutzhaft genommen, weil ihn eine Rotte hitziger Juden umbringen wollte. Er ahnt nichts Gutes. So schnell wird er hier nicht herauskommen …

Wie recht der Apostel Paulus, um den es hier geht, behalten sollte! In den folgenden Wochen wird er nach Cäsarea verlegt. Dort wartet er auf einen fairen Prozess. Doch Felix, der zuständige Statthalter, ist unentschlossen, verschleppt die Sache ganze zwei Jahre lang. Als dessen Amtszeit zu Ende ist, folgt ihm Porcius Festus. Dieser lässt Paulus vorsprechen und hört ihn an. Paulus packt die Gelegenheit beim Schopf und bittet darum, seinen Fall vor dem Kaiser in Rom vortragen zu dürfen. Jeder römische Bürger hatte die Möglichkeit, an den Kaiser zu appellieren und auf ein gerechtes Urteil zu hoffen. Er musste sich nur einer Sache bewusst sein: Bis er dort vorgelassen wurde, konnte es nochmals Monate oder Jahre dauern. Festus gibt grünes Licht und nun reist Paulus tatsächlich nach Rom. Aber nicht als Freier, sondern bewacht von einem Hauptmann der kaiserlichen Garde und seinen Soldaten. Was für eine Ironie! Er reist tatsächlich nach Rom, an eines seiner Traumziele. Nur die Umstände hat er sich etwas anders vorgestellt.

## Ein Stratege im Flexibilitätscheck

Ich überlege mir oft, wie Paulus diese und andere unerwartete Wendungen der Ereignisse in seinem Leben verarbeitet hat. Gerade er, der Planer und Stratege. Bibelwissenschaftler staunen bis heute darüber, wie bewusst sich Paulus seine Reiseziele und Arbeitsmethoden wählte. Er bevorzugte Großstädte an geopolitisch bedeutenden Verkehrsachsen wie Ephesus oder Korinth. Orte, an denen Menschen unterschiedlicher Nationen zusammenkamen, Handel trieben und dann wieder in die ganze Welt ausströmten. Dort wollte er wirken, das Evangelium verkünden und Kirchen ins Leben rufen. Denn von solchen Orten aus würde sich die Sache von selbst multiplizieren. Ein umherreisender Händler, der Christ geworden war, konnte den christlichen Glauben mindestens so erfolgreich weitertragen wie ein sesshafter Gemeindeleiter. Paulus dachte und arbeitete strategisch. Doch er erlebte immer wieder, wie das Leben und Gott seine Pläne durchkreuzten. Das geschah schon vor dieser Gefangennahme. Auf mehreren Reisen hatte es Planänderungen gegeben.[68] Manche davon irritierend und erst einige Zeit später nachvollziehbar. Er musste es früh lernen: einen Plan zu haben und gleichzeitig bereit zu sein, ihn jederzeit fallen zu lassen. Und auch dann noch zu wissen, was jetzt zu tun war. Denn dasitzen, Däumchen drehen und verzweifelt sein war keine Option. Nicht für Paulus.

## Drei Bestandteile eines guten Plans

Einen Plan haben und dennoch flexibel bleiben – reifes Handeln heißt, zwischen diesen Polen weise zu agieren. Wie viel mehr gilt dies heute, in einer komplex gewordenen Welt. Wer nicht plant, der wird verplant. Wer unflexibel bleibt, der geht mitsamt seinen Plänen unter, die sich unter Umständen über Nacht überleben. Es ist wieder so ein Paradox, das uns fordert. Uns kluges Nachdenken, weises Abwägen und betendes Handeln abverlangt. Reife.

Im letzten Kapitel haben wir festgestellt, dass es auch beim Lösen von Problemen einen Plan braucht. Wie viel mehr beim Umsetzen einer Vision, beim Anvisieren eines Ziels. »Strategie« nennen das Fachleute.[69] Mir hilft an dieser Stelle ein Diagramm: Jedes Vorhaben, das uns in eine neue Richtung führt, besteht aus drei wesentlichen Komponenten, die man mit den Stichworten »Vision«, »Person« und »Aktion« beschreiben kann. Spielen diese drei Faktoren auf gute Weise zusammen, wird aus Stagnation (ein unbefriedigender Zustand des Stillstands) Innovation (eine nachhaltig verankerte Erneuerung).

Viele Visionspapiere bleiben deshalb wirkungslos, weil sie kaum messbare, allgemeingültige Wahrheiten wiedergeben, die nicht konkret genug sind.

Jeder Plan beginnt mit einer **Vision**, der möglichst klaren, messbaren Beschreibung dessen, was man möchte (vergleichbar mit der Definition der angestrebten Lösung im letzten Kapitel). Wenn Paulus nach Rom und nach Spanien will, dann ist das kein allgemein gehaltener frommer Wunsch (»Ich möchte in der weiten Welt Christus verkündigen«). Er wird konkret: Er will über Rom nach Spanien (siehe Römer 15,22-24). Viele Visionspapiere bleiben deshalb wirkungslos, weil sie kaum messbare, allgemeingültige Wahrheiten wiedergeben, die nicht konkret genug sind.

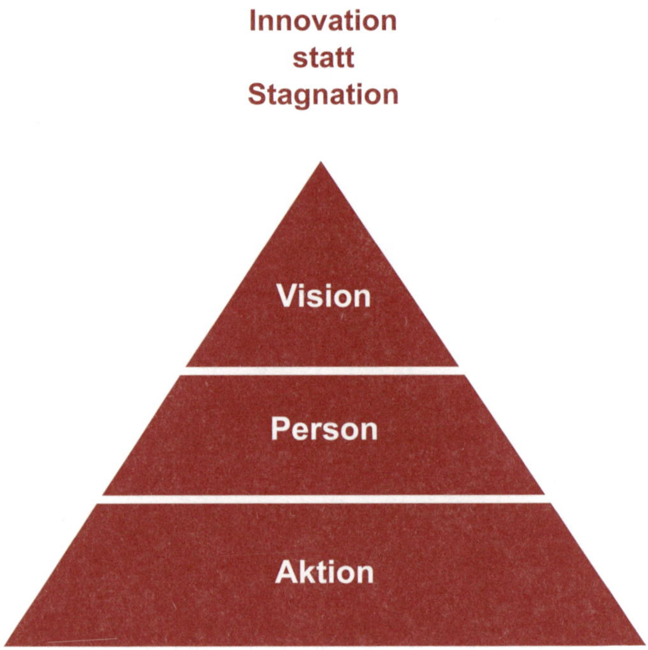


**Bild 1:** Bestandteile einer guten Strategie

Das Stichwort **Person** beschreibt die entscheidende Kraft bei der Umsetzung einer Vision: Es sind für ein konkretes Vorhaben motivierte und befähigte Menschen. Man kann beinahe jede gute Vision auch mit limitierten Ressourcen umsetzen, niemals aber ohne entschlossene Menschen. Es sind Leute, die sich selbst und andere gut führen. Menschen, die motiviert sind, voller Zuversicht und Selbstwirksamkeit. Mit ihnen kann man Pferde stehlen.

Fragen Sie sich deshalb bei Ihren privaten und beruflichen Plänen: Bin ich ausreichend überzeugt von meinem Vorhaben, dass ich auch durch Widerstände hindurch daran festhalten will? Habe ich genug Glauben, dass mit Gottes Hilfe selbst Unmögliches wahr werden kann? Der kenianische Pastor Oskar Muriu stellte in einem Referat vor Führungskräften die Frage:

> *Welche Gebete sprichst du im Moment, die dir völlig unmöglich erscheinen? Was erbittest du von Gott, von dem du weißt, dass du es niemals mit all deinem Geld, deiner Kraft, deiner besten Strategie und deinen Fähigkeiten erreichen kannst? Welche unmöglichen Gebete betest du heute? … Der Ort, an dem es beginnt, ist Vision, Gebet und Glaube. Wir müssen Gebete beten, von denen Zuhörer sagen: »Das ist total verrückt. Wie kannst du Gott um so etwas bitten? Das ist unmöglich!« Und dann sagen wir: »Stimmt genau! Wir beten unmögliche Gebete, denn Gott hat gesagt, dass uns nichts unmöglich sein wird.« … Hast du den Mut, Gott um Dinge zu bitten, bei denen sogar die Ältesten der Gemeinde sagen, dass sie unerreichbar sind?*[70]

So denken (und beten!) Visionäre. Solche Personen sind der Motor und Überlebensgarant jeder Vision. Weil sie nicht aus eigenen Ressourcen schöpfen und auch nicht alles von sich selbst abhängig machen. Sie rechnen mit einem Gott, der Wunder tut.

Schließlich **Aktion**. Ein anderes Wort für die im letzten Kapitel erwähnten Schritte, um ein Ziel zu erreichen. Die Aktion besteht in einer klar definierten Strategie, die Zwischenschritte, Termine, Verantwortlichkeiten und Kontrollinstrumente definiert. Das ist harte Arbeit. Von den drei Komponenten (abgesehen vom Gebet) vermutlich die anspruchsvollste und die langwierigste, denn sie erfordert einen langen Atem. Ein konsequentes Dranbleiben. Viel Beharrlichkeit.

Die sorgfältig ausgeführte Strategie steht nicht im Gegensatz zum Gebet. Sie drückt vielmehr aus, dass der Betende es mit seiner Erwartung wirklich ernst meint. Er rechnet mit Gottes Segen und macht sich deshalb bereit. Definiert, *was* es zu tun gibt, *wer* es tun wird und *wie* getan werden soll, was Gott uns aufträgt, wenn er unsere Gebete zu beantworten beginnt. Eines tut Gott dann nämlich sicher nicht: uns passiv dasitzen und zusehen lassen. Nein, dann bringt er uns auf die Beine.

## Von der Kunst, beweglich zu bleiben

Doch was ist in Zeiten, in denen Gott unsere unmöglichen Gebete nicht erhört, sondern uns ganz andere Wege führt? Unverständliche Wege? Wie ist Paulus damit umgegangen, dass er Rom nicht dann besuchen konnte, als er wollte? Und als es dann so weit war, in einem ganz anderen Zustand als beabsichtigt (nämlich als Gefangener)? Weil Paulus kein Überchrist, sondern ein normaler Mensch war, gehe ich davon aus, dass die Jahre des Wartens im Gefängnis in Cäsarea ihm zu schaffen machten. Dieses endlose Herumsitzen, während nichts geschah. Er, der noch so viel vorhatte! Einer seiner späten Briefe, der Philipperbrief, zeigt, dass er sich schließlich mit seiner Situation versöhnt hat. Er ist noch immer in römischer Gefangenschaft. Die Zeit seiner großen Reisen in Freiheit scheint vorbei zu sein. Er erwägt die Möglichkeit eines nahen Todes (Philipper 1,21-24). Wie er angesichts dieser menschlich gesehen eher trüben Aussichten seine gegenwärtige Lage interpretiert, erstaunt mich immer wieder von Neuem. Da ist kein Klagen und Jammern über die durchkreuzten Pläne. Kein Resignieren, kein Aufgeben, kein Selbstmitleid. Im Gegenteil, Paulus ist überzeugt, dass seine Gefangenschaft sogar Vorteile mit sich bringt. Nicht für ihn zwar, aber für sein Herzensanliegen, die Verbreitung des Evangeliums:

> *Brüder und Schwestern, das sollt ihr wissen: Meine Lage hat die Verbreitung der Guten Nachricht sogar noch gefördert. Den Beamten am Palast des Gouverneurs und allen anderen hier ist nämlich bewusst geworden: Ich bin deswegen in Haft, weil ich zu Christus gehöre. Und viele Brüder und Schwestern, die wie ich zum Herrn gehören, haben durch meine Haft Zuversicht gewonnen. Sie wagen jetzt viel mehr und verkündigen das Wort ohne Furcht (Philipper 1,12-14; BB).*

Das ist erstaunlich: Durchkreuzte Pläne sind für Paulus immer noch Gottes Pläne. Er erreicht darin seine Ziele. Wir lernen daraus ein Zweifaches:

### Erstens: *Es ist wichtig, mit dem Unerwarteten zu rechnen*

Das klingt widersprüchlich (aber Sie fühlen sich ja inzwischen im Paradox zu Hause …): Wie soll man mit dem Unerwarteten rechnen, wo es doch unerwartet ist? Die Antwort: Wir können nicht wissen, was auf uns zukommt, aber wir können uns der Wahrscheinlichkeit bewusst werden, dass manche Dinge anders sein und verlaufen werden, als wir es uns vorgestellt haben. Das Unerwartete ist erfahrungsgemäß das wahrscheinlichste aller Szenarien. Das gilt im Blick auf manch erfahrenes Glück ebenso wie im Blick auf manchen Schmerz. Berhard Pörksen und Friedemann Schulz von Thun sprechen von »der Gewissheit der Ungewissheit«[71]. Gut, wer das im Hinterkopf hat, wenn er seine Pläne schmiedet.

Ein sorgfältiges Studium der Geschichte zeigt, dass beinahe alle großen geschichtlichen Umwälzungen von niemandem vorausgesagt werden konnten. Von keinen selbst ernannten Propheten, Zukunftsforschern und anderen Experten. In seinem Buch *Geschichte der Zukunft* zeigt der deutsche Historiker Joachim Radkau[72] anhand der letzten hundert Jahre, dass sich die meisten großen Vorhersagen bezüglich technologischer, politischer und gesellschaftlicher Entwicklungen nicht erfüllt haben. Gekommen sind ganz andere Dinge, die niemand vorhergesehen hat.

Das Unerwartete ist erfahrungsgemäß das wahrscheinlichste aller Szenarien.

Sie können den Test machen. Hätten Sie vor acht Jahren gedacht, dass der Syrienkrieg so lange dauern und zu einer internationalen Flüchtlingskrise führen würde, welche die Europäische Gemeinschaft einer ernsthaften Belastungsprobe unterstellt? Hätten Sie gedacht, dass ein Mann wie Donald Trump US-Präsident wird? Die Briten die EU verlassen? Die Welt versucht ständig, das Unerwartete zu managen.

In unserem persönlichen Leben ist es nicht anders. Vieles von dem, was heute mein Leben prägt, hätte ich mir als Jugendlicher nicht ausdenken können. Manche Schwierigkeit hatte ich nie im Blick, manches Glück habe ich mir nicht vorstellen können. Es geschieht so vieles, womit wir nie gerechnet haben. Deshalb ist es umso notwendiger, die Sinne zu schärfen und uns immer wieder zu sagen: Schon morgen kann meine Welt ganz anders aussehen. Besser vielleicht, schwerer vielleicht. Nur eines bleibt: die

Gewissheit, dass Gott der Herr ist und zu seinem Ziel kommt – auf seine Weise, zu seiner Zeit.

### Zweitens: *Es ist gut, einen Plan B zu haben*

Nicht für alles, aber für ein paar wichtige Dinge im Leben sollten wir einen Plan B haben. In seinem Buch *Ganz oben* rät der Führungsexperte Jim Collins Organisationen, für jede maßgebliche Unternehmensstrategie ein »Worst Case«-Szenario im Blick zu haben. Er spricht in diesem Zusammenhang von einer »produktiven Paranoia« – einer sinnvollen Form der Vorsicht.[73] Viele Krisen in Unternehmen rühren daher, dass es zwar einen Plan A gab, aber keinen Plan B. Alle gehen selbstverständlich davon aus, dass es schon irgendwie klappen wird. Tut es aber oft nicht, weil das Unerwartete wieder einmal die Realität bestimmt: veränderte Wettbewerbsbedingungen, Preisverfall, unvorhergesehenes Kundenverhalten, ökologische und politische Entwicklungen. Ausfall von Schlüsselpersonen, Skandale usw. »Die Arbeitswelt ist wie das Klima heute: unvorhersehbar«, sagte Julien Haenny, Geschäftsführer einer Uhrenfirma, kürzlich in einem Interview.[74] Innerhalb einer Organisation ist es deshalb wichtig, für mindestens die folgenden Bereiche einen (schriftlichen!) Plan B zu erstellen.

- Was ist, wenn unsere zwei, drei wichtigsten Vorhaben (Vision, Strategie, Plan) fehlschlagen? Was tun wir dann? Wie lautet Plan B? Wie unser »Worst Case«-Szenario? Man formuliert dieses nicht als Ausflucht, um sich nicht mit ganzem Engagement für Plan A einzusetzen. Man formuliert es, um nach Eintreffen des Unerwarteten nicht ratlos und gelähmt zu sein.
- Was tun wir, wenn wir einen finanziellen Einbruch in Kauf nehmen müssen? Welche Schritte drängen sich auf, wenn wir mit 80 Prozent oder Zweidritteln des erwarteten Einkommens klarkommen müssen? Welche Möglichkeiten haben wir, das aufzufangen, ohne unseren Grundauftrag aufgeben zu müssen?
- Was tun wir, wenn die drei wichtigsten Führungskräfte unserer Organisation unvermittelt ausfallen? Wer sind die Stellvertreter? Wie werden die Aufgaben verteilt?

- Wie gehen wir im Alltag mit der Spannung zwischen dem Ideal und dem Möglichen um? Wie viel Pragmatismus erlauben wir uns? Pragmatisch zu sein, fühlt sich manchmal wie ein fauler Kompromiss an. Dennoch ist es wichtig zu fragen, wie groß der Spielraum zwischen dem angestrebten und dem letztlich gangbaren Weg aussehen darf.

Alleine für diese Alltagsrealitäten ein Szenario vor Augen zu haben, bewahrt vor viel Kopflosigkeit und Panik, wenn das Unerwartete um die Ecke schaut.

Doch auch in unserem persönlichen Leben ist es gut, an ein paar Stellen über einen Plan B nachzudenken. Der Punkt bei solchen Überlegungen ist: Wer sich nie darüber Gedanken macht, wird vom Unerwarteten gnadenlos überrollt. Wer aber ins Auge fasst, dass ein paar Dinge vielleicht ganz anders verlaufen als geplant, der ist handlungsfähiger, wenn es eintritt. Er stellt sicher, dass er keinen verengten Horizont hat, sondern für unterschiedliche Möglichkeiten offenbleibt. Damit trainiert er übrigens auch die Plastizität seines Gehirns und findet nach dem Eintreten des Unerwarteten in der Regel rascher zurück zum Blick nach vorne:

Wer aber ins Auge fasst, dass ein paar Dinge vielleicht ganz anders verlaufen als geplant, der ist handlungsfähiger, wenn es eintritt.

- Was tue ich, wenn ich in den nächsten Monaten meine Arbeit verliere? Welche Möglichkeiten habe ich dann? Was könnte mir helfen, einen solchen Schlag wirtschaftlich und seelisch zu verkraften? Bei wem finde ich Hilfe? Was könnte ich tun, um nicht gelähmt zu Hause zu sitzen und mich nicht mehr vor die Tür zu wagen?
- Was tue ich, wenn sich mein Einkommen aus nicht absehbaren Gründen um 20 Prozent oder mehr reduziert? Wie kommen wir dann als Familie durch? Welche Wege gibt es, einen solchen finanziellen Gau aufzufangen? (Denken Sie nicht zu schnell, es gebe dann keine. Hunderttausende von Menschen, denen dieses Unerwartete passiert ist, machen uns vor, dass es selbst dann Wege gibt.)

- Was tue ich, wenn ich die wichtigsten und liebsten Menschen in meinem Leben verliere? Ich weiß, man sollte sich so etwas nicht vorstellen müssen. Man muss es sich auch gar nicht ausmalen, schon gar nicht als Sorgenbeschleuniger. Dennoch: Der Tag wird unausweichlich kommen, an dem das geschieht. Manchmal kündigt es sich an, manchmal nicht. Hart ist es immer. Was ist dann? Natürlich kann ich nicht vorhersehen, wie das für mich sein wird. Aber ich kann ein paar Pfade der möglichen Bewältigung frühzeitig ins Auge fassen. Es muss gar nicht sein, dass ich sie dann auch genau so betreten werde, denn auch dort wird manches unerwartet sein. Aber es hilft der Seele, voller Dankbarkeit zu genießen, was mir heute noch geschenkt ist. Und auf der anderen Seite zu akzeptieren, dass es dafür keine lebenslangen Garantien gibt und das Leben auch danach weitergehen muss. Und kann.

Paulus rechnete damit, dass seine Pläne durchkreuzt werden könnten (siehe Kapitel 5). Ich weiß nicht, ob er sich im Voraus einen Plan B zurechtgelegt hat und, wenn ja, welchen. Tatsache ist, dass er am Ende einen hatte. Der Philipperbrief legt Zeugnis davon ab. Er hatte nicht nur einen – nämlich in seiner Gefangenschaft einen Vorteil für das Vorwärtskommen des Evangeliums zu sehen. Er hatte noch einen anderen, den besten überhaupt: Er wollte in allen Umständen die Freude und Dankbarkeit an Gott nicht verlieren.

*Freut euch im Herrn allezeit! Nochmals will ich es sagen: Freut euch.*
*Lasst alle Menschen eure Freundlichkeit spüren. Der Herr ist nahe.*
*Sorgt euch um nichts, sondern lasst in allen Lagen eure Bitten durch Gebet und Fürbitte mit Danksagung vor Gott laut werden.*
*Und der Friede Gottes, der alles Verstehen übersteigt, wird eure Herzen und Gedanken bewahren in Christus Jesus (Philipper 4,4-7).*

Egal, was passiert, eine solche Haltung zu bewahren, ist noch immer das Beste, was uns passieren kann. Üben wir sie deshalb heute schon: die Freude. Die Dankbarkeit. Das Leben im Frieden Gottes.

## Zur Vertiefung

- Haben Sie im Bezug auf Ihre wichtigsten Vorhaben und Pläne die drei Faktoren Vision, Person (Menschen) und Aktion im Blick? Bei welchen gibt es Unklarheiten und Nachholbedarf? Welches sind Ihre konkreten Schritte?
- Wie lauten Ihre Antworten zu den Fragen bezüglich Ihrem Plan B und Ihrem »Worst Case«-Szenario, wenn das Unerwartete eintritt (beruflich, privat)? Beziehen Sie Ihr Team und Ihre Familie in Ihre Überlegungen ein.
- Wie gestalten Sie die Spannung zwischen Gottvertrauen und der Bereitschaft, sich unerwarteten und unerwünschten Lebenswendungen zu stellen? Inwiefern hilft Ihnen das Beispiel des Apostels Paulus dabei?

# KAPITEL 14

# Menschen ermutigen – Menschen konfrontieren

Gerade habe ich beim Schreiben dieses Buches eine schöne ermutigende Erfahrung gemacht: Zu Beginn einer besonders intensiven Schreibwoche erreicht mich die Sprachnachricht von Jürg, einem Freund. Angesichts besonders herausfordernder Tage, die vor ihm liegen, bittet er mich um Gebet. Diese Art von gegenseitiger »Nothilfe« gewähren wir einander immer wieder. Ich antworte, ebenfalls via Sprachnachricht, und ergreife die Gelegenheit beim Schopf. Auch ich kann angesichts der aktuellen Schreiblast Gebet gebrauchen. Ich weiß, dass andere beten, zum Beispiel meine Lektorin. Ich sage also Jürg meine Unterstützung zu und bitte ihn, dasselbe für mich zu tun. Von nun an folgt jeden Morgen vor meinem Schreiben dasselbe Ritual: Während meiner inneren Ausrichtung auf Gott bete ich für Jürg – und er für mich. Zwischendurch halten wir uns mit Sprachnachrichten auf dem Laufenden. So entwickeln sich die folgenden Tage zu einer besonderen Partnerschaft der gegenseitigen Ermutigung. Als sie vorbei sind, können wir beide dasselbe sagen: Wir haben einander mit Gebet und ermutigenden Worten durch die Woche getragen. Haben erlebt, wie Gott unsere Bitte und unsere Freundschaft ernst genommen und mit seinem Segen besiegelt hat.

## Reife heißt beides können

Ermutigung ist eine stark unterschätzte Kraft! Experten weisen darauf hin, dass wir hohe Summen an Gesundheitskosten sparen (und damit Krankheiten vermeiden) könnten, wenn wir einander öfter ermutigen würden. Das gilt für den Arbeitsplatz, die Partnerschaft, die Familie und unser Miteinander in Organisationen.

Doch wir brauchen auch das andere: Menschen, die den Mut haben, uns offen und ehrlich ein unbequemes Wort zu sagen. Die uns ermahnen und konfrontieren, wenn wir mit unserem Reden und Verhalten die falsche Abzweigung erwischt haben. Es hilft uns nur halb, wenn wir bloß Ermutiger haben (oder sind), aber keine Ermahner. Genauso wenig ersprießlich ist es, wenn wir ständig Kritik, aber kaum Wertschätzung bekommen.

Damit stehen wir einmal mehr zwischen zwei Polen. Vor einem Paradox, bei dem es nicht um das eine oder das andere geht, sondern um ein Sowohl-als-auch. Reifes Handeln bedeutet, beides zu lernen: Mitmenschen an der richtigen Stelle zu ermutigen und sie im rechten Moment zu konfrontieren.

Beide Kompetenzen erzielen dort die größte Wirkung, wo sie in Freundschaft oder zumindest in gegenseitiges Wohlwollen eingebunden sind. Das hat damit zu tun, dass Gefährten einander kennen und vertrauen. Ihre Worte folgen meist einem verlässlicheren Urteil als die Einschätzung aus weiter Ferne. Menschen, die uns kennen, sind deshalb unsere glaubwürdigsten Ermutiger und Ermahner. Messen wir ihren Worten entsprechend höhere Bedeutung bei als den Lobeshymnen oder der Kritik von Menschen irgendwo da draußen. (Was nicht heißt, dass diese wertlos sind. Sie können berechtigt sein, aber die Trefferquote ist deutlich niedriger.)

Ich halte daher die Art und Weise, wie Jesus seine zwölf Jünger korrigierte und aufbaute, für besonders lehrreich. Er bildete mit ihnen eine enge, vertraute Gemeinschaft. Auf dem Boden dieser Freundschaft ermutigte und ermahnte er sie auffallend häufig. Beides ging Hand in Hand.

## »Ich bin nicht euer Che Guevara«

Jesus hat sich mit seinen Jüngern in die einsame Gegend bei Cäsarea Philippi zurückgezogen (im Norden der heutigen Golanhöhen). Dort bittet er sie um ihre Einschätzung: »Ihr habt mitbekommen, was die Leute über mich denken und sagen. Was habt ihr da so gehört? Für wen halten mich die Menschen?«

Die Jünger zählen die ganze Palette auf, von Johannes dem Täufer über den wundersam zurückgekehrten Propheten Elia bis zu anderen Prophetengestalten.

»Und ihr, was denkt ihr? Für wen haltet *ihr* mich?«, fragt Jesus.

Petrus antwortet ihm: »Wir glauben, dass du der Messias bist!«

Ich stelle mir vor, wie sehr Jesus dieses Statement freut. Zunächst gibt er deshalb seiner Freude Ausdruck und ermutigt Petrus mit einem atemberaubenden Versprechen: »Was für ein Geschenk, dass du dies erkannt hast – der Vater im Himmel hat es dir gezeigt! Ich habe auch für dich einen Ehrentitel, Petrus: Du bist der Fels, auf den ich meine Kirche bauen werde!«

Ein leidender Messias? Unmöglich! Das ist so etwas wie frittiertes Eis – es passt einfach nicht zusammen.

Doch Jesus ist auch besorgt. Er weiß genau, wie sich die Jünger den Messias in ihren Träumen vorstellen: als eine Art Che Guevara der Antike; als Kämpfer und Befreier. Er soll die Römer vertreiben, die das Heilige Land der Juden besetzt halten. Genau das hat Jesus nicht vor. Er versteht sich selbst zwar als den von Gott gesandten Christus, als Messias. Aber er ist es nicht in der Weise, wie es sich die Leute vorstellen. Jesus beginnt deshalb sofort, das Messiasbild seiner Jünger einer kosmetischen Korrektur zu unterziehen. Er kündigt an, dass Leiden auf ihn wartet. Dass ihn sein eigenes Volk ablehnen, verraten und töten wird.

Die Jünger reagieren entsetzt: »Ein leidender Messias? Unmöglich!« Das ist so etwas wie frittiertes Eis – es passt einfach nicht zusammen. Petrus ergreift das Wort und wiegelt nervös ab: »Jesus, entschuldige, dass ich so direkt bin, aber das ist Blödsinn! Du sollst nicht leiden, du sollst herrschen!«

Jesus sieht ihm lange in die Augen und erwidert: »Petrus, entschuldige, dass ich ebenfalls direkt bin, aber du bist des Teufels! Stell dich mir mit deinen militanten Messias-Fantasien nicht in den Weg. Du bist weder mein Imageberater noch mein Marketingchef. Du sollst mir nicht vorschreiben, was ich zu tun habe; du sollst mir nachfolgen!«

Was für ein spannendes Wechselbad der Gefühle: Zuerst ermutigt Jesus seinen Jünger Petrus – einen Augenblick später weist er ihn scharf und hart zurecht (nachzulesen in Matthäus 16,13-24).

Diese Geschichte steht exemplarisch für unzählige Gespräche Jesu mit seinen zwölf Freunden. Immer wieder tut er beides, manchmal beinahe zeitgleich: Er baut sie auf – und er formt sie um. Manchmal ist die Reihenfolge umgekehrt. In Lukas 22,24-30 treibt er den Jüngern ihre Machtgelüste aus. Sie debattieren darüber, wer von ihnen der Größte (Beste, Frömmste, Wichtigste) sei. Doch Jesus fordert sie auf, Diener zu sein. Solche, die immer dann, wenn es um ein Ehrenbankett geht, als Erste antraben, weil sie die anderen bedienen, und als Letzte wieder gehen (nach dem Aufräumen und Putzen). Dienen statt herrschen – das ist sein eigenes Motto und es soll auch ihres sein.

Immer wieder tut er beides, manchmal beinahe zeitgleich: Er baut sie auf – und er formt sie um.

Einen Atemzug später schon überrascht er die betreten dreinblickenden Jünger und sagt mit einem Augenzwinkern, aber ernst gemeint: »Keine Angst, die Zeit des Herrschens kommt: Im Reich meines Vaters werdet ihr zu den Privilegierten gehören. Ihr werdet an Tischen sitzen und man wird euch das Ehrenmahl auftragen. Ihr werdet sogar auf Thronen Platz nehmen und die zwölf Stämme Israels richten!«

Ich stelle mir vor, wie sich die Jünger überrascht ansehen und mit leuchtenden Augen flüstern: »Habt ihr's gehört, wir werden herrschen! Also doch! Wir werden einmal zu den Großen gehören!« Nach der Kälte der Schelte umhüllt er sie mit Wärme und Würde.

## Kostenlos ermutigen

Wie können wir andere ermutigen? Die Liste der Möglichkeiten ist schier endlos. Um uns auf die Sprünge zu helfen, versorgen uns ein paar tolle Bücher mit einer Fülle von praktischen Anregungen. Ich denke etwa an das Buch *1001 Tipps zur Mitarbeitermotivation* von Daniel Zanetti, aus dem sich auch viele Ideen für Partnerschaft und Familie ableiten lassen.[75] Auf drei einfache, aber sehr wirkungsvolle Möglichkeiten, die uns jederzeit zur Verfügung stehen (und sogar hundertprozentig kostenfrei sind), will ich eingehen.

### Erstens: *Ich ermutige Menschen, wenn ich ihnen gut zuhöre*

Zuhören ist für mich die grundlegendste und zugleich wichtigste Form der Wertschätzung. Sie besteht darin, dass ich einer Person meine ganze Aufmerksamkeit schenke, wenn sie mir etwas mitteilt. Ich gebe ihr Raum zu erzählen, was ihr wichtig ist, sie beschäftigt oder ihr Sorgen bereitet. Aufmerksam sein heißt: aktiv zuhören, Blickkontakt behalten, nicht unterbrechen, kurze Zeichen des Verstehens und des Mitgefühls senden. Wer das tut, drückt aus: »Du bist wichtig! Deine Meinung zählt. Wie es dir geht, was du denkst und fühlst, ist von Bedeutung. Ich schätze es, dass du deine Geschichte mit mir teilst. Dass du mir deine Sicht erklärst, auch wenn ich eine andere habe.« Natürlich, es gibt Vielredner, deren Monolog man nach einer gewissen Zeit zu einem Schlusspunkt geleiten muss. Davon abgesehen gilt: Echte Beziehungen, Vertrauen, Freundschaft und Verständnis wachsen dort, wo sich Menschen zuhören.

Ich habe drei Töchter, die mir halfen zu verstehen, welch wertschätzende Kraft echtes Zuhören hat. Als sie klein waren, haben sie uns Eltern frei und fröhlich Einblick gegeben in das, was sie bewegte. Dann kamen die Teenagerjahre und damit auch das Bedürfnis, ein paar Geheimnisse zu haben. Das muss so sein und wir haben nicht versucht, ihnen alles zu entlocken. Ich fand aber dennoch einen Weg, mit ihnen über Persönliches zu sprechen. Ich verrate Ihnen den Trick: Nackenmassagen! Abends, nach erledigten Hausaufgaben, beim Gutenachtsagen habe ich immer mal wieder ganz beiläufig gefragt: »Soll ich dir den Nacken massieren?« Manchmal war da ein kurzes Zögern, hie und da kam ein schnoddriges »Nein«. Meistens aber sagten sie: »Oh ja!«, und legten sich aufs Bett. Ich nahm etwas Massageöl und begann mein Werk. Da und dort ein Quieken und Zucken, weil es sie kitzelte, meist aber wohliges Entspannen. Ein paar Minuten war es still, dann auf einmal gab es diesen »Sesam öffne dich«-Moment: Wie von Zauberhand bewegt öffnete sich der Mund dieses vor mir liegenden Teenagers, der tagsüber kaum ein Wort über die Lippen brachte. Und heraus sprudelten: die Sorgen aus der Schule. Die Geschichten um Freundschaft, Verrat, Zickenkrieg; um Schminkzeug und Mode (ja, Väter, da müssen wir durch!); um Musik und hübsche Jungs.

In manchen Momenten war ich versucht, innezuhalten, ein ermahnendes Wort zu sagen oder auch mal Widerspruch anzumelden. Doch ich biss mir auf die Zunge, hielt den Mund und ließ es sprudeln. Massierte, knetete und drückte sanft; auch dann, wenn ich gerne mal kräftiger zugepackt hätte, weil mein Kind mir die neuste Mathe-Note beichtete. Ich hörte einfach zu. Da und dort stellte ich eine Rückfrage: »Was gefällt dir so an dieser Musik?« Ich konnte mir zwar nicht ansatzweise vorstellen, wie sie daran Gefallen finden konnten, verkniff mir aber die Belehrungen eines (aus der Sicht meiner Töchter) Greisen aus der Steinzeit, der nur einen Musikstil auf dieser Welt wirklich akzeptiert: Country. Wir sprachen über Songtexte, die – meiner Meinung nach – von Schwachsinn nur so troffen, und auch hier stellte ich (weiterknetend) Fragen: »Was spricht dich daran an? Was findest du gut?« Mit Verwunderung und Genugtuung stellte ich fest, dass mein Kind die hohlen Phrasen mancher Lieder sehr wohl durchschaute. Weil dieser Song aber in der Schule gerade in war, gehörte es einfach zur Pflicht, ihn auf dem Handy zu haben.

In wenigen Augenblicken erschloss sich mir, wie es meinem Kind ging. Und das, obwohl ich nichts anderes tat, als zu massieren und zuzuhören.

Es waren heilige Momente, diese Nackenmassagen. In wenigen Augenblicken erschloss sich mir, wie es meinem Kind ging. Und das, obwohl ich nichts anderes tat, als zu massieren und zuzuhören (ohne Blickkontakt zwar, aber gerade das war ein Vorteil). Wir erlebten ein Stück dessen, wovon in Kapitel 10 die Rede war: Wir ehrten das Recht auf Eigenständigkeit und bewahrten Verbindung und Zuwendung. Ich erlaubte meinem Kind, eigenständig zu sein, indem ich seine Meinung und seinen Geschmack nicht verwarf. Indem ich ihm meine Sicht nicht sofort mitteilte und nur kommentierte, wenn ich gefragt wurde. Und wir pflegten Beziehung – durch die physische Nähe, das Zuhören und Anteilnehmen.

Heute, viele Jahre später, kommen meine erwachsenen Töchter hie und da zu mir, drehen sich um und halten mir wortlos ihre Schultern hin. Körpersprache: »Magst du mich ein bisschen massieren?« Eine besondere Genugtuung aber empfinde ich, wenn eine von ihnen (wie letzte Woche) nach Hause kommt und erzählt: »Papa, ich habe im Auto Johnny Cash gehört!«

»Was?«, entgegne ich verwundert, »lief gerade ein Lied im Radio?«

»Nein«, meint meine Tochter wie beiläufig, »ich habe so eine Cash-Playlist …« Das sind Momente, in denen ich dahinschmelze …

Nun haben Sie vielleicht keine Kinder oder diese haben absolut keine Lust auf eine Nackenmassage. Auch bei Bürokollegen muss man andere Wege suchen. Finden Sie heraus, welche Formen der Aufmerksamkeit Sie dennoch etablieren können. Was das Zuhören und Verstehen erleichtern könnte. Vielleicht ein gemeinsames Bier nach Feierabend. Eine Kegelrunde. Eine Fahrt im Auto. Wer aktiv nach Möglichkeiten sucht, findet Wege, welche ihm ermöglichen, jemandem ungeteilte Aufmerksamkeit zu schenken. Sie werden bald merken, welch positive Wirkung diese Ermutigung auf Ihr Gegenüber hat.

### Zweitens: *Ich ermutige Menschen, wenn ich mich bei ihnen bedanke*

Vielleicht denken Sie beim Stichwort Dankesagen: Ist das nicht eine Selbstverständlichkeit und wurde darüber nicht schon tausendfach geschrieben und gepredigt? Mag sein, aber ich erlebe noch viel zu oft, dass viele von uns an dieser Stelle an einer seltsamen Form der Stummheit leiden. Da erzählt mir ein Mitarbeiter, der seit sieben Jahren beinahe jeden Sonntag auf den Gottesdienst in seiner Kirche verzichtet, um sich herumbalgend, Geschichten erzählend und zuhörend um die Kinder zu kümmern, dass ihm noch nie jemand aus der Gemeindeleitung Danke gesagt hat. Ich traue meinen Ohren nicht. »Wirklich? Hast du es vielleicht nicht gehört?« – »Nein«, er schüttelt resigniert den Kopf, »bei uns werden nur Gastredner gebührend gewürdigt.«

Ich denke auch an Menschen, mit denen wir am Rand unseres Alltags in Berührung kommen: das Verkaufspersonal im Supermarkt, die Bahnangestellte, die mir geduldig meine Fragen zum verspäteten Zug beantwortet. Der Buchhändler, der alles unternimmt, um mir ein schwer erhältliches Buch zu besorgen. Heute Morgen, es war noch dunkel, stand ich zufälligerweise vor dem Haus, als der Lastwagen hielt, der unsere Äste und Gartenabfälle einsammelt und entsorgt. Ich ging einen Schritt auf den Arbeiter zu und sagte nur: »Danke, dass Sie diesen Job machen und unseren Stapel mitnehmen!« Einen Moment lang schaute er mich irritiert an, dann hellte sich sein Gesicht auf und er stammelte: »Ja, äh, bitte!«, und kurz darauf mit freundlicher Miene: »Und Ihnen einen schönen Tag!«

Ich bin kein Mensch, der von sich aus ständig dankbar ist und allen Menschen entsprechend begegnet. Ich musste es bewusst eintrainieren. Dabei half mir eine einfache Regel: »Wann immer du jemanden dabei erwischst, eine Sache, und sei sie noch so klein, richtig gut zu machen, dann sag es ihm! Lob ihn, sag Danke!« Seit ich das tue, staune ich, wie oft sich dazu die Gelegenheit bietet – nämlich täglich. Wie viele Gründe mir meine (auch unbekannten) Mitmenschen geben, ihnen Danke zu sagen. Und noch etwas erstaunt mich: wie gut mir das selber tut!

Ich bin kein Mensch, der von sich aus ständig dankbar ist. Ich musste es bewusst eintrainieren: »Wann immer du jemanden dabei erwischst, eine Sache, und sei sie noch so klein, richtig gut zu machen, dann sag es ihm!«

### Drittens: *Ich ermutige Menschen, wenn ich meine Schätze teile*

Ich meine nicht in erster Linie materielle Schätze, obwohl es sie mit einschließen kann und soll. Meine Schätze, das sind auch all jene Dinge, die ich in meinem Leben gelernt und verstanden habe: Erfahrungen, Einsichten, aus Fehlern Gelerntes und andere wertvolle Lektionen. Nun gibt es Menschen, die anderen unablässig kundtun, was sie alles wissen. Was sie gerade gestern in der Zeitung gelesen oder im Fernsehen gesehen haben. Manche tun das auf eine Weise, die mühsam ist. Sie stülpen anderen ungefragt dieses und jenes über. Sie reden, auch wenn es keinen interessiert. Doch darum geht es mir nicht. Schätze teilen heißt für mich, klug abzuwägen und am richtigen Ort, bei der richtigen Person, im richtigen Moment etwas von dem ins Gespräch einzustreuen, was für den anderen ein Gewinn sein könnte. Nicht aufdrängend, nicht besserwisserisch, nicht belehrend, aber anbietend. Bezeugend. Ich achte dabei immer darauf, wie mein Gegenüber reagiert: Ist derjenige interessiert? Steigt er darauf ein? Fragt er nach? Es ist wie beim Bezeugen des Glaubens: Je größer die Offenheit, umso reichlicher streue ich aus und lege nach.

Für besonders wertvoll halte ich Lebenslektionen, die uns nicht schmerzfrei zugefallen sind: Weisheit, Einsicht und Verstehen, die wir in harten Zeiten gewonnen haben. Die wir in Zeiten des Versagens und aus Fehlern gelernt haben. Viele davon erweisen sich später als besonders kostbare Wahrheiten. Sie gehen so tief, dass wir sie niemals vergessen. Keiner kann sie uns rauben; sie haben sich tief in unsere Seele eingegraben. Sie sind gerade deshalb so ermutigend, weil sie uns zeigen, wie Gott manche unserer Unvollkommenheiten in Lebensschätze verwandelt. Fehler sind deshalb kein Grund zum Verzweifeln, sondern Chancen zum Wachsen. Wenn Versagen Lernmöglichkeiten sind, dann nimmt uns das die Angst vor ihnen.

Ich persönlich habe unzählige Schätze nicht auf klassischen Wegen des Lernens erworben, sondern durch Fehler. Dass ich heute nie mehr einen Konflikt auf schriftlichem Weg (Brief, E-Mail, Sprachnachricht …) löse, hat damit zu tun, dass ich es zu lange so gemacht habe. Bis eines Tages beinahe eine Katastrophe daraus hervorgegangen wäre. Mit einem mir lieben Mitarbeiter versuchte ich auf dem Mailweg, einen Konflikt zu lösen. Er lag falsch, da war ich mir sicher. Es musste gesagt beziehungsweise geschrieben werden! Natürlich wehrte er sich. Suchte nach Rechtfertigungen und drehte den Spieß um (so eine Frechheit!). Ich landete in der unreifen Zone und schoss zurück. So folgte E-Mail auf E-Mail. Manchmal vergingen nur Minuten bis zur nächsten Antwort – giftiger und aufgeheizter als zuvor. Am Ende hatte ich einen fünfseitigen Ausdruck von unserem Hin und Her vor mir – eine Ansammlung verbaler Hässlichkeiten. Das kindische Manöver zweier Erwachsener, die sich bisher bestens verstanden und nun per Tastatur ihr gutes Miteinander aufs Spiel setzten. Schließlich kam einer von uns zur Besinnung (ich weiß es nicht mehr, aber ich bezweifle, dass ich es war) und wir trafen uns zum Gespräch. Unsere Beziehung war so stark angeschlagen, dass wir beide nicht wussten, ob wir die Kurve kriegen würden. Gott sei Dank gelang es. Seither weiß ich: Konflikte – nie mehr schriftlich. Das ist einer meiner »Schätze«, die ich teile, wo immer es um dieses Thema geht.

## Freundlich konfrontieren

Manchmal bewegen wir uns auf der anderen Seite der Polarität. Nicht ermutigen ist angesagt, sondern ermahnen (im Neuen Testament handelt es sich dabei übrigens um ein und dasselbe Wort. Das zeigt, wie sehr beides zusammengehört). Was aber heißt es, jemandem etwas Kritisches zu sagen? Wie kann man es als Ausdruck reifen Handelns tun?

Dies zu beantworten, ist nicht ganz einfach, denn es gibt dabei große kulturelle Unterschiede. In Japan beispielsweise (aber auch zu großen Teilen in Afrika) wäre es höchst beschämend, jemanden direkt oder gar öffentlich zurechtzuweisen. Es wäre eine Bloßstellung, die man vermeidet, wenn man es gut miteinander meint. Ermahnung, aber auch Konfliktlösung, geschieht dort durch Formen, die für uns Westeuropäer kaum infrage kommen – oft indirekt, zum Beispiel via eine Drittperson, die das Unangenehme als nicht Betroffene zur Sprache bringt. Bei uns wäre die Umgehung des direkten Weges eher Ausdruck einer unreifen Form der Ermahnung. Sobald wir also unseren eigenen Kulturkreis verlassen, erfordert reifes Handeln, dass wir die der anderen Kultur angemessenen Formen einer taktvollen und zugleich wirksamen Ermahnung kennenlernen. Der folgende Grundsatz aber gilt kulturübergreifend: Eine angemessene Zurechtweisung beschäftigt sich nicht mit Vorwürfen, mit Richtig oder Falsch; sie sucht nicht einen Schuldigen, sondern eine Lösung. Sie ist Ausdruck ernster und gerechtfertigter Sorge. Sie ist auf Klärung aus. Es ist eine Arbeit auf Beziehungsebene, die auf Klarheit auf der Sachebene zielt.[76]

Wie eine Konfrontation in unserem Kulturkreis auf der Gesprächsebene gestaltet werden kann, dazu habe ich an anderer Stelle einiges geschrieben, was hier nicht wiederholt werden soll.[77] Ich ergänze drei Aspekte, von denen ich meine, dass sie über unsere westeuropäische Kultur hinaus Gültigkeit haben.

### Erstens: *Es ist wichtig, zeitnah zu reagieren*

Etwas Heikles ansprechen macht dann am meisten Sinn, wenn ich es zeitnah zum damit verbundenen Ereignis tue. Das heißt, wir kommen nicht als Feuerwehr um die Ecke, wenn die Asche schon längst beseitigt ist. Wir bringen nicht unvermittelt einen Fehler auf den Tisch, der jemandem vor Wochen oder gar Monaten passiert ist. Manchmal geschieht nämlich genau dies: Eine Leitungsperson ärgert sich über längere Zeit hinweg am Verhalten eines Mitarbeiters, sagt aber nichts. Plötzlich reißt ihr Geduldsfaden und sie tischt ihrem Mitarbeiter die innerlich säuberlich erstellte Liste seiner Versagen der letzten sechs Monate auf. Das geht immer schief, weil ein solch angehäufter Schuldensaldo einen Menschen in die Enge treibt. Dazu kommt, dass wir bei solchem Vorgehen nicht den richtigen Ton finden. Statt auf die einzelnen Vorkommnisse angemessen zu reagieren, versetzt uns die Anhäufung von Vorwürfen in eine emotionale Überhitzung, sodass wir im Gespräch kaum noch sachlich über die einzelnen Punkte sprechen können. Der Schneeballeffekt hat aus lauter kleinen Schneehäufchen einen großen, mächtigen Schneeball gemacht, den wir dem anderen nun kräftig unter die Nase reiben. Zeitnah reagieren heißt: das zur Sprache bringen, was aktuell ist. Keine alten Geschichten. Wenn ich es damals versäumt habe, über ein Vorkommnis zu sprechen, ist das mein Fehler. Es gehört nicht mehr hierher.

Statt auf die einzelnen Vorkommnisse angemessen zu reagieren, versetzt uns die Anhäufung von Vorwürfen in eine emotionale Überhitzung,

### Zweitens: *Es ist wichtig zu klären, ob der Standard klar war*

Als unsere Töchter Teenager waren, ging es oft um die Frage, wann sie am Samstagabend wieder zu Hause sein sollen. Manchmal wurde es meiner Meinung nach zu spät. Dann rumorte in mir diese Mischung aus Ärger und Sorge, die zwischen Kindern und Eltern oft zu hitzigen Debatten führt. Nun kam es vor, dass ich das betroffene Kind zur Rede stellte, nur um dann festzustellen, dass ich im Vorfeld keine klare Zeitangabe kommuniziert hatte. Ich sagte: »Komm nicht zu spät«, statt: »Um Mitternacht bist du zu Hause.« Wo immer es keine für beide Seiten klare Vereinbarung gibt, kann ich im Nachhinein keinen Vorwurf machen. Wo immer ich stillschweigend etwas voraussetze, bleibt ein freier Interpretationsspielraum, und damit auch ein Spielraum für Beliebigkeit. Ich muss deshalb meine Erwartungen klären, mit der betroffenen Person Vereinbarungen treffen, Standards definieren. Erst dann lässt sich beurteilen, ob jemand etwas versäumt oder falsch gemacht hat.

Einmal kam eine unserer Töchter nachts um 3 Uhr (statt um Mitternacht) nach Hause. Ich hörte es zufällig und holte schon zur Schelte aus. Dann besann ich mich und fragte stattdessen: »Weshalb kommst du erst jetzt?« Meine Tochter erzählte von einer jungen Frau, die sie auf dem Heimweg getroffen hatte. Es schien ihr schlecht zu gehen. Sie lag am Boden, war zeitweise bewusstlos. Meine Tochter suchte Hilfe, rief den Krankenwagen und begleitete die Frau in die Notaufnahme des nahen Krankenhauses. Sie blieb dort, bis ihre Eltern da waren, und kam anschließend nach Hause.

Während ich meiner Tochter zuhörte, verflog mein Ärger und wich mächtigem Vaterstolz darüber, wie verantwortungsvoll und fürsorglich sie reagiert hatte. Was ich daraus lernte: Es ist immer gut, wenn wir sorgfältig nach den Gründen für ein bestimmtes Verhalten fragen, vor allem, wenn es uns missfällt. Was ist die Sicht des anderen? Was hat ihn veranlasst, so zu handeln? Die Gründe können entscheidend sein im Blick auf die Frage, ob jetzt ein Wort der Ermahnung oder des Lobes fällig ist. Halten wir uns also zurück mit unseren »vorschnellen Begradigungs- und Bekehrungsversuchen«, wie Friedemann Schulz von Thun solch verbales Vorpreschen nennt.[78]

### Drittens: *Es ist wichtig, sich das Herz eines Friedensstifters zu bewahren*

Weil sich bei Menschen Korrektur und Kritik so oft mit Unwillen und Ärger mischen, assoziieren wir damit vorwiegend negative Gefühle – egal, ob wir deren Absender oder Empfänger sind. Das erschwert einen guten Umgang damit. Auch deshalb ist es ratsam, zwar zeitnah, aber auch nicht zu unmittelbar auf das problematische Verhalten einer Person zu reagieren. Besonders, wenn wir selber noch zu aufgewühlt, enttäuscht, verletzt oder verärgert sind. Dann sollten wir zuerst den Weg aus der unreifen (bzw. roten) Zone zurück in die reife (bzw. grüne) Zone finden (Kapitel 6).

Ich erinnere daran, was uns dabei hilft: das Gebet um ein ruhiges Herz und um besänftigte Emotionen (»via spiritualis«), das Gespräch mit einem Freund, ein Spaziergang, tiefes Durchatmen etc. Danach sind wir zum nächsten Schritt fähig: dass wir (nicht nur in unserer Reaktion) Person und Sache trennen. Uns auf die Sache konzentrieren, um die es geht. Als Christen gehen wir noch einen Schritt weiter: Wir ordnen die Notwendigkeit der Konfrontation unserem Auftrag unter, in allen Umständen Friedensstifter zu sein. Wir verpflichten uns, dieses Merkmal ernsthafter Nachfolge in Matthäus 5,9 (vgl. Römer 12,18 und 14,19; Hebräer 12,14) zum Leitwert unseres Verhaltens auch den Menschen gegenüber zu machen, die wir schwierig finden.[79]

Friedensstifter sein heißt für mich: Egal was vorgefallen ist, wie hart oder verletzend die Worte waren, die gefallen sind – ich lasse meine Hand ausgestreckt. Ohne Ausnahme. So viel an mir liegt und mir möglich ist: Ich will zur Versöhnung beitragen.

Es gab Tage, an denen ich ihm nichts Gutes wünschte. Gleichzeitig wusste ich, dass eines keine Option war: Hass- und Rachegefühlen das letzte Wort zu überlassen.

Vor einigen Jahren wurde dieser Grundsatz so richtig auf die Probe gestellt. Ich geriet in eine kräfteraubende Auseinandersetzung mit einem Mann. Eine Zeit lang hatte er mich für mein Leiten und Verkündigen gelobt. Dann muss ich ihn irgendwie enttäuscht haben. Das Blatt wendete sich. Er wurde zu meinem schärfsten Kritiker. Mehr noch, er versuchte zu erreichen, dass ich meine Leitungsaufgabe abgeben musste. Sein Bestreben folgte immer erbitterter diesem Plan. Die Anspannung, die für mich damit verbunden war, gehört zur emotional aufwühlendsten Zeit meiner bisherigen Führungstätigkeit. Es gab Tage, an denen ich ihm nichts Gutes wünschte. Gleichzeitig wusste ich, dass eines keine Option war: Hass- und Rachegefühlen das letzte Wort zu überlassen. Ich bat ihn deshalb immer wieder um Klärungsgespräche. Er entzog sich ihnen. Am Ende wurden ihm meine immer neuen Versuche, in Ruhe mit ihm zu reden, zu bunt. Er beendete seinen Dauerbeschuss und verließ die Organisation. Nun hatte ich zwar Ruhe, aber Frieden oder Versöhnung war das nicht. Ich machte deshalb in der Folgezeit noch mehrmals den Versuch, die ungeklärte Situation mit ihm zu besprechen. Wollte wenigstens nachträglich ein Stück Klärung oder gar Versöhnung für uns beide gewinnen. Er wollte nicht und ich musste es akzeptieren. Gleichzeitig ist mein Herz in dieser Sache zur Ruhe gekommen. Da ist keine Bitterkeit, keine Wut, nicht einmal mehr Schmerz. Was mir zeigt: Die Bereitschaft, Friedensstifter zu sein, wirkt nicht nur nach außen, es wirkt auch nach innen. Bei uns selbst!

## Zur Vertiefung

- Überlegen Sie sich, welcher Person in Ihrem Leben es viel bedeuten würde, wenn Sie ihr in den nächsten Tagen bewusst zuhören. Welche Möglichkeiten haben Sie, eine solche Gelegenheit zu schaffen? Gibt es äußere Formen oder Rituale, die Sie einführen könnten, um in diesen Momenten bewusst zuzuhören und so Wertschätzung zu zeigen?
- Versuchen Sie eine Woche lang jeden Tag mindestens fünfmal bewusst einem Mitmenschen zu danken: in der Familie, im Beruf, in der Nachbarschaft, im Laden … Sagen Sie der betreffenden Person konkret, wofür Sie ihr danken.
- Welche Schätze aus Ihrem Wissen und Ihrer Erfahrung können Sie bewusster teilen? Wo und wann fangen Sie damit an?
- In welcher Situation in den letzten Tagen hätten Sie jemanden auf hilfreiche Weise auf etwas Kritisches ansprechen wollen oder sollen, haben es aber nicht getan? Was war der Grund für Ihre Zurückhaltung? Wie wollen Sie das nächste Mal in einer vergleichbaren Situation reagieren?
- Wo ist es nötig, gemeinsame Abmachungen zu treffen, den Standard zu klären, um jemanden nicht aufgrund unausgesprochener Erwartungen zu kritisieren?
- In welcher aktuellen Beziehung ist es wichtig, dass Sie sich bewusst vornehmen, eine Friedensstifterin, ein Friedensstifter zu sein? Wie konkret können Sie das gestalten?

KAPITEL 15

# Das Leben ist voll davon – der Glauben auch: ein Lob dem christlichen Paradox

Wir könnten in diesem Buch noch viele weitere Polaritäten beleuchten, die uns im Alltag begegnen. Das Leben ist voll davon und es wäre reizvoll, auch ihnen je ein Kapitel zu widmen. Zum Beispiel den folgenden Spannungsfeldern:

- arbeiten – ausruhen
- reden – schweigen
- für eine Sache kämpfen – sie wieder loslassen
- sorgfältig abwägen – mutig entscheiden
- loslegen – abwarten
- sich auf eine Sache fokussieren – sich vom Tunnelblick befreien
- sich nicht verunsichern lassen – sich beeinflussen lassen
- allein sein können – zur Gemeinschaft fähig sein
- Autorität ausüben – sich unterordnen
- Realitäten akzeptieren – nicht resignieren
- weinen – lachen
- Erfolge feiern – Niederlagen meistern
- sich selbst treu bleiben – sich nicht zu ernst nehmen

Ich habe mich auf die in diesem Buch behandelte Auswahl beschränkt, weil sie zu den Themen gehören, die mir in der Begleitung von Menschen und Organisationen häufig begegnen. Gerade wer in Familie, Partnerschaft, öffentlichen oder privaten Institutionen, Kirchen Verantwortung übernimmt, befindet sich angesichts der hier behandelten Spannungsfelder häufiger in einem Dilemma. Er oder sie steht dann in Gefahr, dem Denken zu erliegen, seine Situation stelle ihn vor ein Entweder-oder. Dass eine Sowohl-als-auch-Haltung inkonsequent, ein falscher Kompromiss oder gar feige sei. Der Grund für die in diesem Buch getroffene Auswahl hat aber auch mit mir selbst zu tun, mit Polaritäten, mit denen ich in meinem eigenen Alltag häufig konfrontiert bin.

## Auch im Glauben …

Ein letzter Bereich aber darf nicht fehlen, nämlich einige Gedanken zu den Polaritäten des Glaubens – zum Umgang mit Aussagen der Bibel und christlichen Überzeugungen, die uns widersprüchlich erscheinen. Man könnte ein ganzes Buch darüber schreiben! Ich beschränke mich auf ein paar wesentliche Hinweise und möchte damit eine Spur legen, die uns eine Hilfe sein kann. Denn eines ist klar: Das Paradoxe ist nicht bloß ein weit entfernter Verwandter des Glaubens. Es gehört in seinen engsten Familienkreis und sitzt täglich bei ihm zu Tisch. Mündigkeit im Glauben bedeutet deshalb auch zu lernen, die Polaritäten des Glaubens nicht als Last oder Gefahr zu betrachten, sondern als etwas, was den Glauben tief, schön und reich zu machen vermag.

Im Blick auf den Glauben von paradoxen Wahrheiten zu sprechen, ist ein Risiko. Für manchen Christen kommt es fast einem Verrat des Glaubens gleich. Ihr Gott (bzw. ihr Bild von ihm) ist rund und schlüssig, frei von Ecken und Kanten. Er verunsichert und verwirrt sie niemals. In ihrem Glaubensverständnis gibt es nichts, worüber man stolpern kann; nichts, was unbequeme Fragen oder Zweifel aufwirft.

Wie anders bei den Autoren der Bibel! Die Psalmdichter werfen Gott angesichts so mancher Ungerechtigkeit ihr trotziges »Warum, Gott?!« entgegen. Sie tun es aller Mahnungen mancher Seelsorger zum Trotz, man solle doch besser nach dem »Wozu« fragen statt nach dem »Warum«. Die Psalmisten schlagen diesen Rat einfach in den Wind. Auch andere Gestalten der Bibel begehren angesichts der Widersprüchlichkeit des Lebens auf. Der Prophet Habakuk wirft Gott Ungerechtigkeit vor: Statt den Bösen zu bestrafen, lässt er ihn ungeschoren davonkommen. Hiob beschwert sich bei Gott, Jeremia ebenfalls. Jesus weint vor der Kreuzigung und bittet um Schonung. Paulus gibt zu, dass er Gott nicht versteht. Die Verfolgten in der Johannes-Offenbarung klagen, dass Gott so lange auf sich warten lässt und das erlittene Unrecht nicht rächt.

Wir sehen bei all diesen »Helden des Glaubens«: In ihrem Gottesbild und Glauben fügt sich nicht eines harmonisch ins andere. Es werden nicht alle Fragen beantwortet und es geht nicht alles auf. Ein Grund dafür sind die Spannungen, die uns die Polaritäten des Glaubens zumuten. Wer sich ihnen stellt, wird immer beides erleben: erstens, dass er sich an manchen von ihnen reibt. Sie machen uns zu schaffen, rauben uns einige für unantastbar gehaltene Gewissheiten. Zweitens, dass dieselben Spannungsfelder zu einer Bereicherung des Glaubens beitragen können. Manche von denen, die uns gestern bedrängt haben, trösten uns heute. Sie weiten unseren Blick und vertiefen unser Staunen über Gott. Sie gefährden unseren Glauben nicht, sondern bereichern ihn. Gerade deshalb lohnt sich die Auseinandersetzung mit ihnen.

> Eines ist klar: Das Paradoxe ist nicht bloß ein weit entfernter Verwandter des Glaubens. Es gehört in seinen engsten Familienkreis und sitzt täglich bei ihm zu Tisch.

## Reif ist, wer beide Seiten im Blick hat

Auch in Fragen des Glaubens ist die Liste möglicher Polaritäten und Spannungsfelder lang. Der Religionspädagoge Fritz Oser und der Theologe Paul Gmünder weisen auf eine Reihe von Polen hin, mit denen der Mensch im Verlauf seiner Glaubensentwicklung konfrontiert wird. Wer im Glauben wachsen will, der kennt beide Dimensionen der folgenden Spannungsfelder und muss lernen, sich darin zu bewegen, darin mündig zu werden:

- **Heiliges und Profanes:** Sosehr es sich unterscheidet, sosehr bringt Gott in seiner Offenbarung und Menschwerdung durch Jesus beides zusammen und damit auch beide Dimensionen in unser eigenes Leben hinein. Dort stehen sie in oft spannungsvoller Weise nebeneinander und fließen ineinander.
- **Transzendenz und Immanenz** (Jenseitiges/Geistliches und Innerweltliches): Der Glaubende weiß um Gottes Möglichkeiten und Kräfte, die außerhalb von ihm selbst liegen und auf sein Leben einwirken. Gleichzeitig kann er sein Leben in Selbstverantwortung gestalten und formen.
- **Freiheit und Abhängigkeit**: Der Mensch lebt selbstbestimmt im Rahmen der Freiheit, die Gott ihm schenkt. Gleichzeitig ist er von Geburt an abhängig von Gott, der ihm seinen Atem einhaucht und ihm sein Leben erst ermöglicht.
- **Ewiges und Vergängliches:** Der Glaubende rechnet mit einem Leben über den Tod hinaus. Dort sind auch die Früchte seines Lebens und Glaubens, seine »Schätze im Himmel« (Matthäus 6,20), aufgehoben. Auf der anderen Seite sind sein Körper und manche seiner Werke der Endlichkeit und Vergänglichkeit unterworfen.
- **Geschenktes und Erarbeitetes:** Das Leben, Gedeihen, Gesundheit, Lebenskraft sind freie Gaben Gottes, ohne die wir keinen Atemzug machen können. Gleichzeitig haben wir mitgestaltenden Einfluss auf unsere Gesundheit, auf Vitalität und auch darauf, uns fortzupflanzen.[80]

Wachsen in der Glaubens- und Lebensreife wirkt sich nach Oser und Gmünder so aus, dass wir solche Polaritäten immer weniger als Widersprüche empfinden, sondern als zwei Seiten derselben Medaille. Wir zerbrechen nicht an ihnen, spielen sie nicht gegeneinander aus, sondern können sie in Balance halten.

Wir finden diese Spannungsfelder alle auch in der Bibel (daraus leiten Oser und Gmünder sie letztlich ab), einige davon etwas offensichtlicher, andere weniger oder anders formuliert. Gleichzeitig finden wir in der Bibel eine ganze Anzahl weitere paradoxe Wahrheiten, zum Beispiel diese:

- Im biblischen **Buch Prediger** (Kohelet) begegnen wir einem kleinen **Kompendium von Polaritäten**. Sie zeigen die ganze Komplexität des Lebens und machen deutlich, dass alles seine von Gott gegebene Zeit und Stunde hat: gebären – sterben, pflanzen – ausreißen, töten – heilen, einreißen – aufbauen, weinen – lachen, klagen – tanzen, Steine werfen – Steine sammeln, umarmen – sich aus der Umarmung lösen, suchen – verlieren usw. (siehe Prediger 3,1-9).
- Es gibt in der Bibel die **Spannung zwischen Gabe und Aufgabe**: Das Leben aus Gott ist immer ein vollumfängliches Geschenk. Es lässt uns aber nicht tatenlos bleiben, sondern verändert uns zum verantwortlichen Handeln und Gestalten. Das lässt sich schön anhand des Aufbaus des Römerbriefes zeigen. Die ersten acht Kapitel betonen die Gabe: die von Gott bedingungslos geschenkte Annahme und Versöhnung. Nach einem Zwischenteil, in dem er sich mit Israel beschäftigt, bringt Paulus ab Kapitel 12 die Verantwortung des Menschen zur Sprache: die Aufgabe, die sich aus der empfangenen Gabe ergibt.
- Das Neue Testament thematisiert immer wieder die **Spannung zwischen Alt und Neu, zwischen Gegenwart und Zukunft**: In Christus ist eine neue Zeit angebrochen; wer glaubt, kann ein neues Leben beginnen (2. Korinther 5,17). Er gehört einer neuen Welt und einer neuen Zeit an – dem Reich Gottes. Gleichzeitig steht die Vollendung des Neuen noch aus. Es hat begonnen, aber es ist noch nicht ans Ziel gelangt, sondern ist noch mancher Gebrochenheit der gegenwärtigen Welt unterworfen (Römer 8,19-25). Diese Spannung fasst Johannes in seinem Brief treffend zusammen: »Ihr Lieben, jetzt sind wir Kinder Gottes. Aber was wir einmal sein werden, ist noch gar nicht sichtbar« (1. Johannes 3,2a; BB).
- Wir begegnen in der Bibel der Polarität, die sich in uns selbst manifestiert, nämlich dass wir **Sünder und Heilige zugleich** sind. Wer behauptet, er sei sündlos, ist ein Lügner, argumentiert der Apostel Johannes (1. Johannes 1,8). Gleichzeitig gilt, dass wir im Vertrauen auf Jesus Christus in den Augen Gottes als Gerechtfertigte, als Schuldlose und vollständig in Ordnung gebrachte Menschen vor

ihm stehen (siehe Kolosser 1,22 und 2,14) Wir leben also als heilige Sünder und sündige Heilige (halten Sie diese Spannung aus!).

- Gerade in der verantwortlichen Gestaltung unseres Lebens und in Führungsaufgaben stehen wir vor dem Paradox, dass wir darin **auf Gott hören** und nach seinem Willen handeln möchten. Gleichzeitig sollten wir es nicht unterlassen, auf der Suche nach der richtigen Antwort **gründlich nachzudenken**. Das ist eben kein Widerspruch – nur wer beides tut, handelt geistlich und nimmt alle Gaben Gottes in gleicher Weise ernst.
- Wir könnten weitere biblische Polaritäten aufzählen: Glaube – Werke, Gnade – Gesetz, Freiheit – Verantwortung, Gottes Handeln – Gottes Schweigen, Gottes Begnadigen – Gottes Richten, Gottes Liebe – Gottes Zorn usw. Jedes Thema bietet viel zu entdecken und aufzuschlüsseln. Wie gesagt: Man könnte Bücher damit füllen …

Lassen Sie mich statt einer erschöpfenden Aufzählung weiterer Beispiele lieber das Phänomen als solches noch einmal in den Blick nehmen: Wie gehen wir mit diesen Spannungen und scheinbaren Widersprüchlichkeiten um? Wie können wir zuversichtlich glauben und uns davon weder verunsichern noch lähmen lassen?

## Polaritäten des Glaubens sind wie Ameisen

Der presbyterianische Pfarrer Frederick Buechner bezeichnet Zweifel im Glauben als Ameisen, die in unseren Hosen herumkrabbeln, und fügt hinzu: »Sie sorgen dafür, dass dein Glaube wach und lebendig bleibt.«[81] Dieser Vergleich passt ausgezeichnet auch zu den Spannungsfeldern des Glaubens. Auch sie sind wie kribbelnde Ameisen in den Hosen des Glaubens. Auch sie sorgen dafür, dass wir nicht träge werden, sondern wach und lebendig bleiben. Natürlich, manchem Christen werden sie auch Anlass zu einer ungesunden Form der Radikalität. Das geschieht dort, wo jemand bei einem entsprechenden Thema nur einen der Pole für richtig hält. Die Wahrscheinlichkeit ist groß, dass er diejenigen, welche die andere Seite hochhalten, bekämpft. Das ist die Schattenseite dieser Spannungsfelder. Sie verleiten manche Christen zur Polarisierung. Man erhebt die eigene Sicht zum Dogma (zum festen und absoluten Lehrsatz) und erklärt die der anderen zur Häresie (zur Irrlehre), die es zu bekämpfen gilt.

Wer die Balance verliert, dessen Glaube wird zur Ideologie, zum religiösen Kampfschwert, das manchmal mit Härte gegenüber jenen eingesetzt wird, welche die eigene Sicht nicht teilen. So kann eine verengte Sicht des Glaubens bis zum Extremismus führen. Dieser mag gewaltlos sein, ist in der Grundhaltung aber genauso feindselig gegenüber Andersdenkenden. Und genauso destruktiv. In einem Interview darauf angesprochen, meinte der anglikanische Theologe John Stott, dass dahinter oft eine unbegründete Angst stecke. Und das Bedürfnis nach Macht:

> *Wenn wir Angst haben, ziehen wir uns in unsere eigenen Gemeinschaften und Gettos zurück. Dort fühlen wir uns sicher, weil hier alle gleich denken wie wir. Ich kenne diese Furcht selber auch; sie ist Teil unserer allgemeinen menschlichen Unsicherheit. Deshalb suchen wir uns lieber ein Umfeld, das uns bestätigt, statt eines, welches uns infrage stellt. Manchmal aber geht es noch um etwas anderes, Schwerwiegenderes, nämlich um Ambitionen. Es gibt unter Christen ein großes Bedürfnis, sich das eigene Reich aufzubauen, auch im Blick auf Sichtweisen und Meinungen. Das einzige Reich aber, das uns interessieren sollte, ist das Königreich Gottes. Ich befürchte allerdings, dass einige lieber ihr eigenes Königreich bauen.*[82]

Wem es gelingt, sich diesen Fallen zu entziehen, für den können die Polaritäten des Glaubens zum Gewinn werden. Zu einer Herausforderung, die ihn wachsen und reifen lässt. Er lernt, dass weder das Leben noch der Glaube simpel sind. Nicht kompliziert zwar – auch ein Kind kann sie verstehen. Aber nicht statisch, in ein einfaches, uns Menschen bequemes Raster passend. Wir erkennen die Komplexität an und können dies als Gewinn betrachten. Denn was komplex ist, lässt uns staunen. Da gibt es viel zu entdecken. Wir bleiben aktiv herausgefordert, werden aus der Komfortzone gelockt – und bleiben gerade dadurch Wachsende. Elton Trueblood schreibt:

> *Etwas vom Wertvollsten, was das christliche Denken zum Denken der Welt beitragen kann, ist die Betonung, dass das Leben komplex ist. Es ist ein fester Bestandteil der christlichen Sicht auf die Realität, dass alle allzu vereinfachenden Antworten auf grundlegende Fragen mit hoher Wahrscheinlichkeit falsch sind. Immer und immer wieder heißt die Antwort nicht »entweder – oder«, sondern »sowohl – als auch«.*[83]

Manche Christen betrachten den Umgang mit den Spannungsfeldern des Glaubens als eine Art Drahtseilakt: Man muss immer fürchten, auf der einen oder anderen Seite herunterzufallen. Doch ist dies ein ungeeigneter Vergleich, wie der Theologe Kyle Snodgrass schreibt. Er schlägt ein anderes Bild vor: das der gut gespannten Saite eines Instruments, einer Gitarre oder Violine. Wenn die Saite zwischen zwei gegenüberliegenden Halterungen richtig eingespannt ist, dann kann das Instrument gespielt werden. Die Saite erzeugt, zusammen mit anderen, schöne, harmonische Töne. Verliert die Saite ihre Spannung, gibt es keine Musik. Ist sie zu stark angespannt, reißt sie. Mit den paradoxen Wahrheiten des Glaubens verhält es sich gleich.[84]

## Spannungsfelder als Beziehungs-Kick

Wenn ich mich frage, was sich Gott dabei gedacht hat, als er diese reiche, spannungsvolle Welt des Glaubens schuf, dann sehe ich eine Antwort darin, dass gerade die Komplexität mich zur Beziehung mit ihm einlädt. Wenn der Glaube kein vom Menschen leicht überschaubares System ist; wenn er nicht aus sorgfältig abgesicherten und unumstößlichen Lehrsätzen besteht; wenn er weniger einem Block aus Gussbeton gleicht, sondern eher einer weiten Landschaft mit Tausenden unterschiedlichen Gegenden, Orten und geheimnisvollen Winkeln, die es zu entdecken und zu ergründen gilt, dann gibt es nur einen Weg, damit umzugehen: Man muss denjenigen kennen, der diese Welt schuf. Man muss sie an seiner Seite sorgfältig durchschreiten. Mit *seinen* Augen sehen lernen. Sich von ihm die Dinge erklären lassen. Und dort staunen, wo Erklärungen nichts taugen, weil die Wirklichkeit die Vorstellung übersteigt.

Ich will damit nicht sagen, dass es keine christliche Lehre, keine Gewissheiten und verlässlichen Wahrheiten gibt. Wäre dies der Fall, wäre der Glaube eine beliebig zu handhabende Angelegenheit mit unbegrenztem Interpretationsspielraum. Doch so ist es nicht. Aber es gibt neben der Klarheit der Schrift, welche den Reformatoren so wichtig war, auch vieles, das es neu zu entdecken gilt. Viele Wahrheiten des Glaubens stehen nicht absolut da – es gibt einen gegenüberliegenden Pol dazu. Damit meine ich nicht eine Gegenwahrheit, welche die erste auflöst, sondern eine, die sie ergänzt. Eine, die komplementär ist, nicht konträr (obwohl sie auf den ersten Blick so erscheinen mag).

Gerade dadurch aber bleibt mein Glaube herausgefordert. Ich habe ihn nicht als festen Besitz im Griff. Er bleibt mir ein Geschenk. Er lässt sich nicht bezwingen, er ist meiner Verfügungsgewalt entzogen. Das unterscheidet den Glauben von einer Ideologie. Ideologien sind in Stein gemeißelte Gedankengebäude, die kein Abweichen zulassen – wer sich nicht hundertprozentig daran hält, fliegt raus (oder landet im Gefängnis). Glaube aber ist Beziehung. Geschenkte, aber auch umkämpfte, immer wieder neu zu gestaltende Beziehung. Unsere Glaubenszuversicht liegt nicht im Umklammern unantastbarer Lehrsätze, sie liegt in Jesus Christus. Er ist kein Lehrsatz, er ist eine Person. Natürlich spielt Lehre eine wichtige Rolle (ich verdiene ja selber als theologischer Lehrer mein tägliches Brot, habe also nicht vor, meine eigene Arbeit ad absurdum zu führen ...). Es ist gut und notwendig, die »gesunde Lehre« zu kennen, von der in 2. Timotheus 4,3 die Rede ist. Wir sollen sie hochhalten und danach leben. Sie ist aber immer nur Stützmauer des Glaubens, nie dessen Fundament. Das Fundament ist Jesus: »Denn ein anderes Fundament kann niemand legen als das, welches gelegt ist: Jesus Christus« (1. Korinther 3,11).

Viele Wahrheiten des Glaubens stehen nicht absolut da – es gibt einen gegenüberliegenden Pol dazu. Nicht eine Gegenwahrheit, welche die erste auflöst, sondern eine, die sie ergänzt.

Wenn also Glaube und Nachfolge im Wesentlichen eine Beziehungssache sind, dann kommt es auf diese Beziehung mehr an als auf alles andere. Dann sind sich gegenüberstehende Pole des Glaubens keine Gefährdung, sondern die willkommene Einladung, einen neuen Schatz auszugraben und sich an dessen Schönheit und am neu entdeckten Reichtum zu erfreuen. Ein Reichtum, der uns in Staunen versetzt und in die Anbetung Gottes führt. Ja, und auch in guter Weise dort in Unruhe versetzt, wo wir wieder einmal dem Bedürfnis nach unverrückbaren Sicherheiten huldigen. Dann wirft uns diese Unruhe zurück zum Einzigen, der verlässlich ist: zum lebendigen Gott. In dieser Beziehung blühe ich auf. Aus dieser Beziehung fließen Reife und Persönlichkeit. Daraus erwächst reifes Handeln.

So lassen sich Polaritäten bejahen und gestalten. Eines aber bleibt immer wichtig: die Abhängigkeit von demjenigen, der über allen Polaritäten steht und sie bis ins Äußerste durchschaut. Diesem einen gehöre ich und bin ich anvertraut – in all meinen mehr oder minder hilflosen Versuchen, jederzeit mit ihnen klarzukommen.

Es geht um Beziehung – gerade weil es manchmal keine einfachen und schnellen Antworten gibt, mit denen alles gesagt ist. So treibt mich manche Komplexität ins Gebet. Ins Gespräch mit meinem Gott, der sie geschaffen hat und weit über ihnen steht.

*Wie wunderbar ist doch Gott!*
*Wie unermesslich sind seine Reichtümer,*
*wie tief seine Weisheit und seine Erkenntnis!*
*Unmöglich ist es uns, seine Entscheidungen und Wege zu begreifen!*
*Denn wer kann wissen, was der Herr denkt?*
*Wer kann sein Ratgeber sein?*
*Und wer hat Gott jemals so viel gegeben,*
*dass Gott ihm etwas zurückerstatten müsste?*
*Denn alles kommt von ihm;*
*alles besteht durch seine Macht*
*und ist zu seiner Herrlichkeit bestimmt.*
*Ihm gehört die Ehre in Ewigkeit! Amen.*
*(Römer 11,33-36)*

## Zur Vertiefung

- Verunsichert es Sie, dass es im Glauben manchmal nicht um »Entweder-oder«-Wahrheiten geht, sondern um sich ergänzende Aspekte, die sich im ersten Moment zu widersprechen scheinen? Wie gehen Sie damit um?
- Gibt es eine bestimmte Polarität des Glaubens, die Ihnen besonders zu schaffen macht? Welche und weshalb?
- Was hilft Ihnen in Bezug auf die Polaritäten des christlichen Glaubens, um den folgenden beiden Fallen zu entgehen: einem unreflektierten Schwarz-Weiß-Denken einerseits und einem oberflächlichen Relativieren aller Leitsätze des Glaubens andererseits?
- Wo erleben Sie Spannungsfelder im Glauben als etwas, das Ihre Beziehung zu Gott vertieft? Wie drückt sich das aus?

KAPITEL 16

# Persönlichkeit und reifes Handeln – klappt das wirklich?

Bleiben wir noch einen Moment bei den Perspektiven des Glaubens. In diesem abschließenden Kapitel geht es um eine grundsätzliche Frage, die sich vermutlich einigen meiner Leserinnen und Leser auf ihrer Reise durch dieses Buch gestellt hat: Kann der Mensch wirklich etwas dazu beitragen, dass er eine reife Persönlichkeit wird? Was vermag er beizutragen und was liegt nicht in seiner Hand? Kann man sich reifes Handeln aneignen, so wie man eine Sprache oder einen Beruf erlernt? Oder überfordern wir uns damit? Setzen wir damit auf die Heilslehren von Selbstoptimierern, deren Motto lautet: »Was immer ich will, das kann ich auch!«?

Für mich als Christen geht es dabei um eine theologische Frage. Das heißt, ich richte sie nicht an mich selbst. Ich richte sie an die Bibel und frage nach deren Verständnis des Menschen: Was vermag der von Gott erschaffene Mensch und was ist Gottes Sache? Diese Frage begleitet mich seit vielen Jahren. Bevor ich dieses Buch zu schreiben begann, habe ich mich ihr noch einmal ausführlich gewidmet. Denn, so meine Überlegung, ich möchte mein Verständnis davon, wie man zu einer Persönlichkeit wird und wie reifes Handeln entsteht, im Wurzelgrund des christlichen Glaubens verankert wissen.

Sie haben beim Lesen der vorliegenden Kapitel bereits gemerkt, in welche Richtung meine Antwort geht: Ich gehe mit Zuversicht davon aus, dass wir sehr wohl Einfluss darauf haben, ob wir wachsen und reif handeln oder nicht. Es liegt *nicht nur* an uns, nicht einmal in erster Linie, aber es liegt *auch* an uns. Wie ich diese Zuversicht vom christlichen Glauben her begründe, darum geht es in diesem letzten Kapitel.

### Luther, Calvin und das Vermögen des Menschen

Unter den Vätern des Protestantismus wird das Vermögen des Menschen im Blick auf sein Reifen und Sichverändern unterschiedlich bewertet. Reformatoren wie Martin Luther und Johannes Calvin beurteilten das Können und Vermögen des Menschen aufgrund seiner Sündhaftigkeit eher pessimistisch.[85] Dennoch sind sie davon überzeugt, dass der Glaube an Christus nicht nur den Status eines Menschen vor Gott ändert, sondern auch seine Fähigkeit, dem von Gott gegebenen Grundauftrag nachzukommen. Als Ebenbild und Mandatsträger Gottes soll der Mensch, so etwa Luther, die Schöpfung hegen und pflegen und seinen Mitmenschen zu einem lebenswerten Leben verhelfen.[86] Calvin ist der Meinung, dass die Ebenbildlichkeit des Menschen eine Gnadengabe Gottes ist, die auch beim Nichtglaubenden zum Tragen kommt, in seinen Talenten etwa, die ihn zur Erfüllung seiner Aufgaben in Beruf und Gesellschaft befähigen.[87] Besonders eindrücklich beschreibt der lutherische Theologe Paul Althaus (1888-1966) die Grundausstattung des von Gott geschaffenen und ermächtigten Menschen. Sie gilt ihm unabhängig davon, ob er Gott anerkennt oder nicht. Gottes Lebensmacht …

*«… begabt uns mit den Werten, die unser Leben zum menschlichen machen: mit dem Geiste, zu denken, Wahrheit zu erforschen, zu erkennen, auszusagen; mit dem Vermögen, zu wollen, zu wirken, zu gestalten, die Natur zu beherrschen; um das Gute zu wissen und es zu wollen; die Schönheit zu erleben und zu bilden, Gemeinschaft zu erfahren und zu leben in Vertrauen, Verstehen, Dienen – und in alledem uns am Leben zu freuen.«*[88]

## »Yes, ~~we~~ he can!«

Das jüdisch-christliche Menschenbild hat eine differenzierte Sicht davon, was der Mensch vermag und was nicht. Es bejaht (wie ich gleich begründen werde), dass er sein Leben gestalten kann. Gleichzeitig wehrt die Bibel das Missverständnis ab, am Ende sei alles lediglich eine Frage des guten Willens. In wohltuender Balance skizziert sie unser Vermögen wie auch unsere Grenzen. Auf den Punkt gebracht betont sie im Blick auf das Wesen des Menschen drei Dinge:

1) Der Mensch ist Gottes Ebenbild; ihm ist der Auftrag zu herrschen anvertraut. Er ist deshalb ein **Ermächtigter und Befähigter.**
2) Der Mensch ist begrenzt und gefährdet und deshalb ein **Bedürftiger.**
3) Der Mensch wird von Gott aufgesucht und beschenkt und ist deshalb ein **Erlöster.**

### *Mensch, herrsche!*

Dass wir als Ebenbilder Gottes (also: ihm ähnlich) geschaffen sind, ist das Erste, was die Bibel über uns Menschen sagt. Dieser gewaltige Zuspruch steht da wie ein Fels in der Brandung. Er überragt alles andere, was dort ansonsten über den Menschen steht. Aus ihm ergibt sich alles, was er Gutes ist und sein kann. In der Sprache der Bibel drückt sich das so aus, dass wir *herrschen* können und sollen (1. Mose 1,26-28).

Sie haben richtig gehört: Sie und ich, wir sollen herrschen! Damit ist nicht gemeint, dass wir diese Welt und unsere Mitmenschen ausbeuten, unterdrücken, manipulieren oder zerstören sollen. Menschliches Herrschen im Sinne des Erfinders hat sich an Gottes Herrschen zu orientieren. Dieses bringt Gutes hervor (das zeigt besonders eindrücklich die Schöpfungsgeschichte in 1. Mose 1 und 2): Ordnung, Leben, Schönheit. »Herrschen« heißt nichts anderes, als die eigenen Möglichkeiten dazu einzusetzen, dass Gutes und Schönes entsteht. Sich für alles starkzumachen, was Leben schafft, fördert und schützt.

Welch faszinierende Bandbreite an Möglichkeiten dies miteinschließt, hat Ludwig Köhler besonders treffend beschrieben:

> *Das ist der Auftrag zur Kultur. Er geht an alle Menschen; er umfasst alle Zeiten; kein menschliches Tun, das nicht ihm unterstellt ist. Jener erste Mensch, der, mit den Seinen auf schutzloser Steppe eisigem Wind ausgesetzt, ein paar Steine aufeinanderlegte und so die Mauer, die Grundlage aller Architektur, erfand, erfüllte diesen Auftrag. Jene erste Frau, die einen harten Dorn oder eine Fischgräte durchbohrte und ein Stück Tiersehne hindurchzog, um ein paar Fetzen Fell aneinanderfügen zu können, und die so die Nadel, das Nähen, den Anfang aller Kleiderkunst, erfand, erfüllte diesen Auftrag. Bis heute ist jede Unterweisung eines Kindes, jede Art von Schule, jede Schrift, jedes Buch, jede Technik, Forschung und Wissenschaft und Lehre in ihren Methoden, Instrumenten und Institutionen nichts anderes als die Erfüllung dieses Auftrags. Die ganze Geschichte, alles menschliche Streben steht unter diesem Zeichen, unter diesem Bibelwort. Das ist die objektive Seite. Es gibt auch eine subjektive Seite. Jeder Mensch muss, das liegt unverlierbar in seiner Natur, mit dem Leben fertig werden. Was auch immer ihm widerfährt, sei es, dass ihm ein Stäubchen ins Auge weht, sei es, dass eine Wasserflut ihn und die Seinen am Leben bedroht (im Original: »bedräut«), nichts ist zu klein und nichts ist zu groß, der Mensch muss mit ihm innerlich fertig zu werden suchen. Nicht dass er damit wirklich fertig wird, ist wesentlich. Wir werden es alle nicht. Aber dass er sucht, damit fertig zu werden, das ist vom wesentlichen Dasein unabdingbar. … An der Art, wie ein Mensch mit den Dingen innerlich fertig wird, wird sein Wesen erkannt.*[89]

Wir sollen also herrschen! Danach suchen, mit den Dingen äußerlich und innerlich fertig zu werden. Doch diesem Einflussnehmen sind Grenzen gesetzt – die Grenzen des Missbrauchs. Dies gilt besonders im Blick auf unsere Mitmenschen, denn ihnen gegenüber sind wir besonders versucht, ihnen unseren Willen aufzuzwingen. Das weiß auch die Bibel: »… ich achtete auf alles, was unter der Sonne getan wurde: Schlecht ist für den Menschen eine Zeit, in der der Mensch Macht hat über den Menschen« (Prediger 8,9).

Deutlicher als von seiner Schwäche spricht die Bibel vom Wert und von der Würde des Menschen..

Abgesehen von dieser Einschränkung bleibt klar: Deutlicher als von seiner Schwäche spricht die Bibel vom Wert und von der Würde des Menschen. Weshalb? Weil Gott ihn gewollt, gemacht und wie kein anderes Wesen beschenkt und befähigt hat. Das bringt uns zum zweiten Aspekt.

### *Mensch, du bist ermächtigt! (»ruach«)*

Gott ermächtig uns erstens dadurch, dass er jedem von uns von seiner eigenen, göttlichen Lebenskraft (hebr. »*ruach*«) einhaucht (1. Mose 2,7). Das bedeutet, dass er uns über alles andere von ihm geschaffene Leben hinaushebt. Niemand trägt so wie wir Gottes eigene Lebenskraft in sich. Gleichzeitig wird auch deutlich: Dass wir solche Kraft haben, lebendig sind, Gutes wollen und als Befähigte wirken können, verdanken wir nicht uns selbst; es ist uns von Gott geschenkt.

### *Mensch, du bist befähigt! (»leb«)*

Das jüdisch-christliche Menschenbild spricht von einem zweiten Wesenszug, der uns ausmacht und dem wir einige besondere Fähigkeiten verdanken: Jeder von uns verfügt über ein lebendiges Inneres, ein *Herz* (hebr. »*leb*«). Damit ist nicht das hinter unserem Brustkorb pochende, organische Herz gemeint, sondern die Befähigung zu einer ganzen Reihe von typisch menschlichen Lebensäußerungen. Weil wir ein Herz haben, können wir fühlen, wünschen und begehren. Das Wichtigste am Herzen des Menschen ist für die Bibel aber, dass wir denken können. Dass wir fähig sind zur Einsicht (na ja, das klappt nicht immer, aber das hat einen anderen Grund, siehe unten), zur Vernunft und zur Weisheit. Dank unserem Herzen können wir Dinge sorgfältig durchdenken, abwägen, uns orientieren. Das Herz ist auch der Sitz unseres Willens, der uns befähigt zu planen, Entscheidungen zu treffen, gehorsam zu sein. Weil das Herz für uns ein so reicher Lebensschatz ist, rät uns die Bibel in Sprüche 4,23: »Mehr als alles bewache dein Herz, denn ihm entspringen die Quellen des Lebens.«[90]

### *Mensch, du bist bedürftig und begrenzt! (»näphäsch« und »basar«)*

Doch es gilt auch dies: Alle diese befähigenden Eigenschaften können wir uns weder selber geben, noch können wir sie uns sichern. Denn jeder Mensch ist dem biblischen Verständnis auch »*näphäsch*«. Dieses hebräische Wort kann man mit »durstige Kehle« übersetzen. Meistens wird es mit »*Seele*« wiedergegeben. Wie beim Herzen gehören auch zur Seele viele positive Eigenschaften wie unsere Fähigkeit, zu empfinden, zu fühlen, nach Dingen zu trachten. Vor allem aber steht die Seele für unser Sehnen und Verlangen. Die Bibel weiß, dass dieses Verlangen letztlich nur Gott stillen kann. Er ist es, der uns belebt und sättigt:

> *Wie ein Hirsch nach frischem Wasser lechzt, so sehne ich mich nach dir, mein Gott! Ich dürste nach Gott, nach dem wahren, lebendigen Gott. Wann darf ich kommen, wann darf ich ihn sehen? (Psalm 42,2-3; GNB).*

Darüber hinaus sind wir *schwache, sterbliche Wesen* (hebr. *»basar«).* Gerade deshalb sind wir umso mehr auf Gottes Lebenskraft (»*ruach*«) angewiesen. Ohne sie können wir nicht leben, haben wir keine Zukunft:

> *Wenn er (Gott) es wollte, könnte er seinen Geist (»ruach«) und seinen Atem zurücknehmen, dann käme alles Fleisch (»basar«) um auf einen Schlag, und der Mensch würde wieder zu Staub« (Hiob 34,14-15).*

### *Mensch, du bist erlöst!*

Das jüdisch-christliche Menschenbild betont also, was Gott dem Menschen zuspricht und schenkt. Das zeigt sich noch in anderer Weise: Gottes Weg mit dem Menschen beinhaltet zwei monumentale Befreiungstaten, die deutlich machen, dass wir durch ihn auch dies sind: Befreite und Erlöste.

- Die erste Befreiungstat handelt von der Wegführung des über 400 Jahre versklavten Volkes Israel aus Ägypten. Davon, wie Gott es zu einer freien, selbstbestimmten Nation unter seiner Fürsorge und Herrschaft formt (siehe das ganze Buch 2. Mose).
- Die zweite Befreiungstat handelt von Jesus Christus: Er wurde Mensch, lebte auf dieser Erde, verkündigte und verkörperte Gottes Reich. Er starb an einem Verbrecherkreuz, wurde von Gott nach drei Tagen auferweckt und führt uns damit die bis zum Letzten ge-

hende Entschlossenheit Gottes vor Augen, uns mit seiner Vergebung, Annahme und Liebe zu beschenken.

Beide Befreiungsgeschichten wollen uns vergewissern, dass Gott uns nicht unseren Gefangenschaften, Begrenzungen oder unserer Schuld überlässt. Ohnmacht und Versagen sollen nicht das letzte Wort haben, sollen uns nicht binden und überwinden. Gott ruft uns heraus aus den knechtenden Kräften in und um uns, die unser Leben entstellen und zerstören. Und so ist der Mensch auch dies: ein Erlöster.

Mit seinem Erlösen drückt Gott aus, dass er an seinem ursprünglichen Ziel mit uns festhält. Noch immer gilt, dass wir als seine Ebenbilder unseren Platz in dieser Welt einnehmen sollen; dass wir gestalten, wirken und Gutes tun können.

Im Neuen Testament ist dabei Jesus Christus der entscheidende Orientierungspunkt: Er lebt vor, was es heißt, Gottes Ebenbild zu sein. An Jesus Christus können wir ablesen, wer wir selbst sein können, wenn wir ihm nachfolgen. Und so wird gerade das Neue Testament nicht müde, uns zum Tun des Guten zu ermutigen (Römer 12,17.21), zur Gestaltung des Lebens, zum Wirken guter Werke (1. Timotheus 6,10). Erlöst sein heißt deshalb immer auch: Gott hat uns neu zum Leben und Gestalten aufgerichtet und ermächtigt. Was immer Gott von uns fordert, vermögen wir in und durch Christus (Philipper 4,13).

Erlöst sein heißt deshalb immer auch: Gott hat uns neu zum Leben und Gestalten aufgerichtet und ermächtigt.

Dies zeigt: Was in unserem Leben auch an Schlechtem geschehen ist, Gott gibt uns nicht auf, sondern geht uns nach und stellt unsere Schöpfungswürde wieder her. Nirgendwo zeigt sie sich deutlicher als dort, wo wir aus Passivität erwachen, aufstehen, das Herz von den Kräften des Himmels erneuern und stärken lassen und unseren Platz im Leben einnehmen – in Familie, Beruf und Gesellschaft. Wo immer Gott uns hinstellt.

### Gottes unauslöschliche Spuren

Der Schweizer Theologe Karl Barth (1886–1968) wies darauf hin, dass ausgerechnet Vertreter des Christentums dazu neigen, den Menschen schlechter darzustellen, als er ist. Ihn vor allem von seiner Gebrochenheit und Sünde her zu verstehen und nicht von dem, was er als Geschöpf Gottes auch dort bleibt, wo er am Leben und an sich selbst scheitert. In seiner *Kirchlichen Dogmatik* legt Barth ausführlich dar, wie viel Gutes zum Mensch zu sagen ist, weil Gott ihn gewollt und geschaffen hat; weil er ihn erhält und trägt. Am Ende zieht er Bilanz und schreibt:

*Wir haben also die in der Theologie oft gepflegte Übung nicht mitgemacht, die menschliche Natur zunächst möglich tief herunterzudrücken, um ihr dann das, was durch Gottes Gnade aus dem Menschen wird, umso wirksamer gegenüberstellen zu können. – Dass es eine menschliche Natur gibt, die als solche von Gott geschaffen ist und deshalb nicht schlecht, sondern recht ist, das müssen wir uns … zunächst einfach einmal sagen lassen. Nicht in seiner Natur, sondern in deren Verleugnung und Missbrauch ist der Mensch der göttlichen Gnade so fremd und entgegengesetzt, wie er es tatsächlich ist. Aber eben um diese vom Menschen geübte Verkehrung und also des Menschen Sünde richtig zu sehen, müssen wir in aller Ruhe ins Auge fassen, was das ist, was da von ihm verkehrt wird; müssen wir auch daran in aller Ruhe festhalten, dass alle menschliche Verkehrung das rechte Werk Gottes in seiner Natur nicht schlecht zu machen vermag.*[91]

## Und was ist mit der Boshaftigkeit des Menschen?

Während ich diese Zeilen schreibe, befinde ich mich in einer kleinen Ortschaft in der Kleinseeplatte Mecklenburg-Vorpommerns. Es ist Winter, die diesjährigen Urlaubsgäste sind längst abgereist und so liegt auf dieser wunderschönen Landschaft mit ihren großen Wäldern und unzähligen Seen eine tiefe Ruhe. Im Dorf begegne ich nur wenigen Menschen, die meisten Häuser stehen zu dieser Jahreszeit leer. Gerade dieser Teil

Deutschlands hat nicht nur während, sondern auch nach dem 2. Weltkrieg eine bewegte Geschichte durchlebt. Von 1945 bis 1989 gehörte er zur DDR. Während ich mit dem Fahrrad durch die Gegend fahre, entdecke ich da und dort Spuren jener Zeit. Zum Beispiel die Architektur mancher Gebäude, die für die DDR so typisch war. Die Art der Bewirtschaftung der Wälder. Sie bestanden größtenteils aus Monokulturen: links vom Waldweg lauter Fichten, rechts nur Ahornbäume. Dann diese stets gleich aussehenden, lang gezogenen landwirtschaftlichem Gebäude, sogenannte LPGs (Landwirtschaftliche Produktionsgenossenschaften). Die meisten stehen leer und verkommen langsam. Diese und weitere typische Merkmale stehen symbolhaft für die große Idee des Sozialismus. Er war getragen vom Willen zum Wiederaufbau, zum Überwinden des Nationalsozialismus, zu einem besseren Leben, besonders für die einfachen Arbeiter und Bauern. Ja, diese Menschen wollten gestalten, etwas Neues, Besseres aufbauen; sie wollten, dass aus diesem Land endlich etwas Gutes würde. Mit von Gott gegebener Gestaltungskraft (eine andere haben wir nicht – siehe oben) machten sie sich ans Werk, um eine sozialistische Gesellschaft aufzubauen. Gleichzeitig hatte darin Gott, der Urheber dieser Gestaltungskraft, keinen Platz. Die Ideologie wollte ohne ihn auskommen. Die Architekten und Erbauer des Sozialismus verließen sich auf ihre eigene Sicht der Welt, des Lebens und der Gesellschaft. Und so scheiterte ihr Gesellschaftsmodell grandios. Sie wollten und verordneten eine Art von Freiheit, die jedes andere Freiheitsverständnis ausschloss. Wer die Ideologie nicht teilte, wurde zum Gegner. Und so geriet die Idee von Frieden und Freiheit in einen immer offensichtlicheren Widerspruch zu sich selbst. Menschen, die sie hinterfragten, wurden geschnitten, bespitzelt und zum Schweigen gebracht. Viele Orte und Menschen in dieser Gegend tragen bis heute, fast dreißig Jahre nach der Wende, Narben dieses großen Scheiterns.

Und so drängt sich mir gerade angesichts dieses Beispiels eines fehlgeleiteten menschlichen Gestaltungsversuchs die Frage auf, ob meine oben dargelegte Sicht nicht ein idealisiertes, vielleicht sogar gefährliches Bild des Menschen zeigt. Ob der Mensch dort, wo man ihn zum Gestalten seiner Welt und seines Lebens ermutigt, in die maßlose Selbstüberschätzung abgleitet und mehr zerstört als aufbaut. Die Gefahr dafür ist groß, das beweisen unzählige weitere Beispiele der Menschheitsgeschichte. Auch die

Welt, in der ich groß geworden bin, ist von entgleisten menschlichen Gestalten durchdrungen. Die freie Marktwirtschaft hat genauso ihre Dämonen. Ihre Religion heißt Konsum, Genuss, Individualismus und sie gibt zunehmend gute Werte Gottes auf. Nicht nur im Sozialismus frisst der Wurm von innen. Er tut es überall, wo der Mensch sich von Gott emanzipiert und absolut setzt. Welche Frucht das trägt, bringt Hanns Walter Wolff so auf den Punkt: »Wo immer der Mensch von den Dingen, die er bewältigen soll, überwältigt wird, entsteht der Unmensch.«[92]

Dennoch: Dass der Mensch seine Gestaltungsfähigkeit missbraucht, heißt nicht, dass er sie besser gar nicht hätte. Dass Gott sein Mandat dazu zurücknimmt. Es zeigt nur, wohin es führt, wenn der Mensch in seinem Gestalten den Blick für Gott verliert; was geschieht, wenn er sich in seinem Herrschen nicht mehr an der Art und Weise orientiert, wie Gott es tut. Denn dann ginge Gutes hervor. Schönheit. Unter Gottes Herrschen blüht vielfältiges Leben. Gedeihen Menschen, Tiere, die ganze Schöpfung.

Nicht nur im Sozialismus frisst der Wurm von innen. Er tut es überall, wo der Mensch sich von Gott emanzipiert und absolut setzt.

Dass der Mensch herrscht und gestaltet, das macht sein Menschsein aus. Wo er dabei aber Gott den Rücken kehrt, entstehen Willkür und Missbrauch. Dort will er nicht nur den ihm zugewiesenen Raum der Schöpfung beherrschen, sondern auch seinen Mitmenschen. Wir haben gesehen, dass uns genau das nicht erlaubt ist. Denn gefestigte Persönlichkeit und reifes Handeln zielen auf etwas anderes. Auf eine Art des Gestaltens, wie ich sie in diesem Buch zu skizzieren versucht habe. Darin beherrschen wir uns selbst, nicht andere. Wir gestalten unsere eigenen Verantwortungsbereiche, nicht die unserer Mitmenschen. Wir steuern uns selbst. Erst wenn wir das tun, haben wir in einem beschränkten Maß auch das Recht, anderen vorzustehen; andere zu leiten und anzuleiten – als Eltern, Erziehende, Führungskräfte, Politiker. Wir führen andere nicht, um sie zu bevormunden, sondern um sie wiederum zu ermächtigen, *ihren eigenen* Gestaltungsauftrag innerhalb der Grundwerte des Glaubens wahrzunehmen.

## Die Tür steht offen

Fassen wir zusammen: Von Gott her gesehen ist der Mensch ein Ermächtigter, einer, der sein Handeln in der Welt verantwortungsvoll gestalten darf und soll. Dieses kann durch seine Begrenzung und seine Sünde verzerrt, aber nicht grundsätzlich aufgehoben werden. Es bleibt ihm auch dann das erhalten, was ihn als Gottes Geschöpf ausmacht: Er bleibt Gottes Ebenbild, der aus seinem »ruach«, seiner Lebenskraft, lebt. Je deutlicher Sie und ich aus diesem Bewusstsein und im Vertrauen auf Gott agieren, umso klarer spiegelt sich dies in unserem Sein und Tun wieder. Umso deutlicher weisen wir damit auf unseren Schöpfer hin und ehren ihn als Geber unserer Gestaltungskraft. Gleichzeitig sollten wir uns vor der Einbildung hüten, wir würden es jederzeit richtig und aus reinen Motiven tun. Solange wir leben, bleiben wir selbst in unserem besten Bemühen begrenzt und hinfällig. Wir erwarten und erhoffen die Vollendung, aber wir erwarten sie nicht von uns selbst. Wir erbitten sie von Gott. Vollendung schafft er selbst: an uns und an der ganzen Schöpfung – dann, wenn unsere Weltzeit an ihr Ende kommt und eine neue Zukunft beginnt, in der alles an sein Ziel kommt (Römer 8,19-21).

## Zur Vertiefung

- Welche der in diesem Kapitel erwähnten Eigenschaften, die dem Menschen von Gott her zugesprochen sind, sind Ihnen im Alltag zu wenig bewusst? Wie drückt sich das aus? Was kann sich ändern, wenn Sie mehr in der Gewissheit leben, dass diese auch für Sie gelten?
- Wie finden wir eine gute Balance zwischen der Zuversicht, dass uns neue Wege, das Werden der Persönlichkeit und reifes Handeln offenstehen, und der Selbstüberschätzung, dass wir alles können, wenn wir es nur wollen? Wie würden Sie die Perspektive der Bibel dazu in Ihren eigenen Worten beschreiben?

- In welchen Bereichen Ihres Lebens entdecken Sie neue Wege und Perspektiven zum reifen Handeln? Was konkret hat die Lektüre dieses Buches bei Ihnen verändert?
- Wie können Sie andere Menschen (in Familie, Beruf, Kirche, Gesellschaft) begleitend dazu ermutigen, zur Persönlichkeit hin zu wachsen und reifes Handeln einzuüben?

## ANSTELLE EINES SCHLUSSWORTS

# Julias unmögliche Mitarbeiterin

Daniel und seine Frau Julia wohnen in einer Schweizer Kleinstadt. Seit Kurzem betreiben sie ein Geschäft mit Haushaltsgeräten. Was ihnen noch fehlt, sind gute Mitarbeitende im Verkauf. Da meldet sich Steffi. Schon am Probetag fällt den beiden auf, wie schüchtern sie ist. Zu Hause diskutieren Julia und Daniel, ob sie ihr dennoch eine Chance geben wollen oder ob sie besser nach jemand anderem Ausschau halten. Sie wollen es versuchen und vereinbaren mit Steffi eine dreimonatige Probezeit.

Schon nach ein paar Tagen sind sie kurz davor, die Sache zu beenden. Steffi ist das Gegenteil einer guten Verkäuferin: Wenn Kunden in den Laden kommen, reagiert sie kaum. Statt zu fragen, was sie suchen, wartet sie, bis diese ihren Wunsch vorbringen. Statt ihnen verschiedene Modelle von Bügeleisen, Kaffeemaschinen oder Staubsaugern zu zeigen, zeigt Steffi stets nur ein Produkt – ohne Erklärung, ohne Beratung. Statt die Kunden anzuschauen, sieht sie meist zu Boden und verschwindet dann schnell wieder im hinteren Teil des Ladens. »Das ist doch sinnlos; sie vertreibt uns die Leute, statt sie an uns zu binden!«, meint Daniel frustriert. Nach einigem Hin und Her meint Julia: »Lass uns ihr eine Chance geben. Ich schaue, was ich tun kann.«

Am nächsten Tag nimmt Julia Steffi zur Seite. »Steffi«, sagt sie, »so geht das nicht. Wenn eine Kundin oder ein Kunde in den Laden kommt, dann gehst du auf ihn zu. Du schaust ihm in die Augen. Du fragst ihn, was er braucht. Du zeigst ihm nicht nur ein Modell, sondern alle, die wir hier haben. Du erklärst ihm die Unterschiede. Du läufst nicht weg. Du schaust nicht zu Boden.«

Steffi blickt betreten zur Seite. Julia sieht die Schweißperlen auf ihrer Stirn. »Komm, wie spielen es durch!« Wie mit einer Lehrtochter im ersten Jahr der Ausbildung geht Julia mit Steffi durch den Laden. Spielt die Kundin, die einen Mixer kauft oder sich für einen Staubsauger interessiert. Sie merkt bald: Steffi ist nicht schüchtern, sie ist *extrem* schüchtern. Zwischen den Zeilen erfährt sie, wie sie aufgewachsen ist: große Familie, kaum Zuwendung, keine Ermutigung. Das stachelt Julia an und sie sagt sich: »Das ändern wir!« Bei jedem kleinen Fortschritt lobt sie Steffi: »Ich weiß, dass du das kannst! Wenn du es wirklich willst; wenn du diese Stelle behalten willst, dann kannst du es. Aber du musst es auch selbst wollen!«

Steffi bedient Kunden. Macht kleine Fortschritte. Und fällt dann plötzlich wieder in ihr altes Muster zurück. Schweigt, schaut zu Boden, wird passiv. Julia schwankt zwischen Verzweiflung und dem Ansporn, es mit Steffi zu schaffen. Immer wieder sagt sie ihr: »Wir wollen noch nicht aufgeben!« Sie üben weiter. Tage, Wochen vergehen und langsam taut Steffi auf. Vor allem auf Anerkennung und Wertschätzung reagiert sie stark. Nach drei Monaten ist klar: Steffi bleibt. Und ist dennoch nicht am Ziel. Daniel und Julia leiten sie weiter an. Arbeiten an Steffis proaktivem Zugehen auf Kunden. An ihrer Körperhaltung, ihrer Kommunikation.

Drei Jahre später: Das Geschäft stellt auf eine neue Software um für Kasse, Bestellung und Materialerfassung. Schon Wochen zuvor meint Steffi resigniert: »Das schaffe ich nicht. Wenn das kommt, höre ich auf.«

Julia erwidert: »Nein, deshalb hörst du nicht auf!«

Steffi schaut sie an und meint mit zaghafter Stimme: »Ja, ich weiß, man muss nur wollen …«

Daniel und Julia geben Steffi eine Demoversion des Programms mit nach Hause, damit sie vor Einführung des Systems üben kann. Als es dann kommt, ist Steffi bereit. Klar, sie macht Fehler, braucht Zeit. Aber es geht.

Heute, zehn Jahre später, führt Steffi den Laden, wenn Daniel und Julia weg sind. Sie leitet die anderen Mitarbeitenden an und führt sie ein. Zeigt Verkaufsneulingen, worauf es ankommt: »Du musst aktiv auf die Kunden zugehen. Sie anschauen! Ihnen die Ware erklären!« Wenn Julia sie so reden hört, rührt sie das zutiefst. Ausgerechnet Steffi! Die Erfahrungen von Steffi wirken sich auch auf ihr Privatleben aus. Zusammen mit ihrem Mann bauen sie ein altes Bauernhaus um. Steffis Kommentar: »Ich hätte diesen und andere Schritte nie gewagt, hätte ich nicht so viel Ermutigung erfahren. Ich habe die besten Chefs der Welt!«

Das ist keine erfundene Geschichte. Als Julia und Daniel sie mir erzählen, bin ich bewegt und beeindruckt. Steffis Weg ist für mich ein eindrückliches, aus dem normalen Alltag genommenes Beispiel dafür, was aus Menschen werden kann. Was es heißt, Grenzen zu überschreiten, eine Persönlichkeit zu werden. Es ist ein Beispiel dafür, dass reifes Handeln nicht das Privileg von ein paar besonders Klugen ist. Von solchen, die ideale Startbedingungen ins Leben hatten. Nein, es ist auch der Weg der kleinen Leute. Ein von Gott eröffneter Weg für Sie und mich. Für Ihre Kinder. Für Mitarbeitende in Ihrem Unternehmen. Für Freunde, die heute noch in schwierigen Lebensmustern feststecken, sich nichts zutrauen. Steffis Geschichte zeigt, welche Wege ein Mensch auch dort einschlagen kann, wo viele ihn aufgeben und sagen würden: »Es hat keinen Wert!« Ich frage Daniel und Julia, beides Christen, was es ihrer Meinung nach war, was Steffi geholfen hat. Julia meint: »Anerkennung. Ihr die Veränderung zutrauen. Ihr Fehler erlauben und immer wieder neu beginnen. Sie anleiten und zeigen, wie es geht.«

Steffis Weg ist für mich ein eindrückliches Beispiel dafür, was aus Menschen werden kann.

Es gibt viele Steffis auf dieser Welt. Hoffentlich gibt es auch für sie ein paar Menschen, die sie sehen und an sie glauben. Die sich ihrer annehmen und sie begleiten. Die verstehen: Die heute noch Verkümmerten sind die Persönlichkeiten von morgen.

# DANK

Einmal mehr gilt: Dieses Buch ist ein Gemeinschaftswerk. Ohne eine Reihe ermutigender Menschen wäre es nicht zustande gekommen. Viele wären zu nennen, ich beschränke mich auf die folgenden Personen und danke ihnen herzlich:

- Meiner Familie, besonders meiner Frau Karin. Dein Ermutigen, deine klugen Rückmeldungen und Verbesserungsvorschläge haben mich immer wieder aufgerichtet und mir neuen Schwung gegeben. Du bist meine wichtigste Impulsgeberin, Beraterin und Unterstützerin! Am allermeisten aber bist du meine unverzichtbare Gefährtin auf dem Weg, nach dem hier Geschriebenen zu leben. Ein weiterer Grund, weshalb du mein Leben so reich machst. **Dir widme ich dieses Buch!**
- Meinem Freund Jürg. Deine Gebete haben dieses Projekt besonders in seiner intensivsten Phase begleitet. Danke für deinen ermutigenden Zuspruch!
- Meiner Lektorin Silke Gabrisch. Du hast von Anfang an an dieses Projekt geglaubt und bist das Risiko eingegangen, dass es vielleicht nicht zum gewünschten Zeitpunkt erscheinen kann. Danke für deine Flexibilität und deine wiederum großartige fachliche Begleitung. Und besonders für deine Bereitschaft, dieses Werk betend zu begleiten!
- Dem ganzen Team von SCM R.Brockhaus. Eure unschätzbare Unterstützung gehört zum Besten, was sich ein Autor von einem Verlag und seinen Mitarbeitenden wünschen kann. Danke (einmal mehr!) für diese tolle Zusammenarbeit!

# ANMERKUNGEN

1 Einen faszinierenden Blick auf Lincoln bietet diese Biografie: Ronald D. Gerste (2008), *Abraham Lincoln: Begründer des modernen Amerika.* Regensburg: Verlag Friedrich Pustet.

2 Eine hilfreiche Gesamtschau bietet: Walter Simon (2007, 3. Aufl.), *GABALS großer Methodenkoffer Persönlichkeitsentwicklung.* Offenbach: GABAL.

3 Siehe R. Murray Thomas und Birgitt Feldmann (2002), *Die Entwicklung des Kindes: Ein Lehr- und ein Praxisbuch.* Weinheim: Betz, S. 135.

4 »Resilienz« beschäftigt sich mit der Frage, welche Faktoren und Haltungen zur Stärkung der seelischen und körperlichen Widerstandskraft eines Menschen beitragen. Eine hilfreiche Einführung bietet: Klaus Fröhlich-Gildhoff, Maike Rönnau-Böse (2011, 2. Aufl.), *Resilienz.* München: Friedrich Reinhardt Verlag.

5 Dorothee Schmitz-Köster (2007), *Kind L 364. Eine Lebensborn-Familiengeschichte.* Berlin: Rowohlt.

6 Zitat in Michael Winterhoff (2011), *Persönlichkeit statt Tyrannen. Oder: Wie junge Menschen in Leben und Beruf ankommen.* München: Wilhelm Goldmann Verlag, S. 62.

7 Joachim Bauer (2015, 3. Aufl.), *Selbststeuerung: Die Wiederentdeckung des freien Willens.* München: Blessing Verlag. S. 12.

8 »Paulus, Apostel Christi Jesu, im Auftrag (*epitagä*) Gottes …« Das griechische Wort »*epitagä*« ist Militärsprache und meint »Anordnung«, »Befehl«, »Auftrag«.

9 Frank Laubach (2011), *Letters by a Modern Mystic.* London: SPCK-Publishing, S. 5.

10 Stellvertretend für den Reichtum guter Literatur zu diesem Thema verweise ich auf einen in mehrfacher Hinsicht unübertroffenen Klassiker: Richard Foster (2017, 5. Aufl.), *Nachfolge feiern. Geistliche Übungen neu entdeckt.* Witten: SCM Verlag.

11 In Winterhoff/Thielen (2011), *Persönlichkeit statt Tyrannen*, S. 11.

12 A.a.O., S. 20.

13 Michael Winterhoff (2015), *Mythos Überforderung: Was wir gewinnen, wenn wir uns erwachsen verhalten.* Gütersloh: Gütersloher Verlagshaus, S. 172.

14 A.a.O., S. 162f.

15 Robert Mullholland spricht in diesem Zusammenhang von einem »false self« (falsches Selbst) im Kontrast zu einem »true self« (wahres Selbst). M. Robert Mullholland (2016), *The Deeper Journey: The Spirituality of Discovering Your True Self.* Downers Grove, Illinois: IVP Books.

16 Dietrich Bonhoeffer (1987, 23. Aufl.), *Gemeinsames Leben.* München: Chr. Kaiser, S. 88.

17 Otto Duzdus, Hrsg. (2000, 5. Aufl.), *Dietrich Bonhoeffer Lesebuch.* München: Chr. Kaiser, S. 21.

18 In Anlehnung an: Peter L. Steinke (2006), *Congregational Leadership in Anxious Times: Being Calm and Courageous No Matter What.* Herndon, Virginia: Alban Institute, S. 30.

19 Martin Luther, WA 7, 336, S. 31-36.

20 Bauer, *Selbststeuerung*, S. 120.

21 Bauer, *Selbststeuerung*, S. 15.

22 Siehe dazu auch meinen Artikel »Führen mit Köpfchen« in der Zeitschrift AUFATMEN, Nr. 3, 2015.

23 Ausführlicher zu reaktiven Verhaltensweisen von Organisationen, Gesellschaften und in der Politik: Edwin Friedman (2007), *A Failure of Nerve: Leadership in the Age of the Quick Fix.* New York: Seabury Books. Die hier vorgestellte Tabelle nimmt wichtige Aspekte aus diesem Werk auf.

24 Auch der Apostel Paulus schien sich nicht gedankenlos an die Weisung Jesu in der Bergpredigt zu halten. Er schreibt einerseits davon, dass er ungerechter Behandlung und Leiden nicht auswich (1. Korinther 4,11-13; 2. Korinther 6,4-6). Andererseits wehrte er sich mehr als einmal vehement dagegen, ohne rechtskräftiges Urteil ausgepeitscht zu werden (Apostelgeschichte 16,37 und 22,25).

25 Etwa in Titus 1,8; 2,5-6.12; 2. Timotheus 1,7 u.a.

26 Zum Beispiel Psalm 37,7; 62,2.6; 121,1-2; 131,2.

27 Wie soll man mit Menschen umgehen, die andere, scheinbar ohne es zu merken, ständig enttäuschen? Es gibt darauf keine einfache Antwort, weil dabei individuelle Prägungen und Lebensgeschichten eine Rolle spielen. Wir können (und sollen) ihnen aber eine ehrliche Rückmeldung zu ihrem Verhalten geben. Ihnen versuchen bewusst zu machen, was sie damit bewirken; wie viel Vertrauen sie dabei aufs Spiel setzen. Und wenn alles nichts nützt? Dann haben wir es möglicherweise mit einer dysfunktionalen Person zu tun und müssen uns überlegen, wie wir uns selbst und andere vor den destruktiven Folgen ihres Handelns schützen können.

28 Erich Schick (1935), *Heiliger Dienst: Ein Buch von evangelischer Wortverkündigung und Seelsorge.* Berlin: Furche Verlag, S. 279.

29 Steve Sample (2007), *Führen Sie, wie Sie wollen: Intuitiv, revolutionär, einzigartig.* München Redline Wirtschaft, S. 164.

30 Janosch in einem Interview im Neon-Magazin 04/2006.

31 Sample, *Führen Sie, wie Sie wollen,* S. 164.

32 Zum Thema Freundschaft habe ich mich ausführlich in meinen Büchern *Echt und stark* und *Von der Kunst, sich selbst zu führen* geäußert.

33 Winterhoff, *Mythos Überforderung*, S. 103 und 106.

34 Ken Blanchard (2008), *Führung: Der One-Minute-Manager rechnet ab.* München: Pearson Business, S. 280-296.

35 In Anlehnung an Psalm 121,4: »Siehe, der Hüter Israels schläft und schlummert nicht« (LUT84), und Jesaja 40,28: »Der Herr, der ewige Gott … wird nicht müde noch matt …« (LUT84).

36 Bernd Oestereich und Claudia Schröder (2017), *Das kollegial geführte Unternehmen: Ideen und Praktiken für die agile Organisation von morgen.* München: Verlag Franz Vahlen GmbH, S. 259.

37 »Der Normalfall ist das Missverständnis«, lautet ein Zitat des Schweizer Hochschuldirektors Ruedi Nützi. Mein Buch *Von der Kunst, andere zu führen* setzt sich ausführlicher mit dieser Realität auseinander: Thomas Härry (2017, 3. Aufl.), *Von der Kunst, andere zu führen.* Witten, SCM R.Brockhaus, S. 188-195.

38 Peter Shaw und Colin Shaw (2013), *The Emerging Leader: Stepping Up in Leadership.* Norwich: Canterbury Press, S. 76.

39 http://www.christianitytoday.com/pastors/2006/march-online-only/is-ministry-leadership-different-andy-stanley-and-jim.html (zuletzt aufgerufen am 3.11.2017).

40 Siehe dazu auch die hilfreiche Auseinandersetzung in Markus Liebelt (2018), *Was Macht mit Menschen macht.* Witten: SCM R.Brockhaus.

41 Ronald W. Richardson (1996), *Creating a Healthier Church: Family Systems Theory, Leadership and Congregational Life.* Minneapolis: Fortress Press, S. 178-180.

42 Immer dann, wenn wir den schwierigeren Weg wählen, weil wir ihn als den richtigen erkannt haben, leistet unsere für Besonnenheit und durchdachtes Handeln zuständige Gehirnregion, der präfrontale Cortex, Großartiges. Siehe dazu die faszinierenden Ausführungen des Neurowissenschaftlers Robert Sapolsky (2017), *Gewalt und Mitgefühl: Die Biologie des menschlichen Verhaltens.* München: Carl Hanser Verlag, besonders Seite 64-88. Sehr empfehlenswert!

43 Oestereich und Schröder, *Das kollegial geführte Unternehmen*, S. 262.

44 Dazu passt auch das englische Motto, auf das ich gerne zurückgreife: »Disagree without disengaging« (frei übersetzt: »Widersprich, aber entzieh dich deinem Gegenüber nicht«). Siehe J.R. Briggs und Bob Hyatt (2016), *Ministry Mantras: Language for Cultivating Kingdom Culture.* Downers Grove: IVP Books, S. 223-224.

45 Siehe Matthäus 19,5-6 sowie Markus 10,8.

46 Siehe dazu auch die Worte von Jesus in Matthäus 10,34-38, wo er dasselbe in anderen Worten sagt.

47 Martin Buber (1993), *Der Weg des Menschen nach der chassidischen Lehre.* Gerlingen: Verlag Lambert Schneider, S. 42.

48 Peter L. Titelmann, Hrsg. (2014), *Differentiation of Self: Bowen Family Systems Theory Perspectives.* New York and London: Routledge Taylor & Francis Group, S. 42-44; 83-98.

49 A.a.O., S. 41.

50 Vgl. Michael E. Kerr und Murray Bowen (1988), *Family Evaluation: An Approach Based on Bowen Theory.* New York: W.W. Horton, S. 63.

51 Der deutsche Titel, der leider vergriffen ist: Eugene H. Peterson (2006): *Die Seele geht zu Fuß: Glauben in einer beschleunigten Zeit.* Gießen: Brunnen Verlag.

52 Das widerspricht nicht der biblischen Formulierung, dass ein Mann und eine Frau »ein Fleisch werden« (1. Mose 2,24), es ergänzt sie. Wir stehen hier vor einem weiteren Paradox, das eine eigene Auseinandersetzung wert wäre: Die Ehe besteht aus einer Verbindung zweier eigenständig bleibender Persönlichkeiten. Gleichzeitig bilden sie eine Einheit, sodass man diese Verbindung auch als »Eheperson« bezeichnen kann. Damit meinen wir aber kein absolutes Aufgehen im anderen, sondern ein verbindliches, von Treue und gegenseitiger Bejahung getragenes Miteinander in den Höhen und Tiefen des Lebens.

53 Siehe dazu auch das Kapitel zum Thema »Identität« in meinem Buch *Von der Kunst, sich selbst zu führen.* Witten: SCM R.Brockhaus, S. 71-79.

54 Der bereits erwähnte Neurowissenschaftler Robert Sapolsky weist in seinem Buch darauf hin, dass auf das »Bauchgefühl« dann Verlass ist, wenn es sorgfältiges Denken nicht ersetzt, sondern ergänzt. Je belastender eine Lebenssituation, umso weniger taugt das Bauchgefühl, weil wir dann stärker von unseren Ängsten bestimmt sind als von Weisheit und Vernunft. Sapolsky, *Gewalt und Mitgefühl,* S. 85.

55 In einem Seminar prägte Richard Blackburn, Direktor des mennonitischen Lombard Peace Centers in den USA, folgenden Satz, der sich an Führungskräfte richtete: »Du musst nach Hause gehen!«. Damit meinte er: Wer verstehen will, weshalb er in seinem Führungsalltag Probleme hat, und wer sich fragt, wie er sie lösen kann, der muss zurück in seine Herkunftsfamilie. Dort hat er sich angeeignet, was ihm heute Schwierigkeiten macht. Wenn er es in seiner Herkunftsfamilie lösen kann, dann wird es sich auch in seinem Führungsalltag lösen.

56 Maren Lehky (2015), *Neue Kraft für Manager: Strategien für mehr Energie in der Führungsrolle.* Frankfurt/New York: Campus Verlag, S. 196.

57 Abraham J. Heschel (1985), *Die ungesicherte Freiheit: Essays zur menschlichen Existenz.* Neukirchen-Vluyn: Neukirchener Verlag, S. 131.

58 Zum Beispiel im 8. Kapitel von *Von der Kunst, sich selbst zu führen.* S. 80-93. Darüber hinaus gibt es viele weitere Bücher und Tools, die Ihnen beim Entdecken Ihrer Fähigkeiten helfen. Eine kurze Recherche im Internet oder in Ihrer Buchhandlung zeigt Ihnen die vielfältigen Möglichkeiten.

59 Siehe Robert Sapolskys Buch (1998): *Warum Zebras keine Migräne kriegen: Wie Stress den Menschen krank macht.* München: Piper Verlag.

60 Dieser Rat orientiert sich an einem Rat aus der geistlichen Begleitung in der Mönchstradition.

61 Buber, *Der Weg des Menschen*, S. 42-43.

62 Die Bibel begründet diese lange Wüstenzeit damit, dass das Volk ungehorsam war (4. Mose 14). Es war ein Umformungsprozess durch Schuld, Vergebung, Aufschub und letztendlicher Erreichung des Ziels hindurch.

63 Die Bibel nennt bei diesen beiden Vorkommnissen keine Gründe, weshalb es bis zur Lösung so lange oder weniger lange dauerte. Wir können nur vermuten, dass es sich im ersten Fall um den langwierigen Transformationsprozess handelte, bei dem ein ganzes Volk lernen musste, seine Sklavenmentalität abzulegen und als freie Menschen zu denken und zu handeln. Im zweiten Fall geht es um ein eher sachliches, wenn auch gewichtiges Problem einer deutlich kleineren Gruppe. Doch was auch immer die Gründe sind, mir geht es an dieser Stelle um die schlichte Beobachtung, dass unterschiedlich gelagerte Probleme immer auch unterschiedliche Lösungszeiten mit sich bringen.

64 Edwin Friedman (2007), *A Failure of Nerve.*

65 Klaus Fröhlich-Gildhoff und Maike Rönnau-Böse (2. Aufl. 2011), *Resilienz.* München: Ernst Reinhardt Verlag, Reihe UTB, S. 9.

66 Steven B. Sample (2007), *Führen Sie, wie Sie wollen: Intuitiv, revolutionär, einzigartig.* München: Redline Wirtschaft, S. 27.

67 Sample, *Führen Sie, wie Sie wollen*, S. 33.

68 Siehe zum Beispiel in Apostelgeschichte 16,6-10 oder in 2. Korinther 2,12-13.

69 Zu diesem Thema gibt es eine Fülle guter Literatur. Ein Beitrag zum Thema findet sich auch in meinem Buch *Von der Kunst, andere zu führen*, S. 173-185. Hinweisen möchte ich an dieser Stelle auch auf einen guten Beitrag aus der psychologischen Forschung zur Frage, worauf es ankommt, damit Pläne zur Umsetzung gelangen: Gabriele Oettingen (2017), *Die Psychologie des Gelingens.* München: Droemer Knaur.

70 Oscar Muriu (2007), *Dynamische Gemeindeentwicklung: Gute Leiterschaft als Schlüssel für Gemeindewachstum.* Wiedenest: Jota Publikationen GmbH, S. 54 und 55.

71 Bernhard Pörksen und Friedemann Schulz von Thun (2. Aufl. 2016), *Kommunikation als Lebenskunst: Philosophie und Praxis des Miteinander-Redens.* Heidelberg: Carl-Auer Verlag, S. 204.

72 Joachim Radkau (2017), *Geschichte der Zukunft: Prognosen, Visionen, Irrungen in Deutschland von 1945 bis heute.* München: Carl Hanser Verlag.

73 Jim Collins und Morten T. Hansen (2012), *Oben bleiben. Immer.* Frankfurt/New York: Campus Verlag, S.143-176.

74 NZZ executive, 8. Oktober 2017, Zürich: Verlag Neue Zürcher Zeitung AG, S. 1.

75 Daniel Zanetti (2007), *1001 Wege der Mitarbeitermotivation: Verblüffende Ideen für einen motivierenden Alltag.* Heidelberg: Redline Wirtschaft. Genauso wertvoll: Bob Nelson (2011), *1001 Ideen Mitarbeiter zu belohnen und zu motivieren … denn Geld allein macht nicht glücklich.* München: Redline Verlag.

76 Augsburger, *Conflict Mediation,* S. 243.

77 *Von der Kunst, andere zu führen*, S. 216-222.

78 Pörksen und Schulz von Thun, *Kommunikation als Lebenskunst,* S. 188.

79 Ein umfassender Leitfaden für das persönliche Leben und für Führungsaufgaben bietet zu diesem Thema Ken Sande (2004), *The Peacemaker: A Biblical Guide to Resolving Personal Conflict.* Grand Rapids, Michigan: Baker Books.

80 In Anlehnung an Fritz Oser und Paul Gmünder (2., überarb. Aufl. 1988), *Der Mensch: Stufen seiner religiösen Entwicklung: Ein strukturgenetischer Ansatz.* Gütersloh: Gütersloher Verlagshaus Gerd Mohn, S. 31-41. Oser und Gmünder benennen an dieser Stelle noch zwei weitere Polaritäten: Hoffnung (Sinn) – Absurdität (Sinnlosigkeit), Geheimnisvolles (Unerklärliches) – Durchschaubares.

81 Frederick Buechner (2. Aufl. 2009), *Wunschdenken: Ein religiöses ABC.* Zürich: Theologischer Verlag, S. 124.

82 John Stott (2014), *Balanced Christianity.* Nottingham: Inter-Varsity Press, S. 77.

83 In Klyne Snodgrass (1990), *Between Two Worlds: Living With Biblical Tensions.* Eugene, Oregon: Wipf & Stock Publishers, S. 29.

84 A.a.O., S. 32.

85 Zur Haltung einiger altkirchlicher, mittelalterlicher und katholischer Theologen in dieser Frage siehe Alister E. McGrath (1997), *Der Weg der christlichen Theologie. Eine Einführung.* München: Verlag C.H.Beck, S. 432-446.

86 So in den Thesen 20-23 und 35-38 seiner »Disputatio de homine«. Band 39/1, 174-180 der Martin-Luther-Werke, kritische Gesamtausgabe, Weimar 1883ff; vgl. Albrecht Peters (1979), *Der Mensch. Handbuch Systematische Theologie*, Band 8. Gütersloh: Gütersloher Verlagshaus, S. 27-29 und 51.

87 Johannes Calvin (2008), *Unterricht in der christlichen Religion. Institutio Christianae Religionis.* Abschnitt II,3,4. Neukirchen-Vluyn: Neukirchener Verlag, S. 153f. Vgl. Peters, *Mensch,* S. 87.

88 Paul Althaus (8. Aufl. 1969), *Die christliche Wahrheit. Lehrbuch der Dogmatik.* Gütersloh: Gütersloher Verlagshaus, S. 67.

89 Ludwig Köhler (1953), *Der hebräische Mensch. Eine Skizze.* Tübingen: J.C.B. Mohr, S. 112-113.

90 Nach der Übersetzung von Hanns Walter Wolff in ders. (1990, 5. Aufl.), *Anthropologie des Alten Testaments.* München: Chr. Kaiser Verlag, S. 86.

91 Karl Barth (1959), *Die Kirchliche Dogmatik III/2: Dritter Band: Die Lehre von der Schöpfung.* Zollikon-Zürich: Evangelischer Verlag, S. 330.

92 Hanns Walter Wolff (2010), *Anthropologie des Alten Testaments.* Gütersloh: Gütersloher Verlagshaus, S. 315.

Thomas Härry

## Von der Kunst, sich selbst zu führen

Das eigene Leben gelassen, aber entschieden gestalten! – Wie Selbstführung in Alltag, Beruf und Familie gelingen kann! „Ich halte die Fähigkeit, sich selbst zu führen, für eine Kernkompetenz reifer Persönlichkeiten und erst recht reifer Christen. Ohne sie ist es unmöglich, gute Beziehungen aufzubauen, Konflikte konstruktiv zu lösen, mit Belastung und Stress umzugehen. Ohne Selbstführung scheitert auch jeder Versuch, andere Menschen auf gute Weise zu begleiten und zu führen." (Thomas Härry)

**Gebunden, 14 x 21,5 cm, 360 Seiten**
**ISBN 978-3-417-26591-0**
**Auch als E-Book** e

*Weitere Bücher von Thomas Härry*

## Echt und stark

Kraftvoll glauben - Tiefgang finden

**Paperback, 13,5 x 21,5 cm, 368 S.**
**ISBN 978-3-417-26935-2**

## Die Seele des Leitens

Vom guten Umgang mit anderen und mit sich selbst

**Gebunden, 13,5 × 21,5 cm, 160 S., mit Schutzumschlag**
**Nr. 227.000.088, ISBN 978-3-417-00088-7**

## Voll vertrauen

Erfahren, wie Gott mich trägt

**Gebunden, 13,5 × 21,5 cm, 192 S.**
**Nr. 227.001.006, ISBN 978-3-417-01006-0**

## Deus Adest: Gott ist da

Das Tageszeitgebet neu entdecken

**Gebunden, 13,5 x 20,5 cm, 160 S.**
**ISBN 978-3-417-26893-5**

## Sterne leuchten nachts

Gott im Leiden lieben lernen

**Gebunden, 11 x 18 cm, 128 S.**
**ISBN 978-3-417-26783-9**

**Alle auch als E-Book** e